权威·前沿·原创

皮书系列为

"十二五""十三五""十四五"时期国家重点出版物出版专项规划项目

BLUE BOOK

智库成果出版与传播平台

深圳蓝皮书

BLUE BOOK OF SHENZHEN

深圳经济发展报告（2023）

ANNUAL REPORT ON THE DEVELOPMENT OF SHENZHEN ECONOMY (2023)

主　编／吴定海

副主编／董晓远

社会科学文献出版社

SOCIAL SCIENCES ACADEMIC PRESS（CHINA）

图书在版编目（CIP）数据

深圳经济发展报告.2023／吴定海主编；董晓远副
主编.--北京：社会科学文献出版社，2023.9
（深圳蓝皮书）
ISBN 978-7-5228-1941-9

Ⅰ.①深… Ⅱ.①吴… ②董… Ⅲ.①区域经济发展
-研究报告-深圳-2023②区域经济-经济预测-研究报
告-深圳-2023 Ⅳ.①F127.653

中国国家版本馆 CIP 数据核字（2023）第 106216 号

深圳蓝皮书

深圳经济发展报告（2023）

主　　编／吴定海
副 主 编／董晓远

出 版 人／冀祥德
责任编辑／张丽丽
文稿编辑／赵熹微
责任印制／王京美

出　　版／社会科学文献出版社·城市和绿色发展分社（010）59367143
　　　　　地址：北京市北三环中路甲 29 号院华龙大厦　邮编：100029
　　　　　网址：www.ssap.com.cn
发　　行／社会科学文献出版社（010）59367028
印　　装／天津千鹤文化传播有限公司

规　　格／开本：787mm×1092mm　1/16
　　　　　印　张：23.5　字　数：352 千字
版　　次／2023 年 9 月第 1 版　2023 年 9 月第 1 次印刷
书　　号／ISBN 978-7-5228-1941-9
定　　价／128.00 元

读者服务电话：4008918866

主编简介

吴定海　博士，毕业于武汉大学新闻与传播学院。现任深圳市社会科学院（社会科学联合会）党组书记、院长（主席），深圳市社会科学研究高级职称评审委员会主任，《深圳社会科学》《深圳改革创新丛书》《深圳学派建设丛书》编委会主任。长期从事新闻宣传文化管理工作，主要研究方向为大众传播理论与实践、经济特区发展、现代城市文明等。近年来，先后主编了"深圳蓝皮书""深圳改革创新丛书""深圳学派建设丛书""中国道路的深圳样本""深圳经济特区建立四十周年改革创新研究特辑""深圳这十年改革创新研究特辑"等系列丛书及《深圳密码：迈向社会主义现代化强国的城市范例》《新时代深圳精神》《城市文明论》《思想破冰——深圳观念创新的逻辑》等。

董晓远　经济学博士，研究员，深圳市社会科学院经济研究所所长，深圳市政府决策咨询委员会专家。多年来致力于经济增长理论、计量经济学、可计算一般均衡模型等研究，主持或参与了多项市委、市政府重大调研课题。出版专著《反倾销与产业损害预警模型》。代表性论文有《经济增长大道模型在宏观经济分析中的作用》《欧美建立自贸区对深圳经济的影响》。近年来致力于政策效果的定量评估研究。

摘　要

《深圳经济发展报告（2023）》是由深圳市社会科学院组织编撰的年度性报告，是深圳蓝皮书系列的重要组成部分。本年度报告由总报告、宏观经济篇、高质量发展篇、制造业发展篇、行业发展篇、"双区"建设篇、数字经济篇、特区案例篇共8部分组成，系统回顾了2022年深圳有力有效应对超预期因素冲击，经济高质量发展的显著成效，并对2023年深圳经济高质量发展提出建议。

2022年，面对"风高浪急"的国际环境和艰巨繁重的改革发展稳定任务，深圳坚持以习近平新时代中国特色社会主义思想为指导，全面系统深入学习宣传贯彻党的二十大精神，深入贯彻落实习近平总书记对广东、深圳系列重要讲话和重要指示精神，按照党中央、国务院决策部署以及省委、省政府工作要求，坚持稳字当头、稳中求进，高效统筹经济社会发展，全年经济社会发展稳步恢复，质量效益同步提升。

2023年，深圳经济发展仍将面临严峻复杂的内外部环境，要积极贯彻二十大报告和中央经济工作会议相关精神，坚定信心、积极进取、攻坚克难。坚持促投资稳增长，强化创新作为经济发展的第一推动力，锚定2023年经济增长的主攻方向和政策着力点，用好用足各项经济产业政策，适时发力，确保2023年经济行稳走强，在推动经济高质量发展上继续走在前列。

关键词： 深圳　"双区"建设　数字经济

目　录 ⟍⟋

Ⅰ　总报告

Ⅱ　宏观经济篇

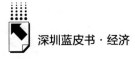

皮书数据库阅读**使用指南**

总 报 告

General Report

B.1

深圳经济稳中提质　动力向新彰显韧性

袁　婷　李冰秀　张军超　梁秋晓　廖明中*

摘　要： 2022 年，面对"风高浪急"的国际环境和艰巨繁重的改革发展
稳定任务，深圳有力有效应对超预期因素冲击，经济高质量发展
成效显著、成果扎实。2023 年，深圳市要坚持稳中求进的总基
调，全面贯彻新发展理念，服务和融入新发展格局，以粤港澳大
湾区和中国特色社会主义先行示范区建设为牵引，努力争取更大
更好的发展成果，为全面建设社会主义现代化国家开好局起好
步、为全国全省经济发展大局作出新的更大贡献。

关键词： 深圳经济　高质量发展　城市比较

---

* 袁婷，深圳市统计局二级主任科员，主要研究方向为经济分析；李冰秀，深圳市统计局四级
主任科员，主要研究方向为经济分析；张军超，深圳市统计局职员，主要研究方向为经济分
析；梁秋晓，深圳市统计局科员，主要研究方向为经济分析；廖明中，深圳市社会科学院经
济研究所研究员，主要研究方向为区域经济、国际经济。

2022 年，面对"风高浪急"的国际环境和艰巨繁重的改革发展稳定任务，深圳坚持以习近平新时代中国特色社会主义思想为指导，全面系统深入学习宣传贯彻党的二十大精神，深入贯彻落实习近平总书记对广东、深圳系列重要讲话和重要指示精神，按照党中央、国务院决策部署以及省委、省政府工作要求，高效统筹经济社会发展，全年经济社会发展稳步恢复，质量效益同步提升。

一 2022年深圳市经济运行基本情况

（一）经济总量超3.2万亿元，同比增长3.3%

根据广东省地区生产总值统一核算结果，2022 年深圳市地区生产总值（GDP）为 32387.68 亿元，规模继续位居国内城市第 3；同比增长 3.3%（见图 1），增速高于全国、全省平均水平，跃居一线城市首位，经济高质量发展迈上新台阶。

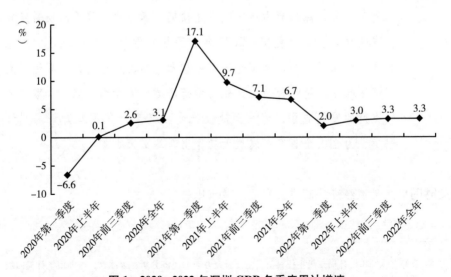

图 1 2020~2022 年深圳 GDP 各季度累计增速

资料来源：深圳市统计局网站。

分产业看，第一产业增加值为 25.64 亿元，同比增长 0.8%；第二产业增加值为 12405.88 亿元，同比增长 4.8%；第三产业增加值为 19956.16 亿元，同比增长 2.4%。三次产业结构由 2021 年的 0.1∶37.7∶62.2 调整为 2022 年的 0.1∶38.3∶61.6。从行业层面看，金融业（增长 8.2%）、建筑业（增长 5.9%）、工业（增长 4.7%）和营利性服务业（增长 3.6%）增长较快。

（二）工业生产持续增长

2022 年，全市规模以上工业增加值同比增长 4.8%（见图 2）。从行业门类看，规模以上采矿业，制造业，电力、热力、燃气及水生产和供应业增加值同比分别增长 14.7%、4.1%、9.5%。主要行业大类中，规模以上汽车制造业增加值同比增长 104.5%，石油和天然气开采业同比增长 13.6%，专用设备制造业同比增长 4.8%，计算机、通信和其他电子设备制造业同比增长 1.8%。

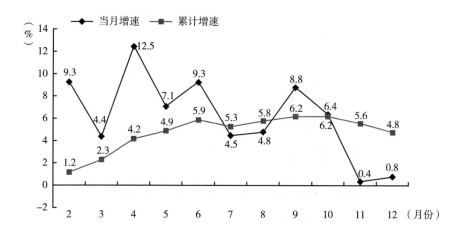

图 2　2022 年各月深圳市规模以上工业增加值当月及累计增速情况

资料来源：深圳市统计局网站。

主要高技术产品产量持续快速增长。其中，新能源汽车、充电桩、民用无人机、5G 智能手机产量同比分别增长 183.4%、113.8%、34.7%、22.3%。

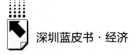

专精特新企业发挥强力支撑作用，全年增加值合计增长 8.3%，对全市规模以上工业增加值的贡献率达 22.1%。

（三）固定资产投资较快增长

2022 年，全市固定资产投资同比增长 8.4%（见图 3）。分领域看，工业投资继续保持良好态势，同比增长 19.2%，其中，制造业投资同比增长 15.4%；房地产开发业投资同比增长 13.3%。分产业看，第二产业投资同比增长 19.3%，第三产业投资同比增长 6.2%。

高技术产业投资活跃。高技术制造业投资同比增长 17.0%，其中，电子及通信设备制造业投资同比增长 21.0%；信息传输、软件和信息技术服务业投资同比增长 43.8%。社会领域投资快速增长，其中，卫生和社会工作投资同比增长 64.1%，文化、体育和娱乐业投资同比增长 22.9%。

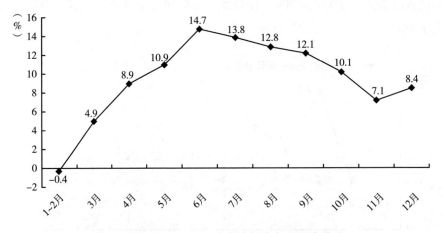

图 3　2022 年深圳市固定资产投资各月累计增速

资料来源：深圳市统计局网站。

（四）市场销售小幅增长

2022 年，全市社会消费品零售总额达 9708 亿元，同比增长 2.2%（见图 4）。分消费类型看，商品零售同比增长 4.2%；餐饮收入同比下降

12.9%。基本生活类商品销售良好，其中，限额以上单位粮油食品类、饮料类零售额同比分别增长18.1%、25.4%。消费升级类商品保持较快增长，其中，限额以上单位通信器材类、汽车类零售额同比分别增长40.3%、13.5%。网上零售持续快速增长，限额以上单位通过互联网实现的商品零售额同比增长20.9%。

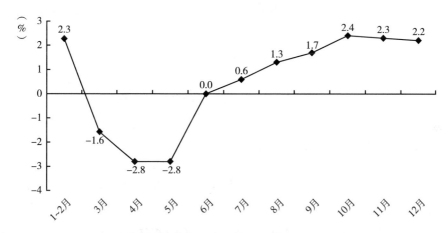

图4　2022年深圳市社会消费品零售总额各月累计增速情况

资料来源：深圳市统计局网站。

（五）货物进出口平稳增长

2022年，全市进出口总额达36737.52亿元，同比增长3.7%。其中，出口21944.80亿元，同比增长13.9%；进口14792.72亿元，同比下降8.5%。其中，一般贸易进出口同比增长4.0%，占进出口总额的49.6%，比重较2021年提高0.2个百分点。

（六）金融机构存贷款余额保持较快增长

金融业支持实体经济力度加大。2022年12月末，全市金融机构（含外资）本外币存款余额123400.52亿元，同比增长9.7%；金融机构（含外资）本外币贷款余额83422.99亿元，同比增长8.0%。

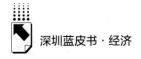

（七）居民消费价格温和上涨

2022年，全市居民消费价格同比上涨2.3%，涨幅比2021年扩大1.4个百分点。其中，食品烟酒价格同比上涨3.4%，衣着价格同比上涨0.9%，居住价格同比上涨0.3%，生活用品及服务价格同比上涨1.3%，教育文化娱乐价格同比上涨2.6%，医疗保健价格持平，其他用品及服务价格同比上涨2.3%。

二　2022年深圳市经济运行特点

（一）经济总量稳居全国第三

2022年深圳市地区生产总值达32387.68亿元，同比增长3.3%，经济总量稳居全国第3，与上海、北京差距缩小（2021年差上海12550.00亿元，2022年差12265.00亿元；2021年差北京9604.00亿元，2022年差9223.00亿元），进一步拉开与重庆、广州的距离（2021年超重庆2770.00亿元，2022年超3258.00亿元；2021年超广州2432.00亿元，2022年超3549.00亿元）。

全口径工业增加值和规模以上工业总产值首次实现"双第一"。2022年，深圳市全口径工业增加值达11357.00亿元，总量首次超过上海（10795.00亿元），跃居全国城市首位；规模以上工业总产值达45500.00亿元，超出排名第2的苏州（43651.00亿元）1849.00亿元，连续4年稳居全国城市首位。2022年，全市制造业增加值达10208.00亿元，同比增长4.00%，规模迈上1.00万亿元新台阶。

（二）发展韧性不断增强

2022年，深圳市经济增速高于全国、全省和国内重点城市。2022年，全市GDP同比增长3.3%，高于全国和全省，也高于北京、上海、广州、重庆，跃居一线城市第 1。分季度看，第一、第二、第三、第四季度分别增长 2.0%、3.8%、3.8%、3.3%，4 个季度增速相对平稳。

产业、行业结构持续优化。2022 年，全市三次产业结构为 0.1：38.3：61.6。其中，工业占 GDP 比重提升到 35.1%，比上年提高 0.6 个百分点，带动第二产业比重（38.3%）提高 0.6 个百分点，第二、第三产业的结构相对合理。制造业是经济增长的重要支撑，制造业增加值占 GDP 比重达 31.5%，高于全国 3.8 个百分点，其中，先进制造业、高技术制造业增加值占规模以上工业增加值的比重分别达到 67.3%、60.6%。服务业结构持续优化，现代服务业增加值达 1.53 万亿元，同比增长 2.8%，占第三产业的比重达 76.3%，占比较上年提高 0.4 个百分点。

战略性新兴产业成为经济发展重要引擎。2022 年，全市七大战略性新兴产业（20 个产业集群）合计实现增加值 1.33 万亿元，同比增长 7.0%，占 GDP 比重突破四成，达 41.1%。20 个产业集群中，7 个集群实现两位数增长，其中智能网联汽车、新材料两大集群增速均超 20%。

（三）创新潜力不断释放

研发投入快速增长。2021 年，深圳市全社会研发经费投入达 1682.15 亿元[①]，同比增长 11.3%，研发经费投入强度为 5.49%（见图 5），较上年提高 0.03 个百分点；其中，基础研究投入 122.02 亿元，增长 67.4%，占全市研发经费投入的比重为 7.3%，占比较上年提高 2.5 个百分点。企业研发经费投入 1582.44 亿元，规模连续多年排名全国首位。

科技创新生态持续优化。2022 年，全市新增国家高新技术企业 2043 家，总量超 2.3 万家；新增国家专精特新"小巨人"企业 275 家，累计达 442 家，数量居全国城市第 3 位。深圳高新区综合排名全国第 2。

创新成果竞相迸发。2022 年，全市 PCT 国际专利申请量达 1.59 万件，连续 19 年领跑全国；有效发明专利拥有量 24.38 万件，每万人口发明专利

---

① 该数据为 2022 年 10 月反馈的数据。

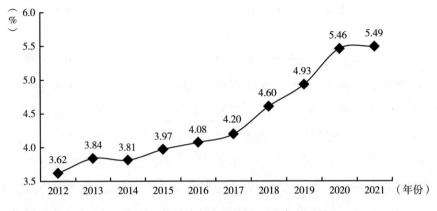

图 5　2012～2021 年深圳研发经费投入强度情况

资料来源：深圳市统计局网站。

拥有量达 137.9 件。新增中国专利金奖 3 项，深圳获评首批国家知识产权强市建设示范城市。

（四）市场活力不断迸发

创业密度领跑全国。2022 年，深圳现有市场主体突破 380 万户，全年新增市场主体 52 万户，创业密度继续稳居全国第 1 位。全年新增境内外上市企业 42 家，累计达 535 家。新增世界 500 强企业 2 家，总数达 10 家。招商引资规模取得新突破。2022 年，全市实际使用外资超 100 亿美元，同比增长 5.1%；全球招商大会洽谈签约项目 315 个，涉及投资总额 8790 亿元。统计在库"四上"单位 4.4 万家，当年新入库单位 6893 家，净增单位 3535 家，这 3 项指标均稳居全省第 1 位。

（五）高质量发展水平不断提升

人均 GDP 位居全国前列。2022 年深圳市人均 GDP 为 18.33 万元，同比增长 3.2%，按年均汇率折算，达 2.72 万美元，在全国主要城市中位居前列。绿色发展水平有效提升。2022 年，全市 $PM_{2.5}$ 年均浓度降至 16 微克/米³，稳定达到世界卫生组织第二阶段标准，接近国家一级标准。

（六）民生保障不断完善

人均可支配收入小幅增长。2022年，深圳居民人均可支配收入为7.27万元，较上年增加0.19万元；名义增长2.6%，实际增长0.3%。物价水平温和上涨。2022年，全市居民消费价格同比增长2.3%，涨幅与全国平均水平基本一致。财政支出持续向民生领域倾斜。2022年，全市教育、卫生等九大类民生支出达3419.6亿元，同比增长7.0%，占财政支出的比重为68.4%。其中，卫生健康、住房保障等领域支出同比分别增长32.3%、12.1%。

三 2022年深圳市各区经济运行情况

（一）前六大区GDP合计占全市GDP近九成

2022年，深圳市各区GDP排序未发生变化。前六大区分别是南山、福田、龙岗、宝安、龙华和罗湖（见图6），合计占全市GDP的88.2%。共有8个区跻身"千亿元区"，数量比上年增加1个。南山区GDP首次突破8000亿元，稳居各区之首。与2021年相比，各区GDP占全市比重波动不大，其中变化最大的坪山区，较上年提高0.4个百分点。

（二）各区发展势头良好，GDP增速均高于全省平均水平

2022年，深圳市11个区GDP增速均高于全省水平。经济总量较大的6个区GDP增速在3.0%~3.5%，其中，南山区（3.3%）、宝安区（3.5%）和罗湖区（3.4%）的GDP增速持平或高于全市平均水平，福田区（3.0%）、龙岗区（3.0%）和龙华区（3.1%）的GDP增速低于全市平均水平。经济总量较小的5个区GDP增速均在4.0%以上，其中，深汕合作区（20.0%）、坪山区（14.0%）实现两位数增长，光明区（6.5%）、盐田区（5.4%）和大鹏新区（4.5%）的GDP增速高于全市平均水平（见图7）。

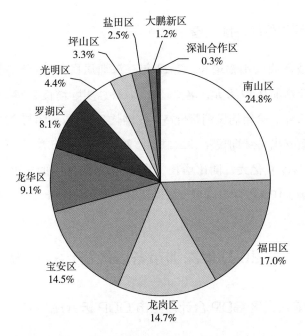

图6 2022年深圳各区GDP占全市比重

资料来源：深圳市统计局网站。

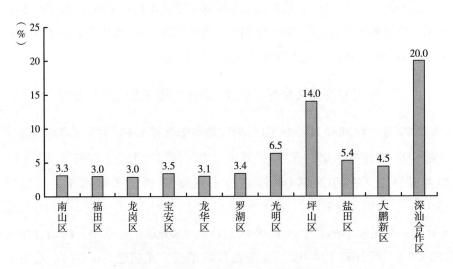

图7 2022年深圳各区GDP增速对比

资料来源：深圳市统计局网站。

（三）从产业结构看，各区既有差异又有相近

从各区内部产业占比来看，除深汕合作区外的十个区，第一产业占比均不超过0.3%。从第二、第三产业占比来看，主要分为6种类型：一是第三产业占比超九成的罗湖区和福田区，分别达94.1%、90.8%；二是"二八分"的盐田区，第三产业占比为81.5%；三是"三七开"的南山区，第三产业占比为69.4%；四是"五五开"的龙华区、宝安区，第二产业占比分别为50.6%、50.4%；五是"六四开"的大鹏新区，第二产业占比为56.6%；六是"七三开"的龙岗区、光明区、坪山区，第二产业占比在70.0%左右（见图8）。另外，深汕合作区三次产业结构大致呈1:2:2分布，第一产业占比较2021年有所下降，第二、第三产业占比有所提高。

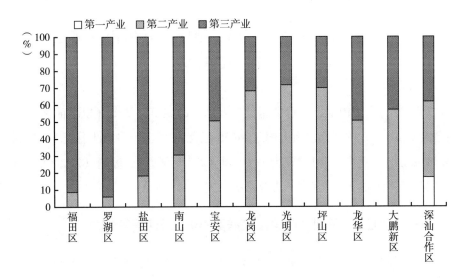

图8　2022年深圳各区三次产业占比

资料来源：深圳市统计局网站。

（四）从行业结构看，各区重点行业有所不同，8个区前三大行业占GDP比重在七成以上

各区重点行业呈以下特点。一是各区第一大行业有4种不同类型。光明

区、龙岗区、坪山区、大鹏新区、龙华区、宝安区工业是第一大行业，工业占比分别为66.6%、63.6%、63.6%、52.9%、46.8%和46.8%；福田区和罗湖区金融业为第一大行业，占比分别为45.4%和37.1%；南山区和盐田区营利性服务业为第一大行业，占比分别为36.0%和18.1%；深汕合作区建筑业为第一大行业，占比为23.3%。二是除罗湖区、深汕合作区和盐田区外，其他8个区前三大行业合计占比超过七成，其中大鹏新区占比最高（占比84.0%）。三是深汕合作区、龙华区行业结构变化较大，深汕合作区建筑业（占比23.3%）取代工业（占比21.2%）成为第一大行业，农林牧渔业（占比18.2%）退居第3；龙华区房地产业（占比12.6%）取代营利性服务业（占比12.2%）成为第二大行业；此外，盐田区工业取代非营利性服务业升至第3，坪山区、光明区批发零售业取代房地产业升至第3。

四 与上海、北京、广州、重庆、苏州和成都等城市的比较

2022年，全国内地经济总量超过2万亿元的城市共7个（以下简称"内地七大城市"），按序分别为上海（44653亿元）、北京（41611亿元）、深圳（32388亿元）、重庆（29129亿元）、广州（28839亿元）、苏州（23958亿元）和成都（20818亿元）；其中，成都首次突破2万亿元大关。

（一）2022年深圳经济总量稳居第3位，增速居第1位

从总量看，上海、北京属于"第一层级"，2021年携手迈入4万亿元台阶，2022年继续保持领先；深圳突破3.2万亿元，稳居全国第3位，与上海、北京差距有所缩小，进一步拉开与重庆、广州的差距；重庆首次超越广州，成为内地经济总量"第四城"，深圳、重庆和广州属于"第二层级"；苏州、成都经济总量与深圳、广州、重庆有一定差距，属于加快追赶的"第三层级"。

从增速看，深圳的地区生产总值增速（3.3%）第一，比全国高0.3个

百分点；其余 6 个城市增速均低于全国平均水平，依次为：成都（2.8%）、重庆（2.6%）、苏州（2.0%）、广州（1.0%）、北京（0.7%）、上海（-0.2%）（见图 9）。

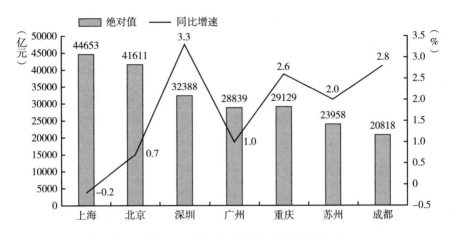

图 9　2022 年内地七大城市 GDP 及其增速对比

资料来源：深圳市统计局网站。

（二）2022年深圳第三产业比重超六成、规模位居第4，其中金融业、营利性服务业发展居前

从第三产业规模看，在内地七大城市中，北京（34894 亿元，占地区生产总值的比重为 83.9%）、上海（33097 亿元，占比 74.1%）第三产业规模位居前 2，均超 3 万亿元；广州（20611 亿元，占比 71.5%）、深圳（19956 亿元，占比 61.6%）居第 3、第 4，规模在 2 万亿元左右；成都（13825 亿元，占比 66.4%）、重庆（15423 亿元，占比 52.9%）、苏州（12244 亿元，占比 51.1%）居后 3 位，规模超万亿元（见图 10）。

从第三产业内部结构看，深圳金融业，信息传输、软件和信息技术服务业发展居前列。2021 年，深圳金融业增加值占地区生产总值的比重为 15.9%，比重排名全国第 3，低于北京（占比 19.7%）、上海（占比 19.3%），高于成都（占比 11.7%）、苏州（占比 9.3%）、广州（占比 9.0%）、重庆（占比

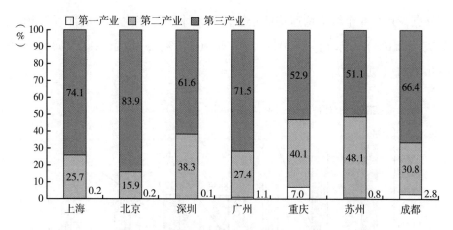

图10 2022年内地七大城市三次产业对比

资料来源：深圳市统计局网站。

8.6%）。深圳信息传输、软件和信息技术服务业增加值占地区生产总值的比重为10.9%，比重排名全国第2，低于北京（占比17.9%），高于上海（占比8.5%）、广州（占比6.9%）、成都（占比6.1%）和苏州（占比3.6%）。

（三）2022年深圳全口径工业增加值和规模以上工业总产值首次实现"双第一"

2022年，深圳全口径工业增加值为11357亿元，占地区生产总值的比重为35.1%，总量首次超过上海（10795亿元，占比24.2%），跃居全国城市第1位。其他依次为：苏州（10596亿元，占比44.2%）、重庆（8276亿元，占比28.4%）、广州（6947亿元，占比24.1%）、成都（5067亿元，占比24.3%）、北京（5036亿元，占比12.1%）（见图11）。

2022年，深圳规模以上工业总产值为45500亿元，超出排名第2的苏州（43651亿元）1849亿元，连续4年稳居全国城市首位。其他依次为：上海（40474亿元）、广州（23468亿元）、北京（22859亿元）。2022年，深圳市两个工业指标顺利达成"双第一"目标。

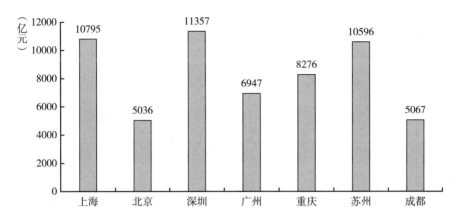

图11　2022年内地七大城市全口径工业增加值情况

资料来源：深圳市统计局网站。

（四）2022年深圳固定资产投资增速跃居第1位

2022年，深圳固定资产投资同比增长8.4%，增速高于全国（5.1%）、全省（-2.6%），也高于成都（5.0%）、北京（3.6%）、苏州（1.5%）、重庆（0.7%）、上海（-1.0%）、广州（-2.1%），居内地七大城市之首（见图12）。

（五）2022年深圳建筑业、房地产业规模均位居第4，增速分别居第1位、第4位

从建筑业看，2022年，内地七大城市中，重庆规模最大，突破3000亿元（3418亿元，占地区生产总值的比重为11.7%），远超其他城市；北京（1614亿元，占比3.9%）、成都（1444亿元，占比6.9%）、深圳（1079亿元，占比3.3%）、广州（1013亿元，占比3.5%）突破1000亿元；而苏州（941亿元，占比3.9%）、上海（744亿元，占比1.7%）均在千亿元以下。除上海（下降4.7%）、苏州（下降0.8%）外，其余5个城市建筑业增加值均实现正增长，其中，深圳（增长5.9%）增速最高。

从房地产业看，上海（3619亿元，占比8.1%）、广州（3039亿元，占

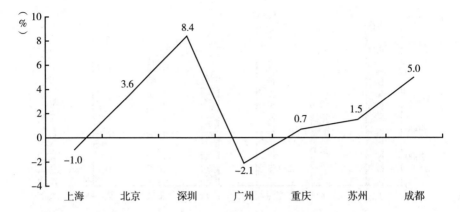

图 12　2022 年内地七大城市固定资产投资增速对比

资料来源：深圳市统计局网站。

比 10.5%）位列前 2，突破 3000 亿元；北京（2595 亿元，占比 6.2%）、深圳（2593 亿元，占比 8.0%）、苏州（2041 亿元，占比 8.5%）突破 2000 亿元；重庆（1669 亿元，占比 5.7%）、成都（1555 亿元，占比 7.5%）规模最小。除上海（增长 0.9%）外，其余 6 个城市房地产业增加值增速均为负，其中深圳下降 4.4%，成都（下降 5.6%）降幅最大（见表 1）。

表 1　2022 年内地七大城市建筑业和房地产业结构对比

单位：亿元，%

城市	建筑业			房地产业		
	增加值	占地区生产总值比重	增速	增加值	占地区生产总值比重	增速
上海	744	1.7	-4.7	3619	8.1	0.9
北京	1614	3.9	0.1	2595	6.2	-1.2
深圳	1079	3.3	5.9	2593	8.0	-4.4
广州	1013	3.5	2.0	3039	10.5	-5.3
重庆	3418	11.7	4.0	1669	5.7	-5.2
苏州	941	3.9	-0.8	2041	8.5	-2.0
成都	1444	6.9	4.9	1555	7.5	-5.6

（六）2022年深圳社会消费品零售总额居第5位，增速居首位

从总量看，2022 年，内地七大城市中，4 个城市社会消费品零售总额突破 1 万亿元，分别为上海（16442 亿元）、重庆（13926 亿元）、北京（13794 亿元）、广州（10298 亿元）；深圳、成都和苏州社会消费品零售总额分别为9708 亿元、9097 亿元和 9011 亿元。

从增长速度看，深圳增速最高，同比增长 2.2%；广州次之，同比增长 1.7%；其余 5 个城市增速为负，依次为：苏州（同比下降 0.2%）、重庆（同比下降 0.3%）、成都（同比下降 1.7%）、北京（同比下降 7.2%）、上海（同比下降 9.1%）（见图 13）。

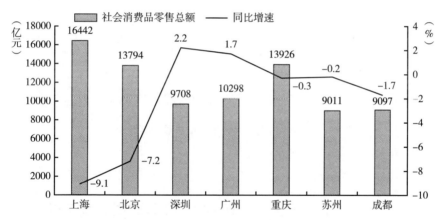

图 13　2022 年内地七大城市社会消费品零售总额及其增速对比

资料来源：深圳市统计局网站。

（七）深圳外贸出口总额连续30年居内地城市首位

从进出口总额看，2022 年，上海进出口总额（41903 亿元，增长 3.2%）突破 4 万亿元，居第 1 位；深圳（36738 亿元，增长 3.7%）、北京（36446 亿元，增长 19.7%）进出口总额均超 3 万亿元，居第 2、第 3 位，二者差距显著缩小；苏州（25721 亿元，增长 1.6%）超 2 万亿元，居第 4 位；广州（10948 亿元，增长 1.1%）超 1 万亿元，居第 5 位；成都（8346 亿元，增长 1.6%）、

重庆 (8158 亿元, 增长 2.0%) 不到 1 万亿元, 居第 6、第 7 位。

从出口规模看, 2022 年深圳出口总额 21945 亿元, 连续 30 年居内地城市之首, 同比增长 13.9%; 上海 (17134 亿元, 同比增长 9.0%)、苏州 (15475 亿元, 同比增长 4.0%) 超 1 万亿元, 居第 2、第 3 位; 广州、北京、重庆和成都出口总额分别为 6195 亿元、5890 亿元、5245 亿元和 5005 亿元, 分别居第 4 至第 7 位 (见图 14)。

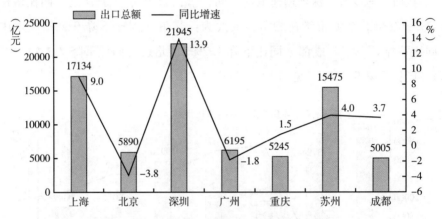

图 14　2022 年内地七大城市出口总额及其增速对比

资料来源: 深圳市统计局网站。

(八) 2022年深圳一般公共预算收入总量居第3位, 增速居第6位

从总量看, 2022 年, 上海一般公共预算收入达 7608 亿元, 居第 1 位, 其他依次为: 北京 (5714 亿元)、深圳 (4012 亿元)、苏州 (2510 亿元)、重庆 (2103 亿元)、广州 (1855 亿元)、成都 (1722 亿元)。

从增速看, 除成都增长 1.5%外, 其余 6 个城市一般公共预算收入增速均在负增长区间, 其中苏州 (下降 7.2%) 降幅最大, 深圳 (下降 5.8%) 次之; 广州、上海、重庆和北京分别下降 1.5%、2.1%、2.5%和 3.7% (见图 15)。

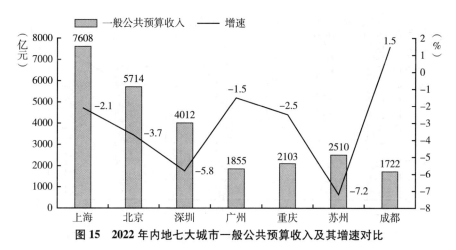

图 15　2022 年内地七大城市一般公共预算收入及其增速对比

资料来源：深圳市统计局网站。

（九）2022年深圳城镇居民人均可支配收入第5位，增速居第6位

从总量看，2022 年，上海（84034 元）、北京（84023 元）城镇居民人均可支配收入均超 8 万元，分别居第 1、第 2 位，其他依次为：苏州（79537 元）、广州（76849 元）、深圳（72718 元）、成都（54897 元）、重庆（45509 元）。

从增速看，重庆城镇居民人均可支配收入增长 4.6%，居第 1 位，其他依次为：成都（增长 4.3%）、苏州（增长 3.4%）、广州（增长 3.3%）、北京（增长 3.1%）、深圳（增长 2.6%）、上海（增长 1.9%）（见图 16）。

五　值得关注的几个问题

2022 年，深圳市经济高质量发展成效显著、成果扎实，为 2023 年乃至更长一段时期的高质量发展打下了坚实的物质基础，积蓄了良好的发展势能，提供了更加坚定的信心支撑。然而外部环境依然复杂严峻，全市经济发展还存在一些值得关注的问题。

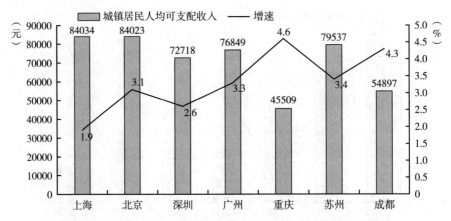

图16　2022年内地七大城市城镇居民人均可支配收入及其增速对比

资料来源：深圳市统计局网站。

（一）第二产业比重持续下降，需引起关注

2008~2022年，深圳市第二产业①增加值占GDP的比重（以下简称"二产比重"）整体呈下降态势，第三产业②增加值占GDP的比重（以下简称"三产比重"）整体呈上升态势。从2009年开始，二产比重持续低于三产比重，其中，2012~2020年，二产比重以每年1个百分点左右的速度下降，与三产比重的差距逐年扩大，由2011年的5.9个百分点扩大到2020年的25.1个百分点。近两年，二产比重有所回升，但与三产比重的差距依然较大，2022年差距依然高达23.3个百分点（见图17）。

主要经济体规律表明，随着经济转型升级和城市化进程推进，三次产业结构会发生相应的规律性变化，普遍呈第一、第二产业比重逐渐下降，第三产业比重逐渐上升的趋势。但深圳市二产比重下降过快，2022年较2011年下降了8.7个百分点。

---

① 第二产业指工业和建筑业，其中工业包括采矿业（不含开采辅助活动），制造业（不含金属制品、机械和设备修理业），电力、热力、燃气及水生产和供应业。
② 第三产业即服务业，是指除第一产业、第二产业以外的其他行业。

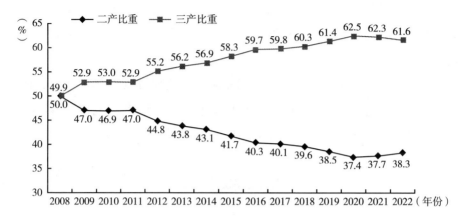

图 17　2008～2022 年深圳二产比重、三产比重情况

资料来源：深圳市统计局网站。

（二）民间投资占比继续回落，投资结构亟待优化

2022 年，全市民间投资增长 1.4%，增速虽较上年提升 9.3 个百分点，但仍明显低于固定资产投资总体增速（8.4%）。民间投资占固定资产投资的比重为 38.5%，较上年回落 2.7 个百分点。长期以来民间投资 80% 以上集中在制造业和房地产领域，当前房地产市场预期转弱，在建项目建筑安装工程投资强度大幅降低，工业领域民间投资集中的初级产品加工和传统资源型产业不景气，民间投资参与大型基础设施相关项目门槛较高，政府对民营企业资质、工期、资金方面都有较高要求。为了增强深圳市投资的活力和潜力，民间投资需提振信心、激发动能。

（三）居民收入增速回落，消费仍趋保守

2022 年 12 月，全国城镇调查失业率为 5.5%，居民对就业、收入及消费意愿的信心大幅下降。2022 年，深圳城镇居民人均可支配收入 72718 元，低于上海、北京和广州；同比增长 2.6%，扣除价格因素，实际增长 0.3%，低于同期全市 GDP 增速。为了提高抗风险能力，居民以谨慎消费观念为主，

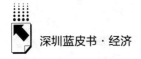

预防性储蓄增加，一定程度上对消费增长形成抑制。2022年，深圳金融机构本外币存款余额同比增长9.7%。2019～2022年，居民消费行为发生了一定改变。

此外，受头部房企"爆雷"等因素影响，叠加房地产市场调控政策持续趋紧，购房者预期和置业信心恢复仍需时日；交通运输、仓储和邮政业及住宿和餐饮业等接触性聚集性行业表现不佳，2023年有待恢复。

六 政策建议

2023年是全面贯彻党的二十大精神的开局之年，要按照坚持稳中求进的工作总基调，更好统筹国内国际两个大局，为全面建设社会主义现代化国家开好局起好步。从外部环境看，受地缘政治冲突、能源粮食供给冲击、重大气候灾害频发等多重危机交汇的影响，世界经济仍然存在较大的不确定性。2022年持续的高通货膨胀，使许多发达国家和发展中国家"抽紧银根"，美国、欧盟等主要发达经济体的经济增长势头减弱，为世界经济的近期增长前景进一步蒙上"阴影"。联合国有关机构预测，2023年全球经济增速约1.9%，成为近几十年来增速较低的年份之一。从国内环境看，2023年我国发展仍面临不少风险挑战，经济发展仍然面临需求收缩、供给冲击、预期转弱三重压力。但随着政策的调整，新一届中央政府将发展作为首要任务，全力拼经济，政策基调积极，为全国经济回到较快增长轨道创造了良好的条件。作为全国经济中心城市和社会主义现代化先行示范区，深圳要积极贯彻党的二十大报告和中央经济工作会议相关精神，锚定2023年经济增长的主攻方向和政策着力点，用好用足各项经济产业政策，适时发力，确保2023年经济行稳走强。基于对全市经济形势的研判和主要城市发展情况的横向对比，本报告提出2023年促进深圳市经济高质量增长的若干着力点。

（一）把恢复和扩大消费摆在优先位置

一是积极开发线上消费、免税消费等新消费增长点，为全市社会消费品零售总额稳步增长提供新动力。我国已经连续十年成为全球第一大线上零售消费市场，发展线上零售已经成为扩大内需工作的重要方向之一。加大对打造新型消费场景和消费模式的支持力度，鼓励企业通过数字赋能、商旅文体融合等方式与消费者产生交流互动，提供超值的消费体验。持续做好线上零售企业的引进和培育工作，进一步扩大网络零售规模。对标迪拜、新加坡、香港等国际消费中心城市，大力发展免税经济，充分利用深圳口岸优势，构建口岸免税、离境退税、市内免税的全方位免税消费体系。

二是满足刚需和改善住房消费需求，有效扩大住房消费。落实好国家出台的对居民换购住房予以退税的优惠政策，活跃二手房市场，有效提振市场信心。在坚持"房住不炒"原则的基础上，调整完善住房限购、限贷、限售等政策，引导合理的住房需求。允许名下已无房产并还清房贷者享受"首套房"待遇，允许"三孩家庭"购买第三套住房。针对不同城区供需状况"因区施策"，适当放松深圳东部等住房供应量较大地区的限购政策等。例如：上海嘉定、青浦、松江、奉贤、南汇五大新城获得了跟中心城区差异化的住房、土地政策，并放宽了落户条件，为促进五大新城的住房消费创造了有利条件。

三是用足用好促消费政策，积极扩大汽车、家电家居、文体旅游等消费。落实好"餐饮消费券活动""外卖服务跑单奖励""发放联游套票""实施景区门票优惠"等政策，促进住宿餐饮、文体旅游等接触式集聚性消费加快恢复。抓紧制定出台促进汽车消费相关政策，包括落实汽车消费补贴资金、适当增加汽车指标。支持消费者购买绿色智能家电家居等产品，加快释放绿色智能家电家居消费潜力。支持打造深圳各类文体旅游消费品牌，强化线上线下营销推广，形成一批网红旅游路线、网红打卡点、网红美食、网红文创产业等，并推动其与夜间经济、娱乐休闲、会展赛事等文旅活动有效衔接。

（二）推动外贸外资高质量发展

一是千方百计稳住外需，继续发挥出口对全市经济的支撑作用。坚持"稳存量、拓增量、蓄能量，消堵点、优服务、降成本"，全力抓好汽车、大豆、天然气、煤炭等大宗商品进出口工作，特别是强化新能源汽车等新产业出口优势，促进外贸提质增效。用足用好《区域全面经济伙伴关系协定》（RCEP）原产地累计规则条款，扩大对东盟零部件和中高端产品的出口规模。鼓励企业积极利用 RCEP 投资条款，支持跨境电商平台发展，鼓励出海企业搭建海外营销中心或海外仓。

二是争当全国数字贸易、进口贸易示范区，培育外贸发展新优势。加快补齐数字服务贸易短板，推动传统服务贸易数字化转型，大力发展远程医疗、远程教育等新兴数字服务业态，争当国家数字贸易示范区，打造外贸发展新优势。争创国家进口贸易促进创新示范区，加快推进深圳国际珠宝玉石交易中心、电子元器件亚太集散中心等国际集散平台建设。促进贸易便利化，支持开展"粤港澳自贸通"，形成广东自贸区与香港、澳门之间的"直通物流大通道"。依托前海蛇口自贸区、盐田综合保税区等重点功能区，做强一批进口消费品集散平台。

三是聚焦重点产业链精准招商，加大力度吸引和利用外资。围绕"20+8"产业集群建设，瞄准世界 500 强企业、隐形冠军企业及初创科技型企业，制定半导体与集成电路、智能网联汽车、人工智能、基础软件等产业链专项招商计划，引进更多固链、补链、强链的优质企业和创业项目。借鉴上海的成功经验，加大招商引资力度。加强对《全面与进步跨太平洋伙伴关系协定》和《数字经济伙伴关系协定》等高标准经贸协议的政策研究和政策储备，主动对照相关规则、规制、管理、标准，率先推动相关领域制度型开放。

（三）通过政府投资有效带动全社会投资

一是在持续推动数字新基建的同时，提升数字基础设施服务效率。根据深圳基础设施高质量发展试点情况，进一步梳理数字基础设施建设和数字技术公共服务平台建设需求。推动大数据、人工智能、区块链、工业互联网等智能技术与电力、通信、交通等基础设施领域结合，催生一批以技术融合创新为特征的新型基础设施建设项目。支持央企和本地国有企业积极参与数字新基建，可从发展条件好、改造难度小的基础设施领域切入，逐步铺开对电网、管道、水利设施、交通设施、市政设施等传统基础设施的智能化、数字化升级。

二是持续深化投融资体制改革，有效提升投资效率。加快修订社会投资核准备案管理办法，进一步优化社会投资营商环境，着力增强社会投资意愿。发挥市基础设施投资基金的引导作用，综合运用参股子基金投资、联合投资等方式撬动各类社会资金参与全市基础设施项目投资。深化投资项目审批制度改革，出台企业投资项目核准和备案管理条例，优化再造"统报、联查、并审、快批"流程。完善政府投资评估机制和事中事后监管体制，建立合理的投资回报补偿机制，严格规范投资规模、投资效果、建设时间和建设标准等要求。

三是着力挖掘财政增收潜力，强化政府投资保障能力。贯彻落实党的二十大关于健全现代预算制度、优化税制结构、完善财政转移支付体系等决策部署，保持必要的财政支出强度，持续完善民生、科技、产业等财政投入机制，着力推动经济社会高质量发展。用足用好政府债券、贴息等工具，加大地方政府债券发行力度，加快拨付使用进度，尽早形成实物工作量，充分发挥政府债券的作用。

（四）加快推动数字化赋能实体经济

一是大力推动数字化转型，增强企业数字竞争力。加快补齐工业软件发展短板，以应用软件开发为主导赛道、以信息技术咨询和信息系统集成为特色赛道，规划布局软件和信息服务业，分类施策促进各个赛道高质量发展。高度重视工业软件测试和验证体系的建设，依托工业互联网创新中心等重要载体，通过深化与华为、腾讯、研祥等头部数字企业合作，加快建设一批市级以上的工业软件适配验证平台。降低中小微企业数字化转型的成本，加快实现企业设备和业务系统"上云上平台"，鼓励企业加快推动数字化集成应用创新。梳理一批典型数字化应用场景，搭建中小微企业参与城市数字化转型的对接平台，全面推广一批优秀数字化应用案例。

二是持续打好政策组合拳，有效提振企业发展信心。继续落实好支持中小微企业纾困及高质量发展措施等各级惠企政策，以最快速度释放政策效能。开展"好企业大走访"行动，打造更具针对性和有效性的服务体系，打造优质发展暖环境。争取要素市场化改革，切实降低企业用地、用电等要素成本，积极争取上级部门支持深圳电价改革。积极借鉴"起步新加坡计划"先进经验，着力提升产业创新空间综合服务能力，加大高质量产业创新空间供给力度。全面加强财政资源统筹，依法科学组织财政收入，同时落实好各项税费支持政策，更好提振市场主体发展信心。

三是打造更加完善的产业生态环境，进一步厚植深圳优势产业竞争力。从供给和需求两端打造更加完善的产业生态环境，把深圳打造成全球数字制造试验场、数字制造创新高地，进一步增强深圳对全球先进制造业的吸引力。在数字经济特别是数字产业新兴领域实行审慎监管。争取成为国家放宽市场准入限制改革试点城市，率先在全国推行许可程序改变、无审批人员签名、非现场监管等创新做法，减少对企业的现场核查。用足用好"特区立法权"，建立包容审慎的监管体制，加快制定与人工智能等新技术、新业态相关的制度法规，通过"放管服"和营商环境改革，为深圳高质量发展释放制度红利。

参考文献

习近平：《当前经济工作的几个重大问题》，《求是》2023年第4期。

新华社：《中央财办有关负责同志就中央经济工作会议精神和当前经济热点问题作深入解读》，中国政府网，2022年12月19日，http：//www.gov.cn/xinwen/2022-12/19/content_5732626.htm。

祝合良、王春娟：《数字经济引领产业高质量发展：理论、机理与路径》，《财经理论与实践》2020年第5期。

曾舒珩：《数字经济对我国对外贸易竞争力的影响研究》，《全国流通经济》2022年第27期。

《中共深圳市委七届六次全会召开 全面系统深入学习贯彻党的二十大精神 为建设好中国特色社会主义先行示范区创建社会主义现代化强国的城市范例而努力奋斗》，深圳政府在线，2022 年 12 月 27 日，http：//www. sz. gov. cn/cn/ydmh/zwdt/content/post_
10357423. html。

《不断塑造制造业高质量发展新动能新优势》，《深圳特区报》2022 年 11 月 27 日，
http：//sztqb. sznews. com/MB/content/202211/27/content_ 1286400. html。

United Nations，*World Economic Situation and Prospects 2023*，2023.

International Monetary Fund，*World Economic Outlook：Countering the Cost - of - living
Crisis*，2022.

The Economist Intelligence Unit，*Three Take Aways from China's Policy Setting Conference*，
2022.

宏观经济篇
Macro Economy

B.2
2022年深圳市固定资产投资
形势分析及2023年调控思路

彭海城　李璐*

摘　要： 2022年深圳投资发展再上新台阶。本报告系统总结了各领域的投资运行情况，分析了固定资产投资面临的形势和存在的问题，提出了2023年投资调控建议。本报告建议2023年应在加快推进基础设施建设和加强民生领域投资的基础上，进一步稳固工业投资增长后劲，重点强化项目资金保障，完善项目审批协调调度机制，尽快研究储备一批激发社会投资活力的政策，继续积极扩大精准有效投资，为经济社会高质量发展提供强大支撑。

关键词： 固定资产投资　资金保障　深圳市

---

* 彭海城，经济学博士，深圳市发展和改革委员会主任科员，主要研究方向为投资学；李璐，经济学博士，中共龙华区委党校教师，主要研究方向为产业投资和数字经济。

2022年，深圳市高效统筹经济发展工作，持续发挥投资对优化供给结构的关键性作用，加大项目协调调度力度，加快推进项目开工建设，特别是重点加快推进一批重大工业项目建设，以投资之进有效地支撑了经济发展之稳。

一　2022年深圳市固定资产投资运行总体情况

（一）固定资产投资增速稳中有升

2022年，深圳市固定资产投资规模继续扩大，同比增长8.4%，增速创近3年新高，比2021年（3.7%）高4.7个百分点（见图1）；增速高于全国、全省，高于北京、上海和广州。从投资规模看，全年固定资产投资完成额约8969亿元，① 投资强度超4.4亿元/公里^2，处于全国大中城市前列。

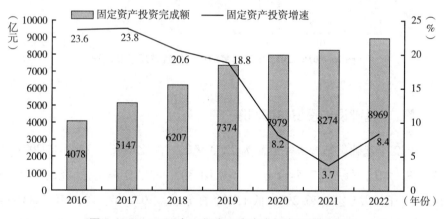

图1　2016~2022年深圳市固定资产投资规模及增速

（二）房地产开发投资止跌回升

2022年房地产开发投资完成额为3414亿元，同比增长13.3%，比2021年（-15.4%）高28.7个百分点（见图2），占固定资产投资的比重为39.3%，比

---

① 本报告涉及固定资产投资及各领域完成绝对数，均是根据《2022年深圳市统计年鉴》相关基数和增速推算得到。

2021 年（36.4%）提高 2.9 个百分点。2021 年房地产施工面积达 10950 万平方米，同比增长 4.3%；竣工商品房面积达 741 万平方米，同比增长 9.1%；销售商品房面积达 694 万平方米，同比下降 15.5%。住房保障力度不断加大，供应住宅用地 3.6 平方千米，筹建公共住房 8 万套（间），筹建租赁住房约 10 万套（间），基本建成 30 个公共住房项目，总面积约 220 万平方米。

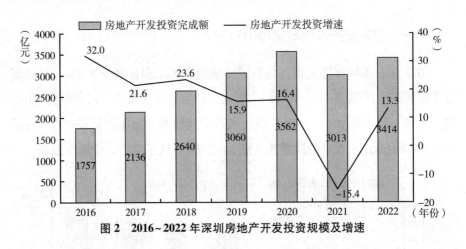

图 2　2016～2022 年深圳房地产开发投资规模及增速

（三）基础设施投资增速回落

2022 年基础设施投资完成额为 2203 亿元，同比增长 1.7%，与 2021 年（5.4%）相比下跌 3.7 个百分点（见图 3），占固定资产投资的比重为 24.6%，比 2021 年（26.2%）低 1.6 个百分点。2022 年，深圳市获批港口型国家物流枢纽，宝安国际机场卫星厅、南山港区妈湾智慧港、小漠国际物流港一期建成投入运营，盐田港区东作业区集装箱码头开工。深汕铁路、深大城际等 5 条城际铁路开工建设，赣深高铁建成通车。地铁运营总里程达419.4 公里。沙河西路快速化改造、坪盐通道、外环二期、南坪二期等建成通车，全市高快速路共计超 600 公里。

（四）工业投资占比提升

工业投资完成额为 1683 亿元，同比增长 19.2%，与 2021 年（27.1%）

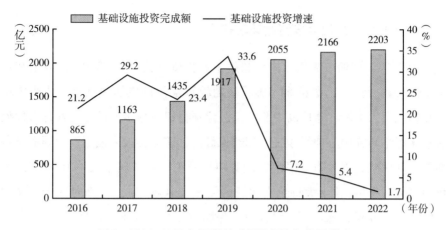

图3　2016~2022年深圳基础设施投资规模及增速

相比下跌7.9个百分点（见图4）；占固定资产投资的比重为18.8%，比2021年（17.1%）提高1.7个百分点。2022年，深圳市制定了推动制造业高质量发展28条和支持先进制造业重大项目投资建设等若干措施，推动制造业项目加快建设。荣耀、华星光电、康泰生物等制造业企业重点产业项目投产，中芯国际、比亚迪汽车工业园一期、第三代半导体IDM项目开工建设，中国电子集团总部落户深圳。

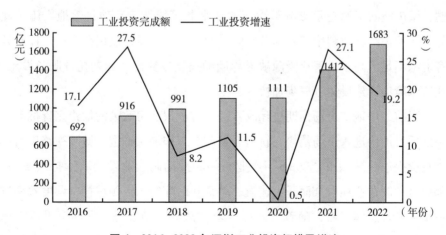

图4　2016~2022年深圳工业投资规模及增速

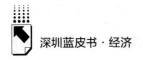

（五）民生补短板投资增速较快

2022年，深圳市文化、体育和娱乐业投资同比增长22.9%，卫生和社会工作行业投资同比增长64.1%。基础教育学位供应加快推进，建成中小学和幼儿园151所，建成高中9所。医疗项目建设稳步推进，国家感染性疾病临床医学研究中心项目竣工，妇幼保健院住院大楼投入使用，中国医学科学院阜外医院、中大附七医院二期等项目开工，新增病床位约1000张。文化项目加快推进，"十大特色文化街区"改造基本完成，"新时代十大文化设施"加快建设，深圳创意设计馆、深圳书城湾区城开工建设。

二　2023年深圳固定资产投资面临的形势

2023年全市固定资产投资运行态势总体较好，但还存在一些挑战和不足。一是宏观经济恢复尚不稳固，需求、供给、预期回稳压力依然很大，企业生产经营困难较多，企业投资信心仍然偏弱。二是激发产业投资还存在不少制约，产业链自主可控能力待增强，顶尖人才的研发团队不足，关键材料、核心零部件及先进工艺有待突破。三是城市规划建设存在空间约束问题，城市空间资源趋紧影响重大交通和水务等线性工程项目落地实施，此外，土地集约高效利用还有提升空间。四是民生领域建设仍存短板，优质教育资源不足，高水平医疗资源缺乏等问题还比较突出，养老托育服务设施、住房保障项目建设需进一步加快。

当前，房地产市场预期边际改善，共有产权住房政策的加快完善推动了一批项目加快进入市场销售；轨道五期前期工作加快推进，城际铁路项目投资建设提速；深圳市"20+8"产业布局和推动制造业发展政策持续发力，部分重大制造业项目全面开工建设；教育和医疗等重点领域投资调度效率进一步提升。总体来看，随着"双区"驱动战略落地实施，深圳市投资需求和动能将持续释放，一大批科技产业、综合交通、环境保护、社会民生等领域重点项目将加快建设，为固定资产投资稳增长提供强大支撑。

三 2023年投资管理思路及目标

以供给侧结构性改革为主线，充分发挥"双区"驱动、"双区"叠加、"双改"示范效应，大力提振市场信心，有机结合扩大内需战略和深化供给侧结构性改革，积极扩大精准有效投资范围，加快推动重大战略项目开工转化，不断提升投资管理调度水平，推动投资实现量的快速增长和质的稳步提升。预计2023年深圳市固定资产投资增长超10%。投资结构持续改善，工业投资占比有所提升，继续对投资形成支撑；房地产开发投资和基础设施投资保持稳定增长。

四 2023年促进深圳固定资产投资发展的建议

2023年，深圳市应围绕加快实施"十四五"规划，按照"时间过半，指标任务过半"原则，对照重点领域规划项目清单，推动谋划项目尽快立项，前期项目全面开工，与续建项目叠加形成阶段性建设高峰。围绕加快打造"20+8"产业集群，重点推动集成电路等战略性新兴产业发展，推动补链、强链、稳链工作大步迈进，促进工业投资继续高速增长。聚焦民生关切，在教育、卫生，特别是历史欠账较多的住房等民生领域，加大投资力度，提升市民生活幸福感。围绕新型基础设施建设，加快推进重大科技基础设施审批开工，加快融合基础设施建设。

（一）大力推进基础设施和民生项目建设

加大空港建设推进力度，加快建设盐田港区东作业区集装箱码头，基本完成三跑道扩建工程场地陆域形成及软基处理工作，加快建设一批城际和枢纽项目，推动轨道交通五期建设规划获批并争取开工。加快重点水务项目建设，完成珠三角水资源配置工程，开工建设明溪水库、深汕合作区引水工程、沙湾河截排工程，改造老旧供水管网超60公里。扩大保障性租赁住房供给，开工建设 20 个以上保障性租赁住房项目。促进基础教育优质资源扩容提质，新改扩建幼儿园、中小学校 182 所。促进优质医疗资源扩容和梯度配置，建成质子肿瘤治疗中心、第二儿童医院等，开工建设人民医院宝安医院、深大总医院二期工程、南科大附属医院等，新增社康机构 35 家以上，新增床位 3200 张以上。加快新时代十大文化设施建设。

（二）进一步稳定产业投资后劲

结合全市重点区域和"20+8"产业集群布局，加快周边配套基础设施和公共服务设施建设，尽快引进一批与区域发展定位相匹配的重大产业项目。新开工建设 5 个百亿元级、10 个三十亿元以上重大工业项目，推动欣旺达动力电池总部及灯塔工厂开工建设，推动比亚迪深汕工业园一期产能稳步提升、二期整车投产，捕捉新型储能产业新风口，新建 V2G 示范站 40 座、充电桩 16 万个。大力发展海洋经济，开工建设海洋综合试验场、国家远洋渔业基地。构建优质高效服务业新体系，高水平打造蛇口滨海文化创意产业带、龙岗数字创意产业走廊，打造特色突出、产业聚焦的总部基地；打造金融机构集聚区，高标准建设前海深港国际金融城、香蜜湖新金融中心、深圳湾科技金融核心区等。面向全球开展"双招双引"工作，做好先进制造业和现代服务业招商引资工作，引进优质项目 100 个，2022 年全球招商大会签约项目投资落地 2000 亿元。

（三）强化项目资金保障

抓好专项债储备申报发行使用工作，力争全年储备申报专项债高于2022 年，提高项目谋划质量，同时提高项目审核通过率。做好金融工具项目储备，加强金融工具政策宣讲，依托国企平台加大金融工具申报力度。全面梳理设备购置项目，推动符合条件的设备购置项目建设，做好申请国家专项贷款准备。增加基础设施 REIT 项目储备，推动一批优质企业项目资产发行上市。充分盘活存量资产，多元募集项目建设资金。优先保障政府投资资金，利用政府投资乘数放大效应，增强和稳定社会投资信心。

（四）完善投资项目审批调度机制

深化投资审批制度改革，推动出台企业投资核准备案条例，上线"智慧投资"系统，优化再造报审流程，重构医院、大学等项目审批机制，实行基建、信息化、设备"三合一"审批，固定资产投资与开办费一体化审批。在抓好续建项目建设投资进度基础上，重点抓项目开工转化，各单位调整工作重点，将工作重点从推动在建项目按计划建设，向抓重点前期项目开工转化转变，各责任单位盯紧前期拟新开工项目，每月跟进项目新开工情况，及时解决开工项目存在的问题。

（五）加强社会投资储备

围绕稳定房地产投资增长，研究出台加大土地出让供应力度、简化项目审批手续、完善投融资政策、提振房地产和城市更新投资信心的政策。聚焦加快高质量产业投资，协调推进重大项目建设，加大高质量投资项目支持力度，强化重点投资项目土地要素服务保障，在开辟绿色审批通道等方面制定一揽子稳投资政策。尽快完成社会投资核准备案管理办法修订工作，进一步优化社会投资营商环境，增强社会投资意愿。

B.3

2022年深圳物价运行形势分析
及2023年走势展望

余红兵*

摘　要： 本报告回顾总结了 2022 年深圳消费领域和生产领域价格运行的基本情况和主要特点，将深圳与全国、广东省及其他一线城市物价进行对比，对深圳 PPI 和 CPI "剪刀差"现象进行了简要分析，对 2023 年深圳物价形势进行展望。本报告认为，2023 年，深圳应将有效增强居民消费实力、提升居民消费意愿、释放居民消费潜力作为应对当前经济和价格问题的工作重点。

关键词： 物价　CPI　PPI　深圳市

2022 年，在国际市场粮食和能源价格大幅上涨、输入性通胀压力较大，主要经济体高通胀并伴随增长乏力的情况下，深圳及时打开政策"工具箱"，相继推出 5 个"30 条"，培育壮大市场主体，促消费、稳增长，积极应对外部超预期因素冲击，稳住经济发展大盘，总体物价保持平稳，消费领域居民消费价格指数（CPI）涨幅与上年相比有所扩大，但总体温和；生产领域工业生产者出厂价格指数（PPI）涨幅与上年相比略有下降，PPI 和 CPI "剪刀差"转正收窄，生产领域输入性压力持续缓和，消费领域逐渐回暖。

---

* 余红兵，国家统计局深圳调查队综合处处长，高级统计师。

一 消费领域价格涨幅扩大，总体相对温和

从全年看，CPI涨幅呈先升后落走势。2022年，深圳市CPI同比上涨2.3%，涨幅比2021年扩大1.4个百分点。分季看，第一、第二、第三、第四季度同比分别上涨2.1%、2.5%、2.5%、1.9%，涨幅先上升企稳后回落。分月看，1月受春节因素影响，CPI同比上涨2.5%；2月受节后食品价格总体回落影响，CPI涨幅回落，同比上涨1.7%，3月起CPI同比涨幅趋渐扩大，6月同比上涨2.9%；7月、8月涨幅略有回落，9月又扩大至2.5%；10月和11月同比涨幅分别回落至1.9%和1.6%；而12月因元旦、春节临近，交通出行逐步恢复，接触性消费需求增加，CPI涨幅回升至2.0%（见图1）。

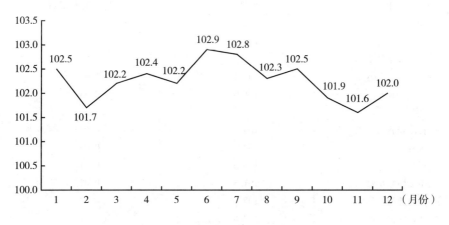

图1 2022年深圳市CPI月度同比走势

注：上年同期为100。

分类别看，食品价格波动较大。2022年，食品价格由2021年下降2.4%转为上涨2.4%，影响CPI上涨约0.35个百分点（见表1）。分月看，食品价格从年初的下降2.8%，至9月为上涨6.4%，12月为上涨5.6%，全年总体呈上涨趋势。其中，猪肉价格受基期价格、生猪市场供应相对宽松和

生猪调入政策影响，全年价格大幅波动，从2月下降36.4%后价格持续回升，7月转正即上涨10.9%，至9月上涨37.0%，11月和12月涨幅有所回落，分别为上涨30.6%和20.9%，全年平均下降7.5%，降幅比2021年收窄19.8个百分点，影响CPI下降约0.1个百分点；在猪肉价格上行带动下，牛肉、羊肉等禽肉价格也逐步从低位反弹，全年禽肉类价格从最低下降24.9%回升到最高上涨18.9%；受极端天气频发、生产成本上涨及上年同期基数较低影响，鲜果和鸡蛋价格同比分别上涨8.3%和9.2%，合计影响CPI上涨约0.18个百分点；受粮食价格和运输成本上涨影响，食用油、食醋和酱油价格同比分别上涨5.3%、7.9%和6.9%，合计影响CPI上涨约0.03个百分点。

表1 2022年深圳居民消费价格分类指数及涨跌幅情况

单位：个百分点

指标	上年同期＝100	对CPI的涨跌影响
居民消费价格	102.3	/
其中：食品	102.4	0.35
非食品	102.2	1.90
其中：消费品	103.3	1.81
服务	101.0	0.45
分类别		
一、食品烟酒	103.4	0.95
二、衣着	100.9	0.04
三、居住	100.3	0.11
四、生活用品及服务	101.3	0.07
五、交通通信	105.5	0.74
六、教育文化娱乐	102.6	0.27
七、医疗保健	100.0	0.00
八、其他用品及服务	102.3	0.07

从品类看，能源价格上涨对CPI的影响较大。2022年，能源价格同比上涨8.9%，拉动CPI上涨0.72个百分点，对CPI上涨贡献率为31.3%。其中，2022年汽油、柴油价格同比分别上涨21.3%、23.2%。涨幅比2021年分别扩大4.0个和4.1个百分点。92号汽油、95号汽油的最高零售价格分

别突破 9 元和 10 元大关，创历史新高。与此同时，受能源价格上涨影响，燃油附加费上调，航班运营成本上升，飞机票价格同比上涨 20.0%；交通工具用燃料价格同比上涨 20.3%，影响 CPI 上涨约 0.62 个百分点。

从核心 CPI 看，涨幅不大但影响有所变大。2022 年，扣除食品和能源价格的核心 CPI 同比上涨 1.5%，涨幅比 2021 年扩大 0.6 个百分点，影响 CPI 上涨约 1.18 个百分点。其中，扣除能源的工业消费品价格同比上涨 3.2%，涨幅比 2021 年扩大 0.8 个百分点。工业消费品中，受原材料价格上涨影响，空调和自行车价格同比分别上涨 5.0% 和 4.4%，其他住房装潢材料价格同比下降 1.2%。服务价格同比上涨 1.0%，涨幅比 2021 年扩大 0.6 个百分点。服务消费中，家庭服务同比上涨 1.4%，涨幅比 2021 年回落 0.6 个百分点；医疗服务价格持平；宾馆住宿价格同比下降 1.9%，涨幅比 2021 年回落 2.8 个百分点；景点门票价格同比上涨 0.5%，涨幅比 2021 年扩大 0.1 个百分点。

从城市比较看，深圳 CPI 高于全国、广东省平均水平。2022 年，深圳 CPI 同比上涨 2.3%，涨幅比全国（同比上涨 2.0%）高 0.3 个百分点，比全省（同比上涨 2.2%）高 0.1 个百分点。在"北上广深"4 个城市中，深圳涨幅排第 3，比上海（同比上涨 2.5%）低 0.2 个百分点，比广州（同比上涨 2.4%）低 0.1 个百分点，比北京（同比上涨 1.8%）高 0.5 个百分点；在全国 36 个大中城市中，深圳 CPI 与宁波、武汉、兰州并列第 8 位。

二 生产领域价格涨幅回落，整体波动幅度较小

PPI 同比由回落转上升，总体呈"V"形走势。2022 年，深圳 PPI 同比上涨 1.7%，涨幅比上年回落 0.2 个百分点。分季度看，第一、第二、第三、第四季度同比分别上涨 2.9%、1.4%、0.4% 和 2.2%。分月看，受上年同期基数走高和生产需求减弱影响，同比涨幅由 1 月的 3.3% 单边回落至 8 月的 0.1%；9 月后，同比涨幅开始回升，9 月、10 月、11 月同比涨幅分别为 0.5%、1.9% 和 2.5%；12 月，同比涨幅有所收窄，为 2.2%（见图 2）。

2022 年，深圳工业生产者购进价格指数（IPI）同比上涨 2.6%，涨幅比上年回落 0.4 个百分点。从走势看，IPI 和 PPI 趋同，但涨幅总体相对较高，IPI 全年最高点出现的时间为 1 月、2 月，同比上涨 3.6%，最低点出现的时间为 8 月，同比上涨 1.4%。

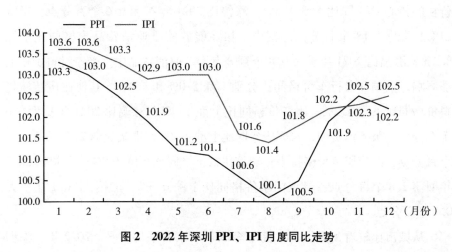

图 2　2022 年深圳 PPI、IPI 月度同比走势

注：上年同期为 100。

生产资料与生活资料价格差扩大。2022 年，生产资料价格同比上涨 2.9%，涨幅比上年扩大 1.0 个百分点，影响 PPI 上涨 1.93 个百分点；生活资料价格同比下降 0.6%，涨幅比上年回落 2.4 个百分点，影响 PPI 下降 0.21 个百分点。生产资料价格涨幅高于生活资料 3.5 个百分点，差值比上年扩大 3.4 个百分点，上下游行业成本传导压力进一步增大。生产资料中，采掘工业价格同比上涨 50.5%，原材料工业价格同比上涨 3.9%，加工工业价格同比上涨 2.0%，涨幅比上年分别扩大 2.6 个、3.8 个和 0.8 个百分点。生活资料中，耐用消费品价格同比下降 3.0%，一般日用品价格同比上涨 6.5%，涨幅比上年扩大 5.2 个百分点，衣着价格同比上涨 3.1%。

各行业 PPI 上涨面扩大。2022 年，深圳本地纳入调查的 30 个 PPI 大类工业行业价格表现为"20 升 9 降 1 平"，行业上涨面达 66.7%，比上年扩大 20.0 个百分点。上涨行业中，石油和天然气开采业，电气机械和器材制造业，橡胶和塑料制品业，文教、工美、体育和娱乐用品制造业，电力、热力生产和供应业对PPI的拉动作用位居前列，合计影响PPI上涨1.69个百分点。2022年IPI九大类价格"六升三降"。上涨类别中，燃料动力类、农副产品类、有色金属材料及电线类价格涨幅较多，同比分别上涨16.6%、14.7%和3.2%，合计拉动IPI上涨1.33个百分点。此外，建筑材料及非金属类、黑色金属材料类、木材及纸浆类价格同比分别下降5.6%、3.9%和3.4%。

输入性因素传导影响价格波动较大。2022年，国际原油、煤炭等大宗商品价格涨幅较大，全球最大煤炭出口港澳大利亚新南威尔士州纽卡斯尔港Newcastle Coal Infrastructure（NCIG）数据显示，纽卡斯尔煤炭期货价格同比上涨近140%，创下2008年以来的最大涨幅；布伦特原油期货价格一度涨至最高139.13美元/桶。受输入性大宗商品价格传导影响，2022年，深圳石油和天然气开采业价格同比上涨50.5%，影响PPI上涨0.72个百分点，对PPI的拉升作用最大。在深圳占比较高的计算机、通信和其他电子设备制造业价格则同比下降0.2%，影响PPI下降0.13个百分点。

深圳生产者价格波幅相对较小。2022年，深圳市PPI同比上涨1.7%，涨幅分别较全国（4.1%）、广东省（3.0%）低2.4个和1.3个百分点，也低于北京（2.3%）、上海（2.6%）、广州（2.6%）。IPI同比上涨2.6%，涨幅分别较全国（6.1%）、广东省（4.1%）低3.5个和1.5个百分点。深圳市PPI受输入性影响大。

三 PPI和CPI"剪刀差"转正收窄，消费领域回暖

PPI反映的是生产领域工业企业产品出厂价格变动趋势和变动程度，CPI反映的是消费领域居民所购买的生活消费品和服务项目价格变动趋势和程度。PPI和CPI存在上游价格和下游价格变化联动的内在逻辑，从理论内涵和指标测度上都有密切的联系，具有一定的相关性。对于市场化程度较高、经济门类相对齐全、产业链完整的较大经济体来说，PPI与CPI的变化

趋势应该是大致相同的，存在长期均衡的条件。但是，现实中由于宏观调控政策取向、市场竞争程度差异、区域产业分工不同等因素影响，两者的关系在不同区域范围、不同经济发展阶段，以及不同的时间周期都可能具有不同的表现形式，甚至有背离的情况出现。"剪刀差"反映了PPI与CPI走势出现这种背离或者持续性差异的现象。

2022年，俄乌冲突不断，国际粮食、能源等大宗商品价格快速上涨，与此同时世界经济增长乏力，滞胀风险上升。一方面，受国际输入性通胀和国内需求收缩、供给冲击、预期转弱三重压力叠加影响，深圳作为一个外向型城市，经济发展的内外部环境不确定因素明显增多；另一方面，深圳作为国内工业经济体系相对完善、产业链价值链含金量相对较高，以及市场化程度较高的城市，工业经济韧性更强，发展势头不减。2022年，深圳规模以上工业增加值首次突破万亿元大关，工业总产值、全口径工业增加值均居全国城市首位，规模以上制造业、规模以上电热燃水生产供应业和规模以上采矿业的增加值同比分别增长4.1%、9.5%和14.7%。外部输入性通胀与内部工业生产需求旺盛，带动石油、煤炭、有色金属相关行业价格大幅上涨，2022年深圳生产资料中的采掘工业价格同比上涨50.5%，涨幅较上年扩大2.6个百分点；生活资料中的耐用消费品价格则同比下降3.0%，涨幅较上年减少5.4个百分点。2022年深圳市CPI总体保持平稳态势，2022年深圳CPI同比上涨2.3%，全年涨落在1.6%~2.9%，整体波幅仅1.3个百分点。PPI和CPI"剪刀差""五正一平六负"，CPI高于PPI的情况反而更多一些（见图3）。

从某种程度上，2022年深圳PPI和CPI"剪刀差"现象反映了深圳独特的产业结构特点。虽然上游资源类产品价格涨幅较大，资源类产品成本传导属性强，但资源类产品产值在深圳工业产值中的比重较低，因而资源类产品在PPI产品分类中的权重较小，其波动对PPI变动影响也少；计算机、通信和其他电子设备制造业占PPI比重超六成，加之按照同质可比采价的电子信息产品价格通常出厂基期即是高点，这便直接决定了深圳PPI整体偏低，造成CPI大于PPI的概率相对较大。通常而言，生产领域价格会沿着"生产—流通—消费"这一

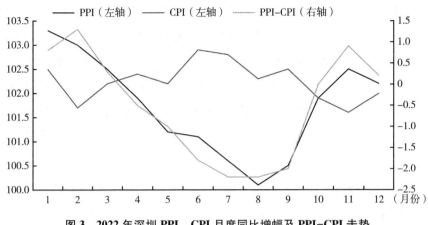

图3　2022年深圳PPI、CPI月度同比增幅及PPI-CPI走势

链条，并带有一定时滞性地传递到消费领域。从深圳PPI与CPI一年期月度数据看，这种传导关系并不直观，或许需要更长周期的数据才能清晰地展现两者关系，毕竟成本的刚性传导正是市场的基本规律之一。

另外，在观察PPI与CPI价格相互影响时，还应重视非工业领域的农产品价格变动对CPI的影响，尤其是2022年深圳猪肉价格变化影响CPI下降约0.1个百分点，也是不容忽视的重要因素之一。同时，政府宏观政策调控也是影响其相互关系的另一个重要因素。政府对生产领域价格波动通过金融扶持、补贴甚至行政限价等措施进行调控，实质上降低了生产企业成本，也减轻生产价格向消费价格的传导压力。另外，对涉民生重要消费品进行保供稳价，也是消除生产成本传导的重要行政手段。2022年，深圳压实"菜篮子"市长负责制，拓展认定菜篮子基地保供范围，实施物价上涨实时监测并启动相关联动机制，极大地起到了稳定消费领域价格的作用。基于此，2022年深圳CPI同比上涨2.3%，PPI和CPI"剪刀差"转正收窄，消费领域总体回暖。

四　对2023年价格形势的研判及相关建议

2022年，深圳PPI同比上涨1.7%，CPI同比上涨2.3%，生产领域价

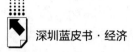

格明显低于全国、广东省，消费领域价格略高于全国和广东省，与美国、欧元区和英国 CPI 接近 10% 左右的严峻通货膨胀形势相比，深圳 PPI 稳定性强，CPI 处于合理区间内运行。从总体上看，深圳生产领域产业结构特点使其受输入性通胀影响相对较小，上下游产品价格之间的价格传导周期相对较长，政府部门对消费领域价格的保供稳价措施具有较强的有效性。因此，在稳健的货币政策条件下，2023 年深圳物价形势总体会相对稳定，保持在合理区间。

值得关注的是，受国内外形势影响，近年来深圳居民消费意愿有所降低，消费支出占可支配收入的比重总体呈下滑趋势，由 2016 年消费支出占可支配收入的 74.9%，总体上一路下降至 2022 年的 61.6%。从外部看，美国、欧元区和英国的消费者价格和国际大宗商品价格都居高位，似乎我国有通胀之忧，其实并不如此，结合我国自身的消费数据看，消费虽然有所回暖，但是我国实际的消费比重却是持续下降的，从这一方面讲，我们更应关注通缩的潜在可能。总而言之，应把有效增强居民消费实力，提升居民消费意愿，释放居民消费潜力作为应对当前经济和价格问题的重点。

B.4
消费活力逐步释放　市场呈现恢复态势

——2022 年深圳消费品市场运行情况分析

陈晓辉*

摘　要： 2022 年，全国多地消费品市场低位运行，内需疲软成为经济运行中的突出矛盾。2022 年 12 月，中央经济工作会议将着力扩大国内需求作为 2023 年工作任务重点，提出要把恢复和扩大消费摆在优先位置。本文通过收集各地统计局公布的数据，深入分析 2022 年深圳消费品市场运行情况，并与北京、上海、广州等 9 个重点城市在社会消费品零售总额、汽车零售、网络零售等方面进行比较分析，找出影响深圳消费品发展的主要因素，并提出相关对策建议。

关键词： 社会消费品零售总额　网络零售　汽车零售

　　2022 年，面对经济运行中多个超预期事件的冲击，在深圳市委市政府的坚强领导下，各区各部门承压而上，高效统筹经济社会发展，先后出台"促消费 30 条""稳增长 30 条""培育市场主体 30 条"等政策，从汽车消费补贴、家电数码产品补贴等方面精准发力，效果逐步显现，消费活力不断释放，消费品市场呈恢复性增长态势，汽车消费和网络消费持续发挥重要作用。

---

　　* 陈晓辉，深圳市统计局贸易外经处高级工程师，主要研究方向为消费经济与消费统计调查。

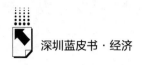
一　基本情况

（一）社会消费品零售总额增速同时高于全国和广东省

2022 年，深圳实现社会消费品零售总额（以下简称"社消零"）9708.28 亿元，同比增长 2.2%，增速高全国 2.4 个百分点、广东省 0.6 个百分点，是自 2019 年以来首次增速同时高于全国和广东省。分月来看，2022 年 3 月中旬，深圳实现社消零 591.50 亿元，同比下降 10.2%。第一季度实现社消零 2107.34 亿元，同比下降 1.6%，增速比全国低 4.9 个百分点，比广东省低 3.3 个百分点。为激发消费潜力，提振消费信心，5 月深圳市出台了《深圳市关于促进消费持续恢复的若干措施》，在政策的推动下，社消零增速逐月缩小与全国和广东省差距，2022 年 1～6 月，实现社消零 4483.00 亿元，扭转连续三个月负增长态势，增速首次高于全国，比全国高 0.7 个百分点，但比广东省低 0.9 个百分点。第三季度，随着市区两级汽车消费补贴政策持续发力，社消零增速逐渐缩小与广东省差距，前三季度，深圳实现社消零 7079.55 亿元，同比增长 1.7%，增速高全国 1.0 个百分点，低广东省 0.5 个百分点。第四季度，社消零增速在 10 月追上广东省，在 11 月首次同时超过全国和广东省（见图 1）。深圳消费品市场在第一季度受到冲击下迎难而上，全力以赴做好扩大内需工作，用 3 个月时间社消零增速超过全国，用 10 个月时间社消零增速超过广东省，为经济稳增长发挥了重要作用。

（二）社消零规模与广州差距缩小，社消零增速居一线城市首位

2022 年，深圳社消零 9708.28 亿元，规模居十大消费城市①第 5 位，前 4 位依次是上海（16442.14 亿元）、重庆（13926.08 亿元）、北京

---

① 按照 2022 年社消零总量进行排名，全国十大消费城市分别为：上海、重庆、北京、广州、深圳、成都、苏州、南京、杭州、武汉，本文简称"十大消费城市"。

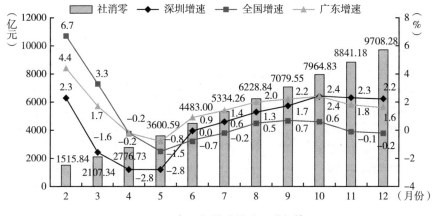

图1　2022年深圳社消零分月增长情况

资料来源：国家统计局、广东省统计局、深圳市统计局网站。

（13794.25亿元）、广州（10298.15亿元），第6至第10位依次是成都（9096.50亿元）、苏州（9010.71亿元）、南京（7832.41亿元）、杭州（7293.60亿元）、武汉（6936.20亿元）。深圳与广州的差距从2021年的624.44亿元缩小至2022年的589.87亿元，缩小了34.57亿元，领先成都的优势从2021年的264.32亿元扩大至2022年的611.78亿元，扩大了347.46亿元（见图2）。2023年，深圳社消零规模若想超过广州，增速需要比广州高6.0个百分点左右，而成都社消零规模若想超过深圳，增速需要比深圳高6.0个百分点左右。目前国内消费品市场逐步恢复常态，各市社消零增速差异不会太大，综合研判，2023年深圳社消零规模将继续稳居十大消费城市第5。

从增速看，2022年，深圳社消零增速达2.2%，居"北上广深"首位，在十大消费城市中居第2（仅低于杭州5.8%），排名比第一季度提升6位，比第二季度提升3位，比第三季度提升2位，深圳社消零增速排名一季比一季好。增速排名第3至第10位的依次是武汉（2.1%）、广州（1.7%）、苏州（-0.2%）、重庆（-0.3%）、南京（-0.8%）、成都（-1.7%）、北京（-7.2%）、上海（-9.1%）。

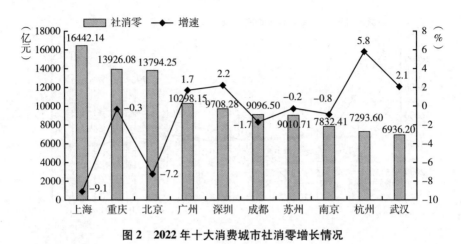

图2　2022年十大消费城市社消零增长情况

资料来源：上海、重庆、北京、广州、深圳、成都、苏州、南京、杭州、武汉10个城市统计局网站。

（三）各区社消零增速差异较大，福田区继续稳居全省社消零规模第一大区

2022年，深圳11个区社消零增速"九增二降"，其中7个区增速高于全市，依次是：坪山区（8.9%）、光明区（8.1%）、龙岗区（5.9%）、盐田区（5.1%）、龙华区（4.1%）、深汕特别合作区（3.5%）、宝安区（3.1%）；4个区增速低于全市，依次是：福田区（1.4%）、南山区（0.5%）、大鹏新区（-0.7%）、罗湖区（-3.3%），各区社消零增速差异较大，增速最高和最低相差12.2个百分点（见图3）。其中，福田区社消零2273.06亿元，继续稳居全省社消零规模最大区（县），比第2名广州天河区多249.27亿元，领先优势比2021年扩大57.88亿元，增速比天河区高2.7个百分点；坪山区网络零售额①拉动社消零增速6.7个百分点；光明区汽车零售额拉动社消零增速6.4个百分点；龙岗区网络零售额拉动社消零增速2.8个百分点，汽车零售额拉动社消零增速2.6个百分点；盐田区网络零

---

①　网络零售额：为限额以上通过公共网络实现的商品零售额，也称限额以上单位网络零售额，本文简称"网络零售额"。

售额拉动社消零增速2.7个百分点；龙华区网络零售额拉动社消零增速2.8个百分点，汽车零售额拉动社消零增速2.3个百分点；宝安区网络零售额拉动社消零增速2.5个百分点，汽车零售额拉动社消零增速3.1个百分点。社消零增速低于深圳的区中，福田区汽车零售额增速比全市低14.6个百分点；罗湖区网络零售额增速比全市低35.7个百分点；南山区汽车零售额增速比全市低7.8个百分点；大鹏新区缺乏网络零售额和汽车零售额的贡献。网络零售和汽车零售已成为影响各区消费恢复的主要因素。

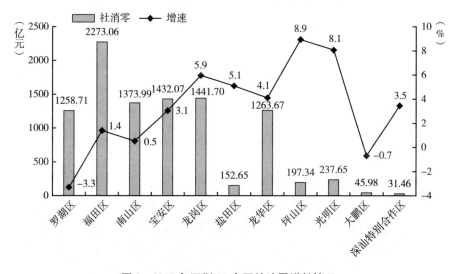

图3　2022年深圳11个区社消零增长情况

资料来源：《深圳市2022年国民经济和社会发展统计公报》。

（四）十大商品零售额增速"六增四降"，通信器材类保持高速增长

2022年，深圳市限额以上单位商品零售额为4240.90亿元，同比增长8.0%，其中，规模最大的10类商品零售额为3846.97亿元，占限额以上单位商品零售额的90.7%，同比增长9.3%。十大类商品零售额增速"六增四降"，其中，通信器材同比增长40.3%，拉动社消零增速1.3个百分点，全年推出两轮消费电子购置补贴政策效果显著；粮油食品同比增长18.1%，

拉动社消零增速 0.8 个百分点，朴朴、美团买菜、盒马、山姆等 App 在居民生活必需品供应中发挥了重要作用；汽车类同比增长 13.5%，拉动社消零增速 1.3 个百分点；中西药品同比增长 10.4%，拉动社消零增速 0.1 个百分点；石油及制品同比增长 9.6%，拉动社消零增速 0.3 个百分点；汽油价格经历"13 涨 10 降"，价格同比增长 20.0%左右，随着新能源汽车的普及，汽油销售量处于下降趋势；金银珠宝同比增长 5.0%，拉动社消零增速 0.1 个百分点。文化办公用品同比下降 3.1%、日用品同比下降 6.1%、家用电器和音像器材同比下降 9.2%、服装鞋帽针纺织品同比下降 16.7%（见图 4），这 4 类商品合计拉低社消零增速 1.0 个百分点。

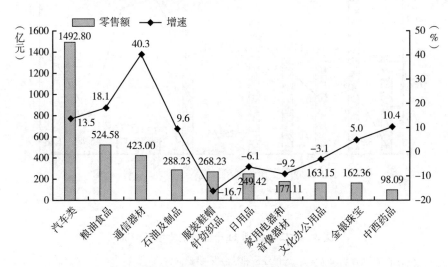

图 4　2022 年深圳十大类商品零售额增长情况

资料来源：《深圳市 2022 年国民经济和社会发展统计公报》。

（五）政策持续发力，汽车消费稳定恢复，比亚迪品牌销售火爆

2022 年，深圳市限额以上单位汽车零售额为 1492.80 亿元，同比增长 13.5%，增速分别比北京、上海和广州高 26.9 个、17.2 个和 9.1 个百分点，其中，燃油车零售额达 1035.08 亿元，同比下降 5.6%，新能源汽车零售额达 457.72 亿元，占限额以上单位汽车零售额的 30.7%，比重较上年提高 16.2 个

百分点，同比增长 109.4%，二手车零售额达 62.88 亿元，同比增长 157.5%。

分月来看，3 月，汽车零售额同比下降 18.8%，是增速最低月份，此后，市区两级部门高度重视深挖汽车消费潜力，投入大量促消费资金、新增投放 2 万个增量指标，汽车消费市场稳定恢复。6 月，减半征收车辆购置税政策出台，第二十六届粤港澳大湾区国际汽车博览会暨新能源及智能汽车博览会成功举办，前期被抑制的消费需求得到释放，成为深圳汽车消费市场的重要转折点，当月汽车零售额同比增长 36.2%，是全年当月增速最高月份。下半年，除 11 月当月 9.2% 的增速外，其他 5 个月汽车零售额均保持 2 位数增长，7~12 月，汽车零售额达 839.93 亿元，同比增长 22.2%，为消费品市场的稳定恢复注入强大动力（见图 5）。

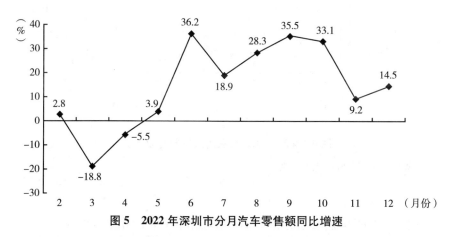

图 5　2022 年深圳市分月汽车零售额同比增速

资料来源：深圳市统计局网站。

分品牌看，十大品牌燃油车的零售额达 764.53 亿元，占燃油车的 73.9%，同比下降 2.3%，其中，长安同比增长 33.1%、丰田同比增长 8.9%、大众同比增长 2.4%、保时捷同比增长 0.1%；奔驰同比下降 0.7%、宝马同比下降 0.7%、雷克萨斯同比下降 4.4%、本田同比下降 11.1%、奥迪同比下降 19.8%、日产同比下降 26.3%。五大品牌新能源汽车零售额达 318.16 亿元，占新能源汽车的 69.5%，同比增长 68.0%，其中，问界同比增长 1287.9%、比亚迪同比增长 132.6%、理想同比增长 13.6%、广汽埃安同比增长 12.4%、特斯拉同比增长 10.1%。值得注意的是，比亚迪在深圳纳统 50 家零售企业，零售额达 167.68 亿元，拉动全市社消零增速 1.0 个百分点，纳统企业数量和零售额实现"双第一"，企业数量比排名第 2 的丰田多 30 家，零售额比排名第 2 的奔驰多 2.82 亿元。

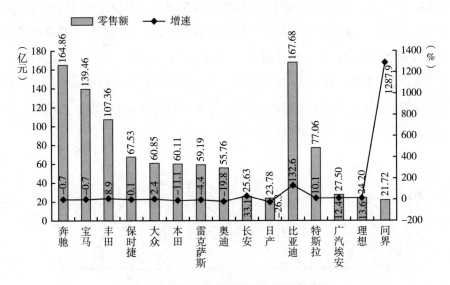

图 6　2022 年深圳分品牌汽车零售额情况

资料来源：深圳市统计局网站。

（六）网络零售发展迅速，成为消费品市场主引擎

2022 年，深圳网络零售额达 1482.66 亿元，接近 1500 亿元，同比增长 20.9%，占社消零的 15.3%，比重较 2019 年提高 9.3 个百分点，对社消零增长的贡献率高达 121.8%，成为消费品市场的主要引擎。

在十大消费城市中，近 3 年深圳网络零售发展较快，与北京、上海、广州的差距逐步缩小，2020~2022 年，深圳网络零售额年均增长 24.5%，居一线城市首位，比北京高 8.4 个百分点、比上海高 6.1 个百分点、比广州高 5.4 个百分点，在十大城市中，仅次于重庆（34.3%）居第 2 位，但重庆网络零售规模不足深圳的一半。2022 年深圳网络零售规模位居第

5、占社消零比重位居第6、增速位居第3，规模落后于北京（5257.6亿元）、上海（4844.3亿元）、广州（2517.6亿元）、杭州（1844.7亿元），占社消零比重落后于北京（38.1%）、上海（29.5%）、杭州（25.3%）、广州（24.4%）、武汉（15.3%），增速落后于重庆（31.1%）、南京（21.0%），分别比北京高20.8个百分点、上海高18.1个百分点、广州高7.5个百分点。值得注意的是，深圳网络零售规模在十大消费城市中的排名由2019年第8位上升至2022年第5位，超过了成都、武汉、苏州。

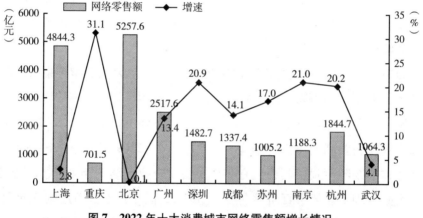

图7　2022年十大消费城市网络零售额增长情况

资料来源：上海、重庆、北京、广州、深圳、成都、苏州、南京、杭州、武汉10个城市统计局网站。

二　影响2023年消费品市场发展的主要因素

（一）有利因素

1.低基数效应

2022年深圳社消零增速虽居一线城市首位，但也一直处于低位，全年增速比2021年低7.4个百分点，比2019年低5.1个百分点，对2023年形

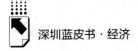

成了低基数效应，预计2023年深圳社消零增速将明显高于2022年同期值。

2.政策利好因素

2022年9月，财政部、国家税务总局、工业和信息化部发布《关于延续新能源汽车免征车辆购置税政策的公告》，延长新能源汽车免征购置税期限至2023年年底，这是新能源汽车免征购置税的第三次延期。2022年12月国务院印发《扩大内需战略规划纲要（2022—2035年）》，从消费、投资等8个方面对下阶段扩大内需工作做出整体部署，明确"把恢复和扩大消费摆在优先位置"，多渠道增加城乡居民收入，提高居民消费能力、扩大居民消费意愿，重点强调住房改善、新能源汽车、养老服务等消费。随着密集的促消费政策的出台，消费活力进一步释放，社消零增速将得到提升。

3.接触型聚集型消费将恢复

2020~2022年，居民外出购物和就餐频次减少，对接触型聚集型消费产生较大的冲击，餐饮收入和十强超市百货一直拖累深圳社消零的增长。2022年，深圳餐费收入为963.69亿元，比2019年下降14.1%，2020~2022年限额以上餐饮企业利润总额分别为−6.25亿元、−2.09亿元、−23.13亿元，餐饮业连续3年亏损，其中，有270家餐饮企业连续3年处于亏损状态；2022年，深圳十强超市百货零售额达437.25亿元，零售额连续3年负增长，比2019年下降13.5%。2023年，餐饮业和十强超市百货有望扭转连续3年下降的趋势，为社消零增长提供一定的支撑。

（二）不利因素

1.收入增速下降，消费仍趋保守

2020~2022年，失业人数不断增加。2022年12月，全国城镇调查失业率为5.5%，明显高于2019年的水平，居民对就业、收入及消费意愿的信心大幅下降，不敢消费、不愿消费的问题较为突出，预防性储蓄动机增强。中国人民银行城镇储户问卷调查显示，2022年第四季度，居民收入信心指数为44.4%，比第三季度下降2.1个百分点，倾向于"更多储蓄"的居民占61.8%，比第三季度增加3.7个百分点；就业感受指数为33.1%，比第三季度下降 2.3 个百分点，其中，居民认为"形势较好，就业容易"的占 8.9%，居民认为"形势就业情况一般"的占 42.0%，居民认为"形势严峻，就业难"或"看不准"的占 49.1%。2022 年，深圳居民人均可支配收入扣除价格因素实际增长 0.3%，居民人均消费支出扣除价格因素实际下降 5.4%，金融机构人民币存款余额同比增长 10.5%。

2. 汽车消费政策到期，增长面临较大压力

2023 年，多项汽车消费政策到期，其中，车辆购置税减半政策 2022 年 12 月 31 日到期；延续 13 年的新能源汽车国家补贴正式取消，比亚迪在 2023 年 1 月 1 日起对旗下相关车型的价格进行了调整，上调幅度为 2000～6000 元；深圳市区两级大部分消费补贴政策也已到期。多种因素叠加下，2023 年，深圳汽车消费市场增长面临较大压力，特别是 2022 年下半年汽车零售额基数比上半年大三成。

三　相关建议

（一）持续引进网络零售企业，做大网络零售额规模

2022 年，全国网络零售额①占社消零的 27.2%，比重较 2019 年提高 6.5 个百分点，我国已经连续 10 年成为全球第一大网络零售市场，发展网络零售已成为各级政府扩大内需工作的重要方向之一。2020～2022 年深圳在引进和培育网络零售企业方面成绩显著，但规模与北京、上海、广州相比还存在一定的差距。要持续做好网络零售企业的引进和培育工作，做大网络零售额规模，为社消零的稳步增长提供动力，这是深圳未来几年需要持续开展的工作。

---

① 全国网络零售额为全口径数据，包括了限额以上和限额以下，仅全国有全口径数据，其他各省（区、市）均为限额以上口径。

（二）加快制定汽车消费补贴政策，稳定汽车消费市场

汽车消费对经济增长的拉动是全方位的，具有乘数效应，直接影响社消零的同时还影响工业等行业发展。2022年，深圳汽车零售额拉动社消零1.3个百分点的同时，比亚迪供应链和比亚迪汽车销售两家企业为深圳批发业增长做出了较大的贡献，汽车消费对深圳的影响远大于北京、上海和广州。针对2022年已经过期的汽车消费政策措施，2023年第一季度要抓紧研究制定相关汽车消费政策，包括落实汽车消费补贴资金、研究适当增加增量指标。

（三）加快发展免税经济，打造新的经济增长点

海南省商务厅公布数据显示，2023年1月21日至27日，海南省12家离岛免税店总销售额达25.72亿元，日均超3.6亿元，与2022年春节假期相比增长20.7%，与2019年春节假期相比增长329.0%，免税经济持续成为海南省经济增长的亮点。深圳要对标世界一流的综合性国际消费中心城市，大力发展免税经济，充分利用深圳口岸优势，构建口岸免税、离境退税、市内免税的全方位免税消费体系，在前海出台差异化市内免税店政策，推动本土大型商贸流通龙头企业申请全免税渠道经营资质，将免税经济打造成为深圳新的经济增长点。

高质量发展篇

High-quality Development

B.5

深圳市生物医药产业集群
高质量发展调研报告

方　茹*

摘　要： 2022 年 7 月,《深圳市促进生物医药产业集群高质量发展的若干措施》发布,为全市发展生物医药产业指明了方向。为进一步深入了解产业存在的痛点,本报告与 20 余位企业家代表进行深入交流,收集了关于生物医药产业长远发展的意见,包括出台配套细则、加快评审流程、多维度帮助企业解决人才荒的问题等政策建议。

关键词： 生物医药产业　临床转化　深圳市

---

* 方茹,现任南山区发展和改革局科长,主要研究方向为现代化产业结构转型升级等。

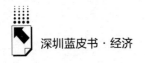

一 政策覆盖和适用方面

（一）政策覆盖面过于狭窄

先健科技（深圳）有限公司指出，对首次获批三类医疗器械注册证并在本市生产的，按实际投入研发费用的 40% 予以资助，该措施可以进一步扩宽范围。三类医疗器械周期长、费用高，而且需要临床试验，临床试验费用巨大。从项目立项到取得注册证，在最顺利的情况下也需要 8 年时间（临床试验 3 年；动物实验 6 个月，加上观测时长合计 1 年；研发 2~3 年；注册时长 1 年）。就研发费用而言，对于全新的技术（比如可吸收的金属介入医疗器械）需要 2 亿元人民币；一般技术的研发投入在 3000 万~5000 万元人民币。

（二）支持政策现实适应度偏低

骨圣元化机器人（深圳）有限公司指出，支持二、三类医疗器械研发生产，目前强调的是首次获批三类医疗器械注册证。对于该公司的手术机器人而言，每一个适应症都是一个全新的项目。如首次拿证的是膝关节置换，当研发髋关节置换手术机器人时，这完全是一个从零到有的全新研究，需要完整的研发、质检、临床试验、报批全部的流程，甚至会由于临床力度的加大导致研发费用远超首次研发。若后续研究补贴无法拿到，容易因为资金链的断裂导致研发失败（如临床实验与 CRO 公司订立的合同就达到百万元，整个流程的费用将达到 1500 万~2000 万元）。先健科技（深圳）有限公司指出，医疗器械注册人备案制度措施强调委托双方无投资关联关系，鉴于面临技术被窃取的风险，在实际操作中企业难以将创新技术委托给与其没有关联的公司。

（三）政策对于市场准入过于严格

先健科技（深圳）有限公司、深圳市海普瑞药业集团股份有限公司等指出，对于在海外经营业务的企业，虽然目前文件中说明在港澳上市的产品可在深圳试点，但海外拥有 CE 和 FDA 证书的产品不可在深圳使用；公司从国外引进了两个创新药产品，但是由于不是全资控股，无法享受深圳的政策优惠。

二 医药产业创新策源能力方面

（一）打造深圳品牌缺少大量投入

深圳圣诺医疗设备股份有限公司指出，创新产品获得资格证之后，品牌质量提升需要依靠众多日常的具体工作，如贯标每年所使用的计量仪器会产生大量的费用（贯彻通用或国际标准，该公司在产品合同重新进行 CE 认证时耗资多达 100 万元），仅靠企业自身难以长期承担如此巨大的质量提升费用。

（二）交流平台相对缺失

先健科技（深圳）有限公司、深圳圣诺医疗设备股份有限公司、深圳市国赛生物技术有限公司等指出，医生举办的论坛或者学术会议是企业创新的重要来源，高级别的学术会议很少在深圳举办，比如中国介入心脏病学大会（CIT）的举办地往往是北京；医疗专家和技术专家之间的沟通也是产业创新的重要来源，但目前却缺少有效的沟通平台，政府或者协会在这方面的活动力度并不明显；高校擅长做基础性、创新性的研究，但是缺少成果转化能力、缺少市场敏感度，而产业和高校之间没有有效的第三方协调沟通机制。

（三）创新服务平台的不足

深圳市医药行业协会会长、赛诺生深圳基因产业集团、深圳市医疗器械行业协会、深圳市华盛昌科技实业股份有限公司、深圳市海普瑞药业集团股份有限公司等指出，企业联盟是一个松散虚拟的组织，没有约束力，无法实际落地运作；南山本地缺少优秀的 CRO 公司，现有 CRO 公司缺少资源整合能力，具体体现在无法和医院的临床资源对接也无法和监管部门建立即时沟通方面，从而导致寻求合作的目标基本都在上海和北京；研发机构虽具备研究的能力，但无法准确地觉察市场需求的变化，缺乏快速市场化销售的能力。因此，目前国内的大多数 CDMO 本质上还是处于代加工的阶段。

三　临床试验研究转化方面

深圳市临床资源短缺。深圳开立生物医疗科技股份有限公司、深圳市华盛昌科技实业股份有限公司指出，临床质检要求一刀切，不符合实际情况。由于医院之间伦理不互认，且该病例数量较少，该内窥镜的临床试验开展了将近 5 年仍没有完成；深圳市临床试验资源奇缺，通过伦理关难，并且难以找到合适临床资源合作方。主要体现在不确定哪些医院的哪些科室可以做临床试验，也无从获悉对应科室临床资源对接联络人。因而在大多数情况下都在盲目地摸索，沉默成本、时间成本巨大。

四　医药注册审批进程方面

（一）深圳市评审窗口作用无法凸显

先健科技（深圳）有限公司指出，对于二类医疗器械评审，虽然南山智园有深圳市市场监督局许可审查中心医疗器械审评认证部，但其只负责技术审评的延续和变更，二类医疗器械的注册核发权仍在省局；对于三类药品和医疗器械的评审，虽然福田区有国家药品监督管理局药品审评检查大湾区分中心，医疗器械技术审评检查大湾区分中心，但不受理申请，三类仍需到北京申请。广东拿证比内地要慢很多（湖南一星期拿证），新产品无法快速上市对市场份额冲击很大（国内相关企业 67 家）。

（二）审评机构的标准实际执行时存在差异

深圳瑞光康泰科技有限公司指出，企业在广东省提交注册审核材料到拿证平均需要一年的时间，将相同的一套材料拿到湖南仅需二十几个工作日，不仅湖南的审核速度快，海南、广西的审核速度也快于广东。

（三）第三方检测报告作用有限

深圳生之源药械研究所有限公司指出，虽然以往文件说明在医疗器械的审评过程中认可第三方检测报告，但实际的执行情况是第三方检测报告无法被认可。

（四）企业与国家、省沟通渠道阻塞

深圳市华盛昌科技实业股份有限公司指出，企业与国家、省药监局之间的沟通渠道并不通畅，没有形成有效沟通的机制，沟通渠道的阻塞将给企业带来诸多不确定的负面影响。

五 园区支持、金融与人才保障方面

（一）特色产业园重点偏移

深圳百盈科技孵化有限公司指出，以往的特色产业园区在硬件方面的占比过重，而创新则需要对接更多的软性资源，比如临床中心等资源；医药行业的孵化体系注重的不是场地、财务等公共服务，而是市场信息捕捉、最新政策解读等专业服务。

（二）种子基金发力不足

深圳市医药行业协会会长、赛诺生深圳基因产业集团、深圳华因康基因科技有限公司等指出，生物药的研发周期最快为15年，企业的存活仅靠政府的投入远远不够，还需要一系列风投和产投的合力才能够成功地助推一个产业的发展，而目前政府或国企投资基金较少投资生物医药行业中种子轮项目，许多极具创新性的项目因为缺乏资金而难以持续运营。如深圳市南山战略新兴产业投资有限公司关注全流程各个阶段的项目，但是一般投资的项目都是有过融资、经受检验的项目。

（三）人才政策涵盖范围可以扩大

先健科技（深圳）有限公司指出，目前的产业人才评定范围主要局限在园区，这一范围将诸多生物医药行业的人才排除在外。国家、省、市方面的专利奖项和奖金只颁发给企业，学术背景相对不那么突出而工程技术能力凸显的创新型人才未得到足够的肯定（对于国家级专利奖只有荣誉而没有奖金；取得专利金奖，省奖励100万元、市奖励200万元奖励给企业，专利人才没有得到实际直接的激励）。此外，目前南山区人才政策力度要弱于宝安（深圳高层次人才，龙华和宝安有单独补助）。

六　政策建议

（一）研究出台若干政策落地措施

一是适度扩大政策覆盖范围，对于获批三类医疗注册证并在本市生产的给予政策补贴（不限于首次获批），研究把医疗器械注册人备案制度扩大到委托双方有投资关联关系。二是根据区财政负担情况，在市里给予补贴情况下给予叠加补助，按获批医疗器械实际投入研发费用的一定比例予以资助。三是把深圳品牌质量提升费用纳入财政资助保障。鼓励政府优先采购生物医药创新中小企业产品和服务，支持企业组成联合体共同参加政府采购及示范项目。

（二）多维度增强企业的创新能力

一是依托西丽湖论坛设置分论坛、子论坛或平行论坛，吸引具备影响力的高级别生物医药论坛来深举办。细化"20+8"产业政策工具箱，研究对于承办高级别论坛的企业和组织给予资金补贴。二是职能部门联合行业协会制定标准，甄别扶持一批优秀 CRO 和 CDMO，给予资金支持和政府认证，推动设备、人员以及资源在最大范围内得到共享。三是借鉴上海经验，对生物医药重点项目，经产业牵头部门推荐，可优先进入辖区医院开展临床试验。加速器将改变企业原有的通过线下寻找医院的串联方式，形成统筹管理后各医院同时线上接收信息的并联方式，预计临床试验的平均启动时间将从 6~13 个月缩短至 3~5 个月。

（三）进一步加快推进审评流程

一是与省局积极协调，争取提升南山智园二类审评窗口的审评能力，使其能在最大限度上满足本土生物医药企业的审评要求，帮助企业更快地将创新产品推向市场。二是进一步加强有资质的第三方检测报告的实际认可程度，在分担法定检测机构检测压力的同时加快检测速度。落实 CEPA 协议和粤港澳大湾区发展战略，推动大湾区检验检测认证服务深度合作，探索开展"湾区认证"，打造具有国际影响力的高端认证品牌，实现"一次认证，三地通行"。三是依托粤省事、深i企，构建企业与省监管局、国家监管局之间的信息沟通平台，精准推送符合条件的政策规定，让企业能够在第一时间精准无误地了解最新动向。

（四）加大金融税收扶持生物医药行业的力度

一是金融部门搭台探索"新药贷"融资服务，针对生物医药企业的担保基金推出"批次贷"。根据已签订的授信协议，在政策性担保下，承贷银行在一定授信额度内，为辖区重点生物医药企业提供信贷支持，切实缓解融资难问题。二是用好容错机制，尤其是政府引导基金和国资投资机构，进一步明确投向种子期生物医药企业比例要求。三是落实和完善税收优惠政策。分阶段细化企业研发费税前加计扣除、设备补贴及以工代训等政策，减负中小企业的同时，让企业更好地投入生物医药创新领域。

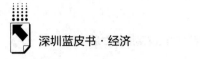

（五）多维度帮助企业解决人才荒的问题

一是政府部门发挥好企业与高校（如清华、北大、南科大等高校）之间桥梁沟通协调作用，从政策法规、工艺流程、技术要求等方面全方位覆盖根据产业的实际需要建立人才培训体系。二是建立学校与用人单位之间的校企联盟。考虑大学、职高和企业建立联合研究项目，企业与学校签订合同，并以注资为主的方式支持教职工开展相关科研工作。三是政府可以架设教育机构与用人单位之间的桥梁。借鉴新加坡经验，深圳可发起"职业试点"项目，让求职者可以短期尝试多种类型的工作岗位来积累经验，用人单位对参与者能力进行评估，并可优先聘用参与项目劳动者。当劳动者工作时长超过一定期限（假设半年）时，可获得政府奖励。四是针对性开展行业人才培养工作。在生物医药产业，政企合作着手建立和启动人才孵化项目。会同企业分析行业未来 5 年的发展态势，初步明确所需的人才数量、技能类型，并通过高校合作开发课程培养。

B.6
宝安区打造空天技术产业先行示范区策略

刘春 许明辉 崔琳*

摘 要: 党的二十大提出建设"航天强国"的战略部署,空天技术产业不但是世界科技前沿的兵家必争之地,也是建设"航天强国"的战略支撑。宝安区是深圳的产业大区、创新强区,电子信息和装备制造业优势深厚,在卫星通信、航空装备、航天材料、卫星天线、无人机等领域培育了一批重点企业,空天技术产业发展基础较好。本文通过对宝安区空天技术产业发展现状、问题的剖析,提出了壮大空天技术核心产业链、增强企业自主创新能力、构建高品质产业空间、打造空天技术应用场景、构建空天技术产业创新生态圈、推动科技金融赋能、集聚空天技术产业高端人才、健全空天技术产业发展保障机制八个方面建议,为加快打造空天技术产业先行示范区提供理论支撑。

关键词: 宝安区 空天技术产业 创新生态圈 科技金融

党的二十大提出建设"航天强国"的战略部署,加快发展空天技术产业是建设"航天强国"的重要支撑点,更是我们站在新的起点、转换新的

---

* 刘春,深圳市宝安区科技创新服务中心副主任,经济师,主要研究方向为科技与产业创新;许明辉,博士,深圳市宝安区科技创新服务中心助理研究员,主要研究方向为宏观经济与产业发展;崔琳,深圳市宝安区价格认证中心价格鉴证专员,经济师,主要研究方向为战略性新兴产业发展。

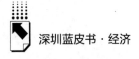

赛道去构筑长期竞争优势的战略选择。

《中华人民共和国国民经济和社会发展第十四个五年规划和2035年远景目标纲要》中提出，"在深海空天开发等前沿科技和产业变革领域，组织实施未来产业孵化与加速计划，谋划布局一批未来产业"。《深圳市人民政府关于发展壮大战略性新兴产业集群和培育发展未来产业的意见》中明确，空天技术产业作为深圳重点发展的八大未来产业之一，将重点聚焦空天信息技术、先进遥感技术、导航定位技术、空天装备制造等领域，推动航空航天材料及部件、无人机、卫星等技术创新，规划建设国内领先的空天技术产业研发与制造基地。这些都为宝安发展空天技术产业重点领域指明了方向。

一　宝安区空天技术产业发展基础

（一）产业链条逐步完善

宝安区是深圳的经济大区、产业大区、创新强区，经过改革开放40多年的发展，形成了以战略性新兴产业为先导、电子信息产业为龙头、装备制造业和传统优势产业为支撑的产业结构。特别是电子信息和装备制造业的深厚优势，推动了宝安的空天技术产业在卫星通信、航空装备、航天材料、卫星天线、无人机等领域培育了一批重点企业，包括国家专精特新"小巨人"企业4家、国家高新技术企业47家、规模以上工业企业21家、广东省专精特新企业2家、深圳专精特新企业6家，涌现出宽带卫星运营及服务龙头企业亚太卫星、航天新材料领域的国家专精特新"小巨人"乾行达、多系统卫星信号模拟器领域的国家专精特新"小巨人"中冀联合技术、工业无人机领域国家专精特新"小巨人"深圳市科卫泰实业发展有限公司等一批优秀企业，并逐步构建产品研发、生产制造、系统集成、应用服务的产业链条，整个产业规模超过20亿元。

（二）高能级平台和载体正加快构建

宝安区依托核心企业已在空天技术产业领域建设了省市级的高能级创新

平台，包括 3 个广东省工程技术中心、2 个院士工作站、1 个深圳市企业技术中心，主要平台有科卫泰建设的广东省智能车载式无人机工程技术研究中心、中冀联合建设的广东省卫星导航定位与位置服务工程技术研究中心、乾行达建设的广东省交通安全防护工程技术研究中心和邓宗全院士工作站、亚太卫星建设的周志成院士工作站、维力谷无线的深圳市无线技术中心等，高能级平台的创建，更好地引领推动空天技术产业重点领域、关键环节开展突破性科技攻关，并通过平台有效集聚一批高层次、高学历创新人才。

此外，宝安区还重塑产业空间，布局建设深圳首个空天技术产业园，正大力推动星端芯片及模组、航天太阳能光伏、卫星载荷及应用、星座网络计算平台、空天技术检验检测、产业基金等重大项目落地，打造空天技术产业创新高地。

二 宝安区空天技术产业发展存在的不足

空天技术产业是未来 5 至 10 年有望实现倍数级增长的产业，目前宝安区空天技术产业尚处于爆发增长前期或孕育阶段，还没有形成较大的规模，在一些领域还需要进一步完善和提升，以更好支撑空天技术产业实现集群化、规模化、高端化发展。

（一）企业梯队建设有待完善

宝安的空天技术产业企业多以中小微企业为主，1 亿元规模以上的企业仅 4 家，没有 10 亿元以上规模的企业，21 家达到规模以上企业中超过半数的规模在 5000 万元以下，没有上市企业、单项冠军企业和独角兽企业，尚未形成"科技型中小企业—国家高新技术企业—规模以上企业—专精特新企业—单项冠军企业—上市企业"的发展链条，规模较大的重点企业在行业中的引领作用未充分发挥，尚未形成集群发展优势。

（二）平台支撑还有待增强

当前宝安区主要依托少数重点企业建立了企业创新平台，大部分企业

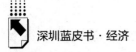

由于规模小，难以有足够的人力、财力、物力创建企业研发创新平台，同时宝安区还缺少大学和科研院所的布局支撑，在支持关键原材料、核心零部件、高端传感器、核心芯片等关键环节和基础零部件的核心技术突破方面，还缺乏创新引领力；此外，空天技术产业发展所需的共性技术服务、公共产业服务平台严重不足，还不能很好地支撑成果转化和商品化、产业化的发展所需。

（三）专业人才较为紧缺

空天技术产业是世界科技前沿"高精尖"领域，是未来 10~15 年有望带来革命性、颠覆性发展的产业，涉及多门学科综合应用，前沿性、专业化和学科交叉性强，对理论、技术、应用、管理等复合型人才的需求较大，目前宝安区属于空天技术领域的高层次人才极少，同时由于生活成本、住房、交通、教育医疗配套等多种因素交织，更加剧了人才供需之间的矛盾。

（四）专项政策支持还需提升

空天技术产业是深圳市重点发展的八大未来产业之一，也是宝安区未来重点发展的产业，还需加快出台专项支持政策，加大在空天技术产业集群集聚、自主创新能力、公共服务平台建设、行业示范应用、行业创新生态体系构建等多方面的支持力度，支持空天技术产业在宝安区快速发展壮大。

三 宝安区空天技术产业发展政策建议

宝安区 2023 年的政府工作报告提出，重点将空天技术未来产业等"5+1"集群打造成为世界级产业集群，这是对空天技术产业在宝安区的长远发展做出的战略部署。围绕宝安区空天技术产业发展的短板和痛点，本文提出了 8 项对策建议。

（一）围绕补链强链延链，加快壮大空天技术核心产业链

围绕产业链补链、强链、延链，加快培育和引进一批空天新材料、卫星先进遥感技术、卫星导航定位技术、空天装备制造、卫星星载芯片及核心部件研发、新一代无人机等领域的上下游企业，形成产业协同，打造集"产品研发、系统集成、高端制造、行业应用"于一体的空天技术核心产业链，共同做大"产业蛋糕"。构建"宝安空天之星"企业培育体系，按照"国家高新技术企业—专精特新企业—单项冠军企业—上市企业"的梯度开展培育，加快培育"明星"上市领军企业、单项冠军企业，支持有市场竞争力的领军企业开展应用示范，鼓励领军企业通过供应链协同、创新能力共享、数据协同开放和产业生态融通发展等模式，带动上下游中小微企业协同发展；培育"新星"企业，加快培育一批创新力强、市场占有率高、核心技术突出、质量效益优的"专精特新"企业和"独角兽"企业；培育"未来之星"企业，加快培育一批空天技术领域国家高新技术企业。

（二）聚焦补短板、锻长板，增强企业自主创新能力

习近平总书记强调，创新链产业链融合，关键是要确立企业创新主体地位。要发挥企业"出题者"作用，推进重点项目协同和研发活动一体化。充分发挥企业的创新主体作用和新型研发机构的重要支撑作用，支持空天技术企业以"产学研用"为导向，联合高校、科研院所、产业链领军企业等各类资源共建卫星通信导航、企业实验室、工程（技术）研究中心、企业技术中心、院士工作站、产业技术研究院等高能级研发创新平台，集中优势力量开展协同攻关，特别是要发挥宝安空天技术产业现有的院士工作站、广东省工程技术研究中心等创新平台的引领作用，重点围绕空天材料、遥感技术、星载芯片、通信导航、核心零部件与交互系统、地空通信、一体化集成应用等关键环节，攻关一批关键技术，突破一批核心产品和关键元器件，用新技术竞逐产业新赛道。

（三）构建高品质产业空间，助推空天技术产业集聚发展

科技园区作为高质量发展的重要引擎，是科技产业的集群区和创新驱动的策源地，具有引领、集聚和辐射带动的使命和责任。聚焦空间功能联动、集群集聚，打造专业化集群化发展空间，以优质空间形成产业集聚，依托宝安四大制造业片区和国家高新区宝安园区作为核心承载区，充分利用现有国有园区、集体和民营园区进行改造升级、提质增效，同时联动专业运营机构、行业协会、服务机构等多方力量，共同打造若干个高品质的空天技术产业示范园。同时，发挥行业协会、产业技术创新联盟、科技服务机构的枢纽作用，引育并举促进一批优质企业、创新平台、公共服务资源向空天技术专业园区集聚，实现产业集聚集群发展。

（四）聚焦成果产业化，打造空天技术应用场景

加快推动以应用场景引领空天技术产业高端化发展，培育新产业新业态新模式。一是依托"宝安发布"的平台功能和品牌效应，开展一系列科技成果推介、对接活动，加速空天技术产业研发成果落地转化。二是构建"空天技术+"应用新业态，支持空天技术融合量子通信、5G、物联网、区块链、大数据、云计算等技术，在智慧城市、智慧航运、智慧物流、智慧海洋、智慧医疗、智慧应急、智慧园区等多个领域进行示范应用，打造若干个技术创新度高、行业带动性好、赛道竞争力强、市场前景广阔的"场景应用样板IP"。

（五）加快构建空天技术产业创新生态圈

坚持政府引导、市场主导，加快完善多层次、多渠道、覆盖空天技术创新全生命周期的创新生态。一是依托空天技术领军企业牵头，联合产业链上下游的企业和科研院所成立"宝安区空天技术产业创新联盟"，形成产学研联合创新体，推动行业协同创新、资源共享，共同参与国际、国家和行业标准制定，更好赋能产业发展。产业技术创新联盟整合各类创新资源，并围绕

产业发展需求，利用产学研协同创新优势，突破一批产业关键核心技术和共性技术，在加强科技成果转化、促进产业升级等方面发挥重要作用。二是发挥好宝安国际会展中心的主阵地作用，支持举办空天技术产业专题展会；鼓励空天技术龙头企业、院士工作站、创新联合体联合国内外行业权威机构开展交流合作，举办高水平空天产业峰会、论坛，专题探讨产业未来发展的焦点、热点问题，为企业未来技术路径发展提供专业指导。三是充分利用政府科技服务和企业服务资源，联动各行业协会、产业技术创新联盟、园区载体，在空间对接、知识产权保护、产业链撮合、技术和产品供需对接等方面不定期举办专题对接会，多维度强化服务保障，编织好科技企业服务生态网。

（六）推动科技金融赋能空天技术产业高质量发展

科技金融是"活水"，是企业孵化、加速、壮大的"核动力"。在金融服务体系的建立和完善方面，要推动资金向集群企业技术创新和合作创新注入，为集群创新提供资金上的支撑。一是发挥政府引导基金的引领作用，积极争取设立空天技术产业子基金，为空天技术企业在宝安快速孵化壮大提供强有力的资本支持。二是利用好深圳风投创投机构众多的优势，聚焦企业融资和项目合作需求，以政府引导、企业和行业协会主导的模式，结合创新创业大赛路演平台、深圳创投日路演平台、科创中国创新创业投资大会路演平台等，构建常态化路演机制，遴选、推荐优秀的空天技术产业项目进行路演，为企业更好地提供评估、咨询、投融资等支持服务，助力企业做大做强。

（七）引育并举加快集聚空天技术产业高端人才

聚焦空天技术产业重点领域创新人才需求，实施更加开放灵活的人才政策，聚天下英才而用之。一是充分利用宝安凤凰英才支持政策，大力支持引进国内外空天技术领域顶尖人才团队，发挥院士专家的引领作用，通过在宝安空天技术产业领域设立院士（专家）工作站，集聚更多高层次技术人才。

二是引导和支持宝安空天技术企业与航空航天重点高校、科研院所深度开展人才联合培养,推动有条件的企业建设博士后科研工作站、博士和硕士研究生创新实践基地,鼓励和吸引优秀青年科研人员集聚宝安。三是充分利用中国国际人才交流大会、创新创业大赛等平台,精准引进一批"高精尖缺"人才和团队,其中,创新创业大赛可以通过设置空天技术专业赛道的模式,吸引国内外相关专业人才到宝安比赛、落地并扎根发展。

(八)加快建立健全空天技术产业发展保障机制

构建统筹协调、联动一体的推进机制,是空天技术产业在宝安高质量发展的重要保障。一是加强产业发展统筹,在区一级层面成立空天技术产业发展指挥协调机构,强化各部门间协同和市区联动,加强产业发展的跟踪、监测,重点企业实行"一对一"精准服务,及时解决企业发展中出现的问题。二是发挥行业专家和智库机构的参谋作用,凝共识、汇智慧、聚力量,共同把握宝安空天技术产业发展的重大方向,提供咨询意见。三是加快完善空天技术产业的支持政策,加快制定支持措施,加强与国家和省、市各级政策的衔接,用足用好各类产业发展支持政策,在研发创新、平台建设、技术攻关、成果转化、场景应用、空间载体、人才引进培育等方面予以支持,加快推动空天技术产业在宝安发展壮大。

参考文献

《中华人民共和国国民经济和社会发展第十四个五年规划和2035年远景目标纲要》,中国政府网,2021年3月13日,http://www.gov.cn/xinwen/2021-03/13/content_5592681.htm。

《深圳市人民政府关于发展壮大战略性新兴产业集群和培育发展未来产业的意见》,深圳政府在线,2022年6月28日,http://www.sz.gov.cn/zfgb/2022/gb1248/content/post_9918806.html。

习近平:《加快建设科技强国 实现高水平科技自立自强》,《求知》2022年第

5 期。

马建宇、黎敏、李艳红、朱亚楠、陈泳睿：《新时代科技创新管理与发展探索》，光明日报出版社，2022。

林祥、高山、韩靓、易永胜、孙伟：《深圳科技创新的制度变革研究》，社会科学文献出版社，2017。

B.7
深圳市"两业融合"发展路径与政策实践

牛旻昱*

摘　要： "两业融合"是深圳市当前推进产业转型升级的主要战略，本文通过构建耦合协调度模型并开展实证分析，发现2017~2021年深圳市"两业融合"发展水平总体呈先下降后上升的趋势，这与工业行业发展水平的变动趋势是一致的，深圳市主要通过由现代服务业发起、向先进制造业赋能的模式推进"两业融合"进程。从政策实践上看，"两业融合"在深圳已经从理念落地到规划、从规划落地到具体的项目和平台上，为实现全市和所在辖区经济高质量发展提供新动能。

关键词： "两业融合"　耦合协调度模型　深圳市

一　研究背景

"两业融合"是当前我国实施的最重要的产业发展和协调战略。2019年11月，国家发改委等部门正式发布《关于推动先进制造业和现代服务业深度融合发展的实施意见》（以下简称《实施意见》），"两业融合"战略第一次以专项规划的形式走入公众的视野。事实上，党中央、国务院很早就开始关注工业部门和服务业部门融合发展的问题。党的十六大提出了"以信息化带动工业化、以工业化促进信息化"的口号，党的十七大提出了"信

---

* 牛旻昱，经济学博士，深圳市龙岗区发展和改革局重大项目管理中心项目推进科副科长，中级经济师，主要研究方向为区域主导产业选择、经济社会发展模式转型、产业政策影响效应等。

息化与工业化、城镇化、市场化、国际化并举"的新命题，到了党的十八大和党的十九大，党中央、国务院对工业和服务业深度融合发展做出了更为细致的部署。纵观 21 世纪以来全国产业发展历程，"两业融合"战略不是凭空提出的，互联网、大数据、云计算、SaaS 等技术的成熟和应用推动数字经济进入繁荣发展阶段，从而大大加快了我国制造业服务化、智能化的进程。梁培培等通过投入产出表测度了 2002~2018 年全国"两业融合"程度，结果显示，16 年间我国先进制造业服务化程度上升了 28.5%，两业综合融合度上升了 199%，其中租赁和商务服务业，信息传输、软件和信息技术服务业，科学研究和技术服务业是对制造业影响最大的三个服务业部门。

从区域层面看，全国"两业融合"的发展水平是不平衡的。广东、江苏等东部地区"两业融合"发展水平明显高于中、西部地区，鉴于"两业融合"对制造业高质量发展的重大影响，有学者表示了"两业融合"有可能形成"强者恒强、弱者恒弱"的区域发展格局的担忧。但也有学者通过实证研究说明"两业融合"具有较强的空间溢出效应，可以提升本地和邻地的经济韧性，这是因为"两业融合"为企业间的科研合作和技术交流提供了机会和平台，有助于消除区域间生产要素流动的门槛，通过技术溢出和干中学效应可以影响相邻地区企业的创新行为。

深圳作为我国先进制造业和现代服务业高质量发展的一面旗帜，在目前举国上下推动"两业融合"发展的巨大洪流中，一方面有着很多城市不具备的优越的产业基础和优势条件，另一方面也顺理成章地承担着先行先试改革、树立示范样本、带动大湾区乃至全国"两业融合"高水平发展的历史使命。研究深圳"两业融合"的发展特点和政策实践，不仅有助于我们更加深刻地了解深圳近些年产业转型发展的内在逻辑，总结"两业融合"在深圳这块热土上的发展模式，也有助于我们找到"两业融合"推广和复制的宝贵经验，为下一阶段相关政策的出台提供参考。

二 发达国家"两业融合"的主要发展模式

从发达国家产业转型升级的历史看，"两业融合"主要有两种模式。模式一由制造业发起，沿着制造业价值曲线向前后两端的服务业部门衍生，目的是提升制造业企业的产品附加值，提高企业利润水平，涉及的服务业部门主要是商贸、物流、金融等传统领域，对制造业本身生产经营方式的影响有限。模式二由互联网服务、软件和信息技术服务、金融等现代服务业部门发起，通过改变制造业部门的生产经营方式来创造其对现代服务业的新需求，进而壮大现代服务业发展规模。工业部门在现代服务业部门的带动下逐步向智能化、数字化、定制化方向转型，工业部门的生产效率和资源配置效率也将大幅提升。闫丽霞总结了世界发达国家"两业融合"的六种典型模式，其中美国的 GE 制造模型、德国的 PSS 模式、英国的石油化工企业服务化转型等都属于模式一的范畴，日本的 IT 战略模式、芬兰的服务创新模式、爱尔兰的服务外包本地化模式等都属于模式二的范畴。

综合来看，上述两种模式各有利弊、互为补充，模式一属于制造业部门自身发展到一定阶段产生的必然需求，推广成本小、应用场景成熟、市场风险有限，可以迅速在广大企业内推广实施；模式二属于引领制造业跨越式发展的创新战略，是我国先进制造业抢占技术前沿的必然举措，但推广成本较大、市场存在一定风险，有需求有能力实施的企业数量有限，更适合在经济发达区域作为试点实施。从《实施意见》内容看，我国"两业融合"的发展路径基本兼顾了上述两种模式，《实施意见》提出了十种"两业融合"的新业态新模式，其中，"推进建设智能工厂""加快工业互联网创新应用""推广柔性化定制""优化供应链管理""发展服务衍生制造""培育其他新业态新模式"六种模式属于模式二的范畴，而"发展共享生产平台""提升总集成总承包水平""加强全生命周期管理""发展工业文化旅游"属于模式一的范畴。

三 2017～2021年深圳市"两业融合"发展情况研判

目前学术界对于测度区域"两业融合"发展水平的研究成果很多，主要方法有二，一是基于投入产出表测度"两业融合"水平，比如钱龙对我国服务业制造化产业绩效的研究、夏斐对我国生产性服务业和传统制造业之间融合程度的研究。二是通过选取若干代表性指标、构建相应的指标体系来评价制造业和服务业发展水平，再通过构建耦合协调模型来测度"两业融合"水平。对于深圳市而言，近五年是"两业融合"战略由概念向项目推进的关键时期，每年都有新的进展和情况。对此本文选择通过构建耦合协调模型测算 2017~2022 年深圳市"两业融合"发展水平。

（一）深圳市制造业和服务业综合发展水平分析

本文参考杨新洪的分析框架，通过行业规模、产业结构、经济效率、增长潜力 4 个维度来衡量深圳市 2017~2021 年制造业和服务业的综合发展水平，结合数据的可获得性及行业实际情况，选取了 7 个代表性指标构建指标体系，数据来源于各年份深圳市统计年鉴，具体情况如下。

表 1　深圳市制造业和服务业综合发展水平指标体系

制造业		服务业	
一级指标	二级指标	一级指标	二级指标
行业规模	工业增加值	行业规模	服务业增加值
	制造业年末在岗人数		服务业年末就业人数
产业结构	高技术制造业增加值占比[①]	产业结构	高技术服务业增加值占比[②]
经济效率	制造业全员劳动生产率	经济效率	服务业劳动生产率[③]
	制造业总资产利润率[④]		服务业人均应付薪酬[⑤]
发展潜力	工业增加值增长率	发展潜力	服务业增加值增长率
	制造业固定资产投资增速		服务业固定资产投资增速

①　高技术制造业参照国家统计局《高技术产业（制造业）分类》（2017）划分，具体包括 7 个行业大类：医药制造业，汽车制造业，铁路、船舶、航空航天及其他运输设备制造业，专用设备制造业，电气机械和器材制造业，计算机、通信及其他电子设备制造业，仪器仪表制造业。
②　高技术服务业参照国家统计局《高技术产业（服务业）分类》（2018）划分，具体包括信息传输、软件和信息技术服务业，科学研究和技术服务业两个行业大类。
③　服务业劳动生产率=第三产业增加值/年末就业人数。
④　制造业总资产利润率=利润总额/工业总资产，以工业统计指标核算。
⑤　服务业人均应付薪酬=应付职工薪酬/年末就业人员，以第三产业统计指标核算。

通过主成分分析法，运用软件 SPSS10.0，对上述指标进行降维，并根据方差贡献对提取的主成分赋权，得到 2017～2021 年深圳市制造业和服务业综合发展水平得分情况，如图 1 所示。

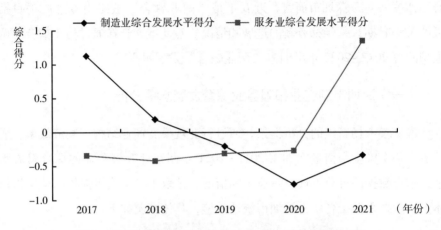

图1 2017～2021 年深圳市制造业和服务业综合发展水平

通过分析可知，2017 年以来，深圳制造业综合发展水平总体呈下降趋势，直到 2020 年以后才有所好转，2021 年基本恢复到了 2019 年的水平。客观上深圳制造业受到了国际政治等客观因素影响，但行业整体竞争力的下滑趋势从 2017 年就已经开始。究其原因，一方面是城市产业空间日趋紧张，塑胶、模具、家具、服装等传统劳动密集制造业扩产条件有限，加之欧美等国家和地区大力实施制造业回流战略，很多企业产能开始向外迁移。另一方面是电子信息、智能制造、高端医疗器械、新能源等先进制造业集群难以形成足够规模，不足以弥补传统制造业转移带来的缺口。这也是深圳市在"十三五"中期就着手实施"两业融合"战略的主要原因。

2017 年以来，深圳市服务业综合发展水平一直处于上升趋势，特别是 2020 年之后呈爆发式上升的态势，一方面，2019 年以来人们的生活、工作场景由线下转线上，打开了现代服务业应用市场。另一方面，深圳服务业从"十三五"以来都处于"上升通道"，不仅仅是行业规模的扩张，更重要的是行业结构的优化和行业效率的提升。数据表明，2017～2021 年，高技术服务业的增加值占整个服务业增加值的比重由 18.9% 上升至 22.9%，从业人员平均薪酬由 11.87 万元提高到 16.09 万元，增幅达 35.6%。软件和信息技术服务业、金融业、科学研究和技术服务业等现代服务业集群正在成为驱动全市经济高质量发展的新的引擎。

综上判断，当前深圳"两业融合"的发展模式更像模式二，即"两业融合"的实施主要由互联网服务、软件和信息技术服务、金融等现代服务业部门发起，通过主动向制造业赋能、促进制造业数字化转型来实现制造业和服务业的融合发展。

（二）2017~2021年深圳制造业和服务业融合发展水平分析

通过耦合协调模型（运用软件 SPSS10.0）本文得到 2017~2021 年深圳两大产业部门融合发展水平的变化趋势，具体结果如表 2 所示。

表2　2017~2021 年深圳制造业和服务业耦合协调模型运算结果

年份	耦合度 C 值	协调指数 T 值	耦合协调度 D 值	协调等级	耦合协调程度
2017	0.445	0.522	0.482	5	濒临失调
2018	0.276	0.258	0.267	3	中度失调
2019	0.784	0.188	0.384	4	轻度失调
2020	0.591	0.052	0.175	2	严重失调
2021	0.784	0.611	0.692	7	初级协调

通过耦合协调模型，本文得到了 2017~2021 年深圳制造业和服务业历年的耦合度 C 值、协调指数 T 值以及耦合协调度 D 值 3 个指标。其中耦合度 C 值测度制造业和服务业两大部门的协调程度，数值越高说明部门间相互影响程度越高，但耦合度 C 值无法考虑行业发展水平的高低，如果两个行业相互制约导致发展水平无法提升，也会出现耦合度 C 值较高的结果。对此模型引入了协调指数 T 值用来测量行业发展水平对协调度的影响，进而引入耦合协调度D值（$D=\sqrt{C*T}$）来反映两个行业最终

的融合发展水平①。

从图2可以直观地看到，2017年以来，深圳市制造业和服务业融合发展水平总体上呈先下降后上升的趋势，特别是2020年之后"两业融合"提升速度十分显著。与制造业和服务业综合发展水平的趋势对比，可以看到"两业融合"程度与制造业综合发展水平的趋势基本一致，2020年之前深圳制造业的综合发展水平总体上呈下行趋势，而"两业融合"水平也一直无法突破0.5的边界线。2021年全市工业发展水平迅速回升，"两业融合"发展水平也取得了近5年的新高。这说明深圳的"两业融合"属于起步于现代服务业、落脚于制造业的发展模式，因此，制造业部门应有效推进数字化、智能化的转型，实现全市制造业和服务业融合发展的目标。

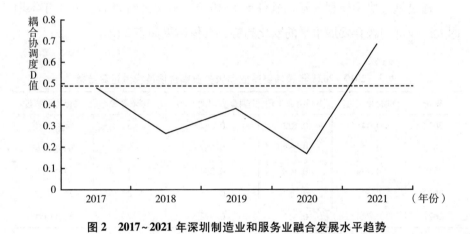

图2 2017~2021年深圳制造业和服务业融合发展水平趋势

四 深圳实施"两业融合"战略发展路径

进入"十三五"时期以来，深圳的制造业普遍面临由"三来一补"向

---

① 由于耦合协调度D值的取值在［0，1］，本文将D的取值按照0.1的距离平均分为10个区间，分别对应十档耦合协调类型，D值低于0.5属于失调状态，D值高于0.5属于协调状态。D值最低为0，属于极度失调类型，最高为1，属于优秀协调类型。

自主创新转型的压力，同时互联网、大数据、云计算等信息技术的推广和发展又不断加速全市信息技术服务业、商务租赁服务业、金融业等现代服务业部门发展，先进制造业和现代服务业深度融合的条件不断成熟，无论是政府部门还是市场主体都开始看到实施"两业融合"发展战略的重要意义。从2015年至2022年，深圳用了不到十年的时间，逐步将"两业融合"从理念落到规划上、从规划落到项目上、从项目落到实实在在的产值和税收贡献上，这为全国其他城市构建"两业融合"的现代产业体系探索了许多宝贵的经验。

1. 概念启动——以信息经济为先导的智慧城市

深圳最早在编制"十三五"规划时提出了"两业融合"的发展理念。在"十三五"规划的第六章"建设信息经济为先导的智慧城市"中曾经明确提出了"发展跨界融合的现代互联网产业"，重点对"互联网+智能制造""互联网+现代服务业""互联网+产业生态"三大领域精准发力。不难看到，深圳一开始就把"两业融合"的切入点放在信息传输、软件和信息技术服务业等技术密集型的服务业领域，通过高技术服务业给传统制造业赋能，并培育更多的先进制造业集群，推动制造业和服务业实现高水平的融合发展。

2. 规划深化——实体经济、科技创新、现代金融、人力资源协同发展的现代产业体系

2021年6月，深圳市政府公布了《深圳市国民经济和社会发展第十四个五年规划和二〇三五年远景目标纲要》（以下简称"深圳'十四五'规划"）。与深圳"十三五"规划相比，深圳"十四五"规划对于全市未来制造业和服务业融合发展的目标、路径、举措等有了更深刻的认识和更清晰的部署。在战略目标方面，深圳"十四五"规划明确提出了构建高端高质高新的现代产业体系，推动先进制造业和现代服务业的深度融合发展。这与党的十九大报告关于构建实体经济、科技创新、现代金融、人力资源协同发展的现代产业体系是高度一致的。在战略路径上，深圳"十四五"规划大大深化了服务业发展的内涵和外延，在深圳"十三五"规划的基础上，首

次提出了建设全球金融创新中心、全球服务经济中心以及全球数字先锋城市的目标，重点培育信息传输、软件和信息技术服务业，科学研究和技术服务业，商务和租赁服务业，金融业等产业集群，基本覆盖了当前大部分现代服务业范畴，服务业与工业一样成为驱动未来经济高质量发展的主要引擎。在工作举措上，深圳"十四五"规划做出了更多精准具体部署，从应用场景开放、政策先行先试、产业空间布局等多个维度为制造业和服务业融合发展提供便利。可以明显感受到，深圳"十四五"规划中每项工作举措的意图和内涵都很具体、明确和精准，与目前全市制造业服务业融合发展遇到的难点、痛点问题高度契合，为接下来做好"两业融合"工作提供了很好的规划蓝图。

3. 蓝图落地——打造"两业"深度融合的"20+8"产业集群

2022年6月，深圳市政府正式印发了《深圳市人民政府关于发展壮大战略性新兴产业集群和培育发展未来产业的意见》（以下简称《意见》），在这份文件中深圳市正式提出了打造"20+8"产业集群。自2010年《国务院关于加快培育和发展战略性新兴产业的决定》公布之后，全国各地包括深圳在内都在围绕新一代信息技术、生物、高端装备制造等七大战略性新兴产业进行布局培育。与七大战略性新兴产业相比，"20+8"不仅仅是数量上的扩张，更是对战略性新兴产业内涵的拓展和深化，用"两业融合"的理念重构了现代产业体系。《意见》中提到要打造的"20+8"不是单纯的制造业或服务业部门，而是根据产业链上下游的联系、基于"两业融合"理念进行布局的综合性产业集群，以制造业为主的产业集群增加了上游设计和下游应用板块，以服务业为主的产业集群增加了服务制造化行业板块。比如打造半导体与集成电路产业集群，既涉及半导体材料、高端芯片和专用芯片等尖端硬件产品的研发制造，也涉及电子设计自动化（EDA）工具软件等软件的开发应用。比如打造超高清视频显示产业集群，新型显示器件、面板生产、终端等制造环节要与国际标准、"AI+5G+8K"应用示范等协同发展。再比如打造软件与信息服务产业集群，操作系统、数据库等关键性基础软件研发与软件技术在制造业场景运用同等重要，最终的目的是推动深圳制造业的数字化、智能化、柔性化发展。

4. 全面实施——以重大项目和平台为抓手，促进"两业融合"取得实质性进展

自 2022 年《意见》印发以来，市区两级部门紧密围绕"一集群、一基金、一展会、一论坛、一协会、一联盟、一团队"的要求，加快推动"20+8"产业集群进入实质落地阶段，特别是各区政府结合本地的特色，差异化定位，积极谋划落地具有先进性、示范性的"两业融合"重大平台和重大项目，让"两业融合"理念从规划走进工厂、实验室和办公室。

（1）宝安区——"互联网+"未来科技产业城

宝安区在实施"两业融合"战略过程中，充分依托腾讯公司在行业的影响力和带动力，全力打造"互联网+"产业集群，推动互联网技术在产业发展、城市治理、公共配套、文体娱乐等多方面的应用。2019 年宝安区提出在西乡街道大铲湾建设深圳"互联网+"未来科技城（以下简称"企鹅岛"）。企鹅岛以我国软件业龙头企业腾讯公司为建设主体，用地面积达 80.9 万平方米，总建筑面积达 200 万平方米，计划总投资达 370 亿元，是深圳市目前在建最大的集融合研发、生产、生活、娱乐、教育、医疗等多种功能为一体的综合性互联网产业园区。腾讯公司充分发挥其在互联网产业领域的领先优势和示范带动效应，在企鹅岛引入效果广告研发推广基地、互联网云全球研发基地、"互联网+"医疗基地、"互联网+"教育创新实践基地、互联网体育产业互动基地、"互联网+"双创基地以及前沿科技领域研究中心，形成"六基地一中心"的产业格局。企鹅岛项目预计 2026 年竣工，建成后预计可容纳软件业、互联网服务业、信息技术服务业等现代服务业专业人才 6.4 万人，形成产值超千亿元的"互联网+"产业集群。目前宝安区形成了以应用软件开发为核心的现代服务业产业集群，2022 年全区规模以上营利性服务业营业收入同比增长 60.6%，增速全市第一，占全区 GDP 比重超过 10%，成为推动辖区发展的新的增长极。

（2）龙岗区——深圳工业软件园

作为全市的工业大区和工业强区，龙岗区把工业软件和工业互联网作为推动"两业融合"发展的重要抓手,通过培育自主化、国产化的工业软件集群带动制造业数字化发展。2021 年龙岗区政府提出规划建设深圳工业软件园,该项目选址在龙岗区坂田街道,占地面积达 5.6 万平方米,总建筑面积达 26.5 万平方米,该项目旁边即是全球 ICT 产业的龙头企业——华为公司总部所在地。该项目的意图是明确的,通过在园区集聚优质的工业软件企业和人才,加强与华为、康冠、领益、航嘉等周边 ICT 企业的互动,打造软件和电子信息产业互促发展的新格局,带动龙岗区制造业智能化、数字化转型升级和"智慧龙岗"建设。2022 年 11 月深圳工业软件园正式开工建设,2022 年 12 月,深圳工业软件基金正式落地龙岗,募资规模 50 亿元,这也是全市第一支完成设立的"20+8"战略性新兴产业专项子基金。此外,为更好地推动工业软件产业集聚发展,2023 年 1 月,龙岗区出台了支持软件业高质量发展的专项政策,对引进国内外软件业优质企业和人才团队的落地提供专项支持。2020~2022 年龙岗区软件业营收均超过 2000 亿元,总规模位列全市第 2。

(3) 龙华区——大浪时尚小镇

大浪时尚小镇的前身是龙华区大浪街道新石社区的服装产业集聚基地,主导产业以"三来一补"的服装加工业为主,产品附加值低、城市功能落后,面临极大的转型压力。2017 年龙华区提出规划建设大浪时尚小镇,打造以时尚业态为主的创意产业园区。小镇总体规划面积达 11.97 平方公里,其中建设用地面积达 3.79 平方公里,核心区面积达 1.08 平方公里。2019 年,小镇已经入驻时尚类企业 420 家、吸引就业人员数万人、拥有发明专利 350 项,年纳税金额超过 4 亿元,被国家发改委作为传统产业转型升级典型案例在全国进行推广,2020 年获批加入与中国纺织工业联合会共建"世界级时尚小镇"试点。通过近年的创建,大浪时尚小镇基本完成了产业形态、城市功能、人才结构的三大转型:产业形态由原外贸出口贴牌加工为主转型成为拥有自主品牌的总部企业集聚区;城市功能由旧工业区转型为集设计、研发、制造、展销为一体,城市配套功能完善的时尚产业新城;人才结构由以传统制造业工人为主转型为以时尚创意人才为主。

2020 年以来，大浪时尚小镇进入了"两业融合"发展的新阶段，大力推动"时尚+数字"产业融合发展。小镇通过引入华为公司在云服务、工业互联网、人工智能等方面的技术优势，努力为时尚企业在 AI 辅助设计、数字孪生工厂仿真测试平台建设、智能仓储管理、用户数据平台管理、全渠道客户运营等多种技术场景提供技术支持，实现对现代时尚产业"研产供销服"的全方位赋能。2022 年 9 月大浪（华为）时尚产业数字创新中心正式启用。根据政策要求，该中心除了要对小镇企业开展数字化技术支持、人才培养、展会论坛等服务，还要向符合条件的企业发放云服务现金券，鼓励企业购买云服务。当前龙华区的时尚创意产业通过数字化转型，已经成为支撑全区乃至全市经济的主导产业之一，2022 年龙华区时尚创意产业增加值达到 700 亿元左右，占全区 GDP 的比重超过 25%，占全市时尚产业总量的比重接近 20%。

五　未来发展建议

当前深圳经济运行承压，消费电子市场持续疲软，加之俄乌冲突等国际地缘政治因素，实施"两业融合"发展的大环境不算轻松。但是应该看到，我国作为世界级的制造大国和制造强国，在"两业融合"方面拥有难以估量的市场容量和发展潜力，这是深圳和其他城市持续推动产业转型升级的最大底气。通过数十年的实践和积累，深圳"两业融合"发展的基础日趋成熟，以"20+8"为代表的产业规划体系逐步成型，市区两级政府越来越意识到"两业融合"的必要性和急迫性。接下来深圳要继续坚持"人无我有、人有我优"的工作要求，坚定不移地推动"两业融合"战略在更多领域、更深层面落地实施，为全国其他城市探索先行先试的经验。

一是选准赛道、精准发力。利用全市在科技金融服务、软件服务、互联网服务、科学研究和技术服务、总部经济服务等现代服务业领域的优势，依托腾讯、美团、华为等龙头企业的影响力，加快打造一批特色鲜明、业态前沿、技术密集、配套完善的现代服务业集聚承载区，力争在工业软件、基础

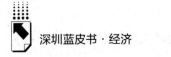

软件、物联网技术、数字文化创意等赛道取得全国乃至全球的领先优势，成为驱动全市经济发展的新引擎。

二是有为政府、创造场景。对于现代服务业驱动的"两业融合"模式而言，最大的挑战是政府能否为企业创造符合市场需求的应用场景，这需要政府部门主动作为、提前规划，给广大创新型企业信心。深圳市政府之前在这方面一直走在全国前列，接下来需要继续坚持。对于工业互联网、工业数字化、工业智能化等前沿技术，政府部门需要拿出力度更大的政策支持其发展，进一步加快数字城市的建设，把政务服务作为数字经济技术的第一个应用场景。

三是科学规划、联动发展。深圳实施"两业融合"战略离不开国内以及国际大市场的支持，特别是5G、物联网、云服务、大数据、人工智能等信息技术的发展速度关键取决于市场规模及流量。深圳要加强国际国内的产业合作，积极构建更多具有区域影响力的产业生态联盟，让更多的城市共享"两业融合"的发展红利。

参考文献

梁培培、崔世鹏：《先进制造业与现代服务业融合度测算——基于2002~2018年中国投入产出表》，《安庆师范大学学报》（社会科学版）2022年第4期。

张涛、廖乐焕：《"两业融合"与经济高质量发展非线性关系研究》，《财经理论研究》2022年第4期。

张明斗、代洋洋：《"两业"融合发展对区域经济韧性的影响研究——基于先进制造业与现代服务业融合视角》，《华东经济管理》2023年第4期。

夏伦：《产业融合促进了制造业转型升级吗？——基于先进制造业与现代服务业融合的视角》，《哈尔滨商业大学学报》2021年第5期。

闫丽霞、韩盼盼：《先进制造业与现代服务业融合模式的国外经验借鉴》，《市场论坛》2021年第4期。

钱龙、何永芳：《中国服务业制造化的产业绩效研究——来自世界投入产出表的经验证据》，《经济经纬》2019年第1期。

夏斐、肖宇：《生产性服务业与传统制造业融合效应研究——基于劳动生产率的视角》,《财经问题研究》2020 年第 4 期。

唐晓华、张欣钰、李阳:《中国制造业与生产性服务业动态协调发展实证研究》,《经济研究》2018 年第 3 期。

杨新洪:《先进制造业与现代服务业融合发展评价研究——以广东省为例》,《调研世界》2021 年第 4 期。

陈俊:《新发展格局下深圳制造业与生产性服务业融合发展研究——基于空间耦合协调度模型的实证分析》,《特区实践与理论》2021 年第 2 期。

B.8
关于广深"四大升级、四大联动"构建全过程创新生态链的建议

陈望远*

摘　要： 广东省委省政府部署加快构建从基础研究到技术攻关、成果转化、科技金融、人才支撑的全过程创新生态链。广州、深圳是广东省科技创新发展的重要引擎，两市率先联动构建全过程创新生态链，着力推动广深科技创新走廊向深莞穗制造业走廊升级，实现创新链产业链"双城"联动；推动三大科学城从单兵突进向协同"大兵团"作战升级，实现综合性国家科学中心"双城"联动；推动战略科技力量和人才向同向发力升级，实现创新资源"双城"联动；推动重点区域由散点布阵向串珠成链升级，实现创新主引擎"双城"联动。广州深圳"四大升级、四大联动"，携手打造科技产业创新高地，为建设世界科技强国贡献"双城"力量。

关键词： 全过程创新生态链　广深联动　科技和产业创新高地

世界百年未有之大变局加速演进，科技创新成为解决全球性问题、应对时代挑战的重要途径。广东"身处"世界科技革命和产业变革的最前线，广州、深圳率先构建全过程创新生态链，是践行自主创新、实现高水平科技自立自强、抢占科技和产业发展制高点的根本之策，也是推动产业链和创新

＊ 陈望远，博士，深圳市科技创新委员会政策法规处处长，主要研究方向为科技体制改革、创新驱动发展战略规划及科技政策。

链深度融合的具体实践，将有力支撑全省构建"两廊三极多节点"创新格局，促进经济社会高质量发展。

一 广深全过程创新生态链情况

广州围绕"科学发现、技术发明、产业发展、人才支撑、生态优化"全链条创新发展路径，探索全方位、多层次推进科技创新强市建设，提升城市创新发展能级。

深圳于 2018 年 1 月提出构建"全过程创新生态链"，建立"一类科技研发资金、五大专项、二十四个类别"的科技计划体系，其高新技术产业发展成为全国的一面旗帜，创新体系实现历史性变革、系统性重构。

（一）"广州大院大所+深圳异军突起"，基础研究成为全国重要一极

广州拥有中山大学、华南理工大学两所世界一流大学建设高校，以广州人工智能与数字经济试验区、南沙科学城、中新广州知识城、广州科学城"一区三城"为核心的"科技创新轴"，以广州实验室、大湾区国家技术创新中心为引领，以人类细胞谱系大科学研究设施和冷泉生态系统研究装置两个重大科技基础设施为骨干，以国家新型显示技术创新中心、四家省实验室、十余家高水平创新研究院等重大创新平台为基础的"2+2+N"科技创新平台体系，在全国基础研究中占据重要位置，在广东全省处于领先地位。

深圳以特区立法形式，在全国率先确立将 30% 以上的市级科技研发资金投向基础研究及应用基础研究，支持腾讯设立"科学探索奖"，实施高等院校稳定支持计划，南方科技大学入选"双一流"建设高校。高水平建设鹏城实验室、深圳湾实验室，以及 4 家省级实验室和 300 多家深圳市重点实验室；稳步推进河套深港科技创新合作区、光明科学城、西丽湖国际科教城建设；加快建设国家第三代半导体技术创新中心、国家高性能医疗器械创新中心等，前瞻布局一批基础研究机构和诺贝尔奖科学家实验室。聚焦综合性

国家科学中心主攻学科方向，布局建设国家超级计算中心深圳中心二期、鹏城云脑、合成生物设施等重大设施集群。

（二）"广州聚力攻关+深圳梯度攻关"，探索关键核心技术攻关新型路径

广州实施重点领域研发计划，围绕重点产业领域关键核心技术，布局人工智能、新一代信息技术等科技重大专项，提升科技供给水平。

深圳按照"需求出发、目标导向，精准发力、主动布局"的总体思路，组织开展技术攻关项目，项目评审实行"主审制"，择优确定承担单位开展项目攻关。组建"创新联合体"，实施产学研用一体化、产业链上下游联合攻关，有效缩短成果产业化进程，这既增厚了高新技术龙头骨干企业发展"安全垫"，也培育扶持中小高新技术企业做大做强。

（三）"广州产业导向+深圳企业主体"，推动成果加速转化为现实生产力

广州实施促进科技成果转移转化行动，打通科技成果转化"中梗阻"，出台促进科技成果转化实施办法，完善科技成果转移转化体系，推动科技成果与产业需求紧密对接。成立南沙科技成果转化联盟，加快建设环大学城、环中大、南沙区科技成果转化基地，广州市技术合同成交额位居全国第三。依托中国创新创业大赛探索实施"以赛代评""以投代评"机制，建立并运营科技成果产业化引导基金，市科技型中小企业信贷风险损失补偿资金池撬动合作银行为科技企业发放贷款，形成较为完善的"创、投、贷、融"科技金融生态圈。

深圳健全以企业为主体的成果产业化体系，构建"楼上楼下"创新创业综合体，依托合成生物研究设施搭建的深圳工程生物产业创新中心，遴选引进一批优质初创企业。承接国家重大科技项目，支持国家项目在深圳开展后续研究或成果产业化。建设概念验证中心、中小试验基地和验证平台，打造"中试+服务+产业+资本"垂直创新生态体系。深圳清华大学研究院建立

"实验室（研发中心）+产业化公司""发明人带头投入+投融资专家参与""研发团队+管理团队分享股权"机制，累计孵化企业 3100 多家，培育上市公司 30 多家。

（四）"广州基金信贷+深圳天使投资"，精准滴灌助力科创企业发展

广州坚持"投早""投小"，不断深化科技金融融合发展，设立总规模千亿元的大湾区科技创新产业投资基金，落地运营广州科技创新母基金和大湾区科技成果转化基金。

深圳积极推动科技金融领域创新发展，设立全国规模最大、出资比例最高、让利幅度最大的政府引导类天使母基金，向早期科技创新领域投放累计100 亿元政策性基金。建立科技金融财政支持体系，市引导基金与国内知名投资机构合作投资，聚焦"20+8"战略性新兴产业和未来产业集群，推动"一产业集群一基金"发展。

（五）"广州第一资源+深圳战略人才"，打造高水平人才高地

广州着力吸引顶尖科学家团队创新创业，建设国际人才自由港。充分发挥院士专家工作站、重点实验室、创新中心等重大创新平台引才聚才作用，建设一批离岸创新创业基地。实施基础研究项目，支持一批青年博士人才开展科技创新。印发优化外国人来华工作许可办理政策措施，落实境外高端人才个税补贴相关政策，为外国人来穗提供更多便利，创造更好环境。

深圳汇聚战略科技人才力量，量身打造创新平台，精准引进一批战略科学家，带动网络通信、数字经济、量子科技等前沿领域发展。组建一批诺贝尔奖科学家实验室，持续"以才引才"。通过引进高层次人才团队，培育一批上市公司和"独角兽"企业。构建从博士、博士后到优秀青年、杰出青年的全谱系培养体系。支持企业联合高校、科研机构开展技术攻关，打造面向产业前沿的卓越工程师队伍。

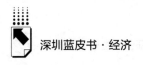
二　推动广深"四大升级、四大联动"

广州、深圳科技创新各有优势，建议两市优势互补，着力推动"四大升级"、实现"四大联动"，共同建设科技和产业创新高地。

（一）推动从广深科技创新走廊向深莞穗制造业走廊升级，实现创新链产业链"双城"联动

推动广州、深圳共建具有国际竞争力的现代产业体系，充分发挥科技创新对产业发展的支撑引领作用，推动广深科技创新走廊向深莞穗制造业走廊升级。

一是打造战略性新兴产业和未来产业集群。聚焦广东"双十"产业集群和深圳"20+8"产业、广州"3+5+X"战略性新兴产业体系高质量发展，推动两市科技资源与产业需求结合，依托广深科技创新走廊，统筹规划创新链、产业链，沿穗莞深轴线打造产业创新经济带，发展壮大一批世界级高科技企业，加快催生一批高成长性科技企业，打造媲美美国波士顿128公路和硅谷101公路的科技产业走廊。

二是推动产业链创新链供应链深度融合。广深可在半导体与集成电路、超高清视频显示、智能机器人、新能源、深地深海、空天技术等多个产业领域形成互为产业链、创新链、供应链的产业体系，"产业联动"推动共建现代产业体系。

三是构建数字经济共同体。充分发挥大湾区产业门类齐全、应用场景丰富、市场容量巨大等优势，深圳强化通用芯片设计、核心电子元器件等基础研发，广州强化数字技术应用和应用场景建设，合力抢占数字经济发展先机。

（二）推动三大科学城从单兵突进向协同"大兵团"作战升级，实现综合性国家科学中心"双城"联动

广州、深圳应强化基础研究与技术攻关合作，推动三大科学城战略升级，共同支撑建设大湾区综合性国家科学中心。

一是加强基础研究与应用基础研究合作。以南沙科学城、光明科学城、松山湖科学城为重点依托，深化基础研究合作，催生更多原创成果。

二是强化关键核心技术联合攻关。支持三大科学城创新主体联合承担科技创新 2030 重大项目、国家重点研发计划等国家重大项目，以"大兵团"模式联合承担国家和省重大战略科技任务和重大技术攻关任务，将断供目录变成自主创新清单。

三是加强重大创新载体对接。依托两地差异化布局，统筹两地科技资源，联合推进大科学装置等重大基础设施建设，推动三大科学城各类创新主体的科技成果优先在广深两市"沿途下蛋、就地转化"。

（三）推动战略科技力量和人才向同向发力升级，实现创新资源"双城"联动

以战略性创新平台、科技项目和科技人才为抓手，统筹两市创新资源，推动"双城"战略科技力量和战略科技人才形成强大合力，实现广深创新资源联动发展。

一是统筹推进战略性创新平台建设。以"前海+南沙+河套"三大国家级战略平台为主要承载区，联合争取国家战略科技力量的布局建设，汇聚一批战略科学家、科技领军人才和创新团队、青年科技人才和卓越工程师，形成面向世界的科技创新"三舰队"。

二是合力开展战略性科技项目。联合建立基础研究需求凝练调研机制，支持以"一城主动发起、双城联合承担"的模式实施战略性重大项目，充分发挥深圳和广州的科研优势。

三是联合构建战略性人才体系。探索联合制定广深战略科学家、战略智库清单，建立"双城"科技创新专家咨询制度，充分挖掘"双城"高校、科研机构的学科优势和科研力量，联合组建交叉学科大平台、大团队。

（四）推动重点区域由散点布阵向串珠成链升级，实现创新主引擎"双城"联动

加强区域顶层设计，聚焦创新节点优势，推进重点区域协同创新，加强

区域科技创新合作，打造广深"双引擎"。

一是建立广深全方位协同推进机制。研判各创新节点的科技创新与产业优势，以"错位发展、平衡发展"为导向加强总体规划和顶层设计，强化"双城"联动、各区结对、部门协商的统筹协调机制，探索以绩效评价为导向的利益分配协调机制。

二是畅通广深创新资源流动机制。完善广深科技创新走廊内专业技术人才的职称、资格互认机制，建立广深创新走廊综合服务平台。

三是打造广深科技创新共同体。探索建立"创新资源共享+技术联合攻关"的创新合作模式，建立"双城"科技资源共享机制，探索广深联合资助科研项目，打造"双城"引领的创新共同体。

参考文献

《粤港澳大湾区发展规划纲要》，中国政府网，2019 年 2 月 18 日，http：//www. gov. cn/gongbao/content/2019/content_ 5370836. htm。

《全面深化前海深港现代服务业合作区改革开放方案》，中国政府网，2021 年 9 月 6 日，http：//www. gov. cn/gongbao/content/2021/content_ 5637944. htm。

《广州南沙深化面向世界的粤港澳全面合作总体方案》，中国政府网，2022 年 6 月 6 日，http：//www. gov. cn/gongbao/content/2022/content_ 5697972. htm。

深圳市市场监督管理局：《深圳经济特区科技创新条例》，2020 年 5 月 18 日，http：//amr. sz. gov. cn/gkmlpt/content/8/8775/mpost_ 8775303. html#909。

《深圳市科技创新"十四五"规划》，深圳市人民政府网站，2022 年 1 月 12 日，http：//www. sz. gov. cn/attachment/0/998/998076/9936252. pdf。

《广州市科技创新"十四五"规划》，广州市人民政府网站，2022 年 1 月 21 日，https：//www. gz. gov. cn/zwgk/ghjh/fzgh/ssw/content/post_ 8085235. html。

制造业发展篇

Manufacturing Development

B.9

深圳制造业高质量发展的若干思考及对策建议

欧阳仁堂*

摘　要： 本文通过研究制造业的战略地位、发展趋势及存在的问题，为推动深圳坚持制造业当家、促进制造业高质量发展建言献策。为保证研究的科学性、前瞻性、实用性，本文搜集了大量的领导讲话、政策文件、理论文章、实践经验等材料，理论与实践相结合，借鉴与实际相结合。通过分析研究，本文认为提升制造业战略地位、推动制造业高质量发展，是落实中央和省委关于制造业战略决策部署的必然要求，是率先构建体现高质量发展要求的现代产业体系的客观需要，也是提升深圳城市长远竞争力的现实选择，建议从提升战略地位、明确发展路径、突出产业方向、加强产业布局等方面，推动深圳制造业高质量发展，将深圳打造成为

---

* 欧阳仁堂，深圳市政府发展研究中心经济处处长，经济师，主要研究方向为区域经济、产业经济等。

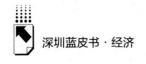

全球领先的重要的先进制造业中心。

关键词： 制造业　现代产业体系　深圳市

一　从历史实证逻辑看制造业在提升城市竞争力中的战略地位

（一）从全球范围看，制造业是国家及城市能级提升的关键支撑

从诸多发达国家及一流城市的发展历程看，制造业在提升竞争力方面起到了关键作用。英国能在 17 世纪迅速崛起成为世界头号强国正是因为工业革命让其生产力跃居世界领先水平；美国 19 世纪后半叶和 20 世纪前半期，凭借持续推进工业化一跃成为世界头号强国；德国能在二战后快速恢复并长期占据欧洲"经济一哥"位置，是由于其始终坚持制造立国理念，保持"德国制造"的全球领先地位；日本及"亚洲四小龙"能先后在 20 世纪 50~80 年代快速发展，也一样是抢抓产业转移机遇大力发展工业，带动经济迅速发展。20世纪 70~80 年代以来，以美日欧为代表的发达经济体虽然整体处在去工业化的过程中，但那是在本国制造业技术领先的情况下进行的全球化产业配置，主要是将中低端的加工制造业向国外转移，而高端制造业很多仍然留在国内，即使是在这种情况下，日本和德国的制造业比重目前仍保持在 20% 左右。此外，正是意识到"制造业强则城市强"，在经历互联网泡沫后，包括纽约、东京、伦敦、新加坡、香港在内的全球一流城市，现在也都在积极抢抓新一轮产业变革机遇，纷纷布局人工智能、无人驾驶、智能制造等前沿领域，开展制造业新的"军备竞赛"。

（二）从国内范围看，制造业是城市竞争力提升的重要动力

"工业强则产业强，产业强则城市强"已经成为国内各大城市的普遍共识。"十四五"时期，国内很多城市都意识到工业才是经济高质量发展

的根本和基石，将工业尤其是制造业视作重中之重，"制造立市、制造强市"的提法在地方"十四五"规划和政府工作报告中比比皆是。24个万亿元GDP城市中，明确提出"制造立市、制造强市"的就有上海、深圳、广州、天津、苏州、成都、南京、无锡、佛山、东莞等城市，这些城市工业占GDP的比重基本都在20%~50%。如上海提出布局构建集成电路、生物医药、人工智能三大先导产业及电子信息、生命健康、汽车、高端装备、先进材料、时尚消费品六大高端产业集群的"3+6"的新型产业体系，推动"上海制造"成为具有国际影响力的城市名片。苏州明确提出要坚定不移建设"制造强市"，建设世界级制造业中心城市，推动"苏州制造"迈向全球链、价值链高端。广州在2017年提出"实施制造强市战略"，又在2022年政府工作报告中提出"坚持产业第一、制造业立市"，激发广州制造新活力。

（三）从深圳自身看，制造业是城市迅速崛起和迈向全球标杆城市的核心引擎

深圳40多年来从一个边陲农业县迅速崛起为现代化国际大都市，其GDP实现了从不足1亿元到3万亿元的跨越式发展，这缔造了世界工业化、现代化、城市化发展史上的奇迹。对于深圳而言，工业始终是推动其城市发展的关键动能。制造业转型升级史可以说是深圳40多年的城市发展史和产业升级史的精彩缩影。从建市之初的"三来一补"加工制造业，到20世纪90年代以来大力发展的以电子信息产业为龙头的高新技术产业，从加工贸易时代的"跟跑者"，到以高新技术产业为第一经济增长点的"领跑者"。前半程，深圳完成了从"三来一补"加工制造到"世界工厂"产业链条的巨大飞跃；后半段，深圳又完成了从"山寨之都"模仿到"创新之都"引领的华丽转身。深圳规模以上工业增加值从1980年的0.37亿元增长至2021年的近1.1万亿元，规模以上工业总产值超4.5万亿元，工业增加值与工业总产值双双位居全国大中城市前列。正是因为深圳始终坚持制造业是立市之本、强市之基，经济动力、市场活力、城市竞争力才持续攀升。未来，深圳

要打造全球标杆城市，率先构建体现高质量发展的现代化产业体系，保持制造业比重的相对稳定，提升先进制造业的国际竞争力。

二 从比重、结构、竞争力三个方面
看制造业面临的问题

（一）从比重看，深圳制造业比重持续下降

一是从产业发展规律看，工业比重持续过快下降不完全符合产业结构转变的基本规律。一方面，深圳市工业占GDP的比重从2016年的38.4%下降到2021年的33.8%（2017年37.4%、2018年36.5%、2019年35.3%、2020年34.3%），短短5年时间下降了近5个百分点，平均每年下降约1个百分点，这在国内外大城市的发展历史上是较为罕见的。深圳市高技术制造业增加值占规模以上工业增加值的比重从2016年的66.2%下降到2021年的63.3%，先进制造业增加值占规模以上工业增加值的比重从2016年的75.4%下降到2021年的68.8%，这两个反映制造业结构的重要指标的不增反降反映了深圳市产业结构并没有明显优化。

二是从经济增长的动能看，工业比重近些年过早过快下降是经济持续放缓的重要因素。深圳市经济增速从2016年的9.0%下降到2021年的6.7%，增速5年下降了2.3个百分点；相应工业增速从2016年的7.0%下降到2021年的4.7%，增速5年也下降了2.3个百分点，工业增速与经济增速下降幅度基本相同，表明深圳市经济增速放缓的主要原因是工业增速下降。

三是从制造业面临的冲击看，深圳市制造业正面临发达国家"高端回流"和新兴国家"中低端分流"的双重挤压。一方面，近年来全球制造业分工加速重构，产业链供应链呈集团化、区域化、本土化发展趋势。美日等发达国家竭力推动制造业回归，美国签署了多项有关"制造业回归的法案"，比如《美国制造业促进法案》、《国防生产法案》、国家制造业创新网络计划（NNMI）等，并在贸易、金融、财税等方面采取了一些举措，激励制造业再

次流向美国；日本计划投入 2200 亿日元撤出在华的日本生产线，近些年，一批日本企业纷纷迁出深圳，如奥林巴斯、爱普生精工、OKI（冲电气）、升龙科技等。另一方面，越南、印度等新兴国家凭借劳动力成本低等优势，正分流大量中国制造。早在 2021 年，苹果手机的最新系列 iPhone13 就已经在印度成功试产，2022 年 4 月 iPhone13 的订单由印度工厂代工，大量的苹果新订单从深圳市场分流到印度市场。越南发展势头迅猛，2022 年第一季度进出口总额超过深圳，已成为深圳制造分流的重要"下一站"，史丹利、村田、长盈精密等一批知名企业也将工厂迁往越南，这对深圳制造业造成了一定的冲击。

（二）从结构看，深圳制造业"一业独大""一企独大"

一是从产业结构看，电子信息产业"一业独大"，这既是独特优势也是潜在隐忧。深圳抓住了 20 世纪 80~90 年代新一轮产业转移和信息技术快速兴起的契机，奠定了全球电子信息产业重镇的地位，形成了以电子信息产业为绝对龙头的制造业体系。2021 年，深圳电子信息产业规模占工业的比重超七成，占全国电子信息产业的近两成、全球的 1/10。当前深圳拥有 37 个工业大类，计算机通信和其他电子设备制造业是支撑深圳工业的"擎天柱"，是当仁不让的第一大产业，计算机通信和其他电子设备制造业产值占规模以上工业总产值的比重超过 60%，贡献了深圳近 23% 的 GDP。近年来，当计算机通信和其他电子设备制造业发展放缓，深圳经济也受到了明显拖累，当遇到产业周期调整或外部环境冲击时，"一业独大"的弊端暴露无遗。

二是从企业结构看，头部企业"一企独大"，深圳经济容易受个别企业发展的影响。深圳在很多领域都拥有 1~2 个能左右行业发展态势的头部企业，这些企业在行业的首位度过高，对行业甚至整体的经济影响巨大。如电子信息行业的华为，行业的首位度最高达到 40%，2021 年其产值大幅下降直接拉低深圳工业增速 7 个百分点，直接拉低深圳经济增速超 2 个百分点。再如互联网行业的腾讯，行业的首位度更是超过 50%，虽然国家对互联网企业的治理力度加大，但其对互联网行业乃至现代服务业的影响仍然较大。

三是从产品结构看，高新技术产品"两头在外"，容易受国际形势影响。从建市之初的加工基地到 20 世纪 90 年代的世界工厂，再到如今的创新之都，深圳经济外向型特征明显，很多高新技术产品生产所需的原材料、元器件、零部件进口依赖程度高，最终产品的市场也大多在国外，出口依赖程度也很高。以机电产品为例，2021 年深圳的机电产品出口额达 1.54 万亿元，涉及的产品有整装的电子通信设备、智能终端、消费级无人机、人形机器人等，这些产品的外销占比很多达到 50% 以上，有的甚至高达 80%；机电产品的进口额高达 1.29 万亿元，涉及的产品有集成电路、自动数据处理设备的零部件、手机零件等。这种"两头在外"的产品结构容易受外部环境的影响，如国际形势变化影响大宗商品价格、大国博弈限制核心技术进口及产品出口等。

（三）从竞争力看深圳制造业仍"大而不强"

一是从创新能力看，很多核心技术和关键设备仍受制于人。深圳企业在技术创新方面比较活跃，很多行业龙头研发投入强度都在 10% 以上，但很多真正的核心技术仍高度依赖进口，关键技术、核心零部件受制于人，底层基础技术、基础工艺能力不足，90% 以上的装备制造业关键零部件、90% 以上的电子信息产业高端芯片依赖进口。比如，智能手机的重要基础零部件智能射频器件由 Qorvo、Skyworks、Avago 这 3 家国外企业垄断，它们共占据全球市场份额的 93%；滤波器则由 TDK、Murata、TAIYO YUDEN、Qorvo、Avago 等厂商垄断。触觉传感器是工业机器人核心部件，目前国内传感器企业大多从事气体、温度等类型传感器的生产，鲜有涉及触觉传感器生产。ITO 靶材是制作液晶显示器、平板显示器、等离子显示器的重要材料，我国有超过 20 家靶材生产企业，但没有一家可以生产超过 32 英寸的靶材。EDA 是集成电路的必备设计工具，长期由美国三大巨头 Synopsys、Cadence、Siemens EDA 垄断。电磁阀是呼吸机的核心零件，由于精密度过高，国内尚不能自主供应，长期被诺冠、康茂盛、SMC、CKD 等欧日企业垄断。

二是从品牌价值看，深圳缺乏具有国际影响力的品牌，总体还处于全球价值链的中低端。品牌是衡量一个企业的核心价值，体现了一个国家和城市的竞争力。美国制造、德国制造、日本制造享誉全球，它们培育出了苹果、微软、谷歌、奔驰、宝马、佳能、丰田等一大批世界品牌。世界品牌实验室2022 年底公布的世界 500 强品牌榜单中，深圳仅有屈指可数的几个知名品牌上榜，如华为和腾讯，且从品牌价值看，苹果的品牌价值等于 5 个华为，谷歌的品牌价值等于 4 个腾讯。

三是从质量标准看，深圳总体缺乏国际标准的话语权。德国制造长盛不衰的秘诀之一就是坚持品质立国，企业把质量作为发展的生命线。大到掘进机、汽车、机床，小到订书机、菜刀、锅具，质量都称得上世界领先，德国制造也成为质量的代名词。早在 2010 年，深圳就首次提出要实现从"深圳速度"向"深圳质量"的跨越，2015 年深圳市政府 1 号文发布了《关于打造深圳标准构建质量发展新优势的指导意见》及行动计划，后来又提出了推进标准、质量、品牌、信誉"四位一体"建设。深圳制造的质量和标准在不断提升，但与欧美日等制造强国相比还有不小差距。长期以来，工业产品的标准化一直被欧美企业所主导，深圳企业仅在 5G、无人机等少数领域具备国际标准制定的话语权。

三 "万亿高位"基础上推动深圳制造业
高质量发展的策略建议

（一）把制造业提升到事关城市长远竞争力的重大战略高度

一是树立"制造立市、制造强市、制造富市"理念。明确实施制造业高质量发展战略，从政治、全局、战略的高度，深刻认识制造业对深圳的特殊重要性，把制造业作为当前和今后较长时期的"立市之本、强市之基、富市之源"。建议将制造业高质量发展与创新驱动发展共同作为城市的重大战略，重新谋划、系统部署、全面安排，努力以制造业的高质量发展带动全市经济社会高质量发展，提升城市核心竞争力。

二是召开高规格的全市制造业高质量发展大会。为统一思想、凝聚共识、形成合力，建议召开全市制造业高质量发展大会，贯彻落实党中央、国务院的决策部署及广东省关于制造业高质量发展的要求安排，明确当前及更长远制造业发展的奋斗目标和重点任务，动员全市加快建设制造业强市，加速形成高端化、智能化、绿色化、创新型的现代产业体系，为高质量发展提供坚实支撑。

三是制定指导全市制造业高质量发展的纲领性文件。应站在服务制造强国战略高度，结合深圳打造高质量发展高地实际，面向未来制造业发展新趋势、新特征，立足当前、前眼长远，确定方向、理清思路，制定深圳市制造业高质量发展的相关政策，明确当前和今后一个时期全市制造业高质量发展的总体要求、目标定位、战略路径、重点任务及工作保障。

（二）构建"IT+BT+DT+GT"为主体的先进制造业体系

一是打造 IT 产业新标杆。IT 产业即电子信息产业是深圳的优势产业和支柱产业，深圳应坚持做大做强宽带通信与新型网络、软件与信息服务、智能终端、超高清视频显示等先进制造业集群，大力发展半导体与集成电路、智能传感器等产业集群。完善最强 IT 硬件链条。着力发展 FPGA 器件、GPU 芯片、滤波器、射频器件等细分领域，着力布局 28nm 及以下制程中高端芯片制造项目，加强先进封测、半导体设备和电子材料等环节的配套能力，前瞻布局第三代半导体产业。支持电子元器件和集成电路国际交易中心邀请央企战略投资者、电子制造行业龙头参与集采业务，完善仓储配送、交易结算、供应链融资、检验等生态服务，吸引龙头分销商及上下游企业。构建一流 IT 软件生态。强化芯片设计优势，支持华为自主研发并应用"麒麟+鸿蒙""鲲鹏+欧拉"等国产化芯片和操作系统，支持开发 EDA 软件，CAD、CAE、PLM 等工业软件。高水平建设若干专业集成电路产业园区。

二是打造 BT 产业新优势。BT 产业即生物医药产业，被誉为 21 世纪最有潜力的产业，虽然深圳市在该产业上的规模还不大，但在基因检测、心脑血管医药、医学影像、医疗器械、休外诊断等细分领域有一定优势，以这些高成长性优势领域为着力点打造仅次于 IT 的未来支柱产业。推动新药创制和仿制药研发。支持医药企业联合国内外科研机构、高校、企业等开展新药研发；大力发展医药合同研发、合同生产，积极引进医药合同研发机构（CRO）和医药合同生产机构（CMO）。加快发展高端医疗器械，高标准建设国家高性能医疗器械创新中心。建立多层次基础支撑和共性技术平台。建设高标准心血管疾病模式动物研发平台，搭建创新药物筛选平台、注射给药制剂平台，以及新型给药系统（装置）等。引进高端人才和核心技术，整合高校、研究院所、创新企业和医疗机构资源，共建医疗器械原部件技术研究平台。加快专业临床试验机构建设。利用坪山 ICH 产业园资源，学习跨国药企的临床设计策略。加快提升本地医疗机构临床试验水平，培养一批国际化、专业程度高、受国内外认可的临床试验机构。培育医疗生态主导型企业。支持华大基因在基因测序、细胞治疗等方面继续突破，支持迈瑞医疗成长为世界一流的医疗器械企业，提升我国医疗器械自主可控能力。

三是打造 DT 产业新风口。DT 产业即数字经济，也是深圳市的优势产业，具有广阔前景的产业风口。建设国家数字经济创新发展试验区，实施"5G+8K+AI+云"新引擎战略，发展壮大大数据、云计算、区块链、人工智能、工业互联网、网络安全等数字领域新兴产业。筑牢数字经济"三大底座"。在数据方面，布局隐私计算、区块链等关键技术，建设新型数据交易信息化平台，探索数据跨境交易。在算力方面，推进国家超算深圳中心二期和"鹏城云脑Ⅲ"建设，系统布局边缘计算、数据中心、智能超算等全市算力一张网。实施数字核心技术攻关行动，开展核心基础材料、高端芯片、关键射频器件、高端光器件、可见光通信与光计算、工业软件等重点领域技术攻关，重点布局 RISC-V 开源平台、视觉处理、信息安全、MEMS 和第三代半导体等关键领域。实施软件产业跨越发展行动，重点发展科学计算与系统仿真、电子设计自动化（EDA）等国产信创研发设计类软件，鼓励发展制造执行系统（MES）、分布式控制系统（DCS）等工业控制类软件，培育融合物联与分析技术、数字孪生应用、云化部署、低代码开发等未来工业软件。

四是打造 GT 产业新高地。GT 产业即绿色环保产业，是深圳市的七大战略性新兴产业和未来的朝阳产业。深圳市围绕新能源汽车、新型储能等产业，培育若干具有强大竞争力的 GT 龙头企业，促进绿色低碳产业高质量发展。推动新能源汽车产业引领发展。支持以比亚迪为龙头企业的新能源汽车产业高质量发展，构建集芯片、软件、传感器及终端设备等为一体的新能源汽车智能化全产业链体系。鼓励整车企业与大学、科研机构、上游企业加强协同合作，组建新能源汽车产业创新联盟，并围绕电机、电芯、电控等核心领域开展关键共性技术联合研发。积极推进氢燃料电池汽车产业化，着力解决当前制约氢能产业发展的关键核心问题，推动氢能产业成为新的经济增长点，打造粤港澳大湾区氢能产业创新发展高地。推动先进核电、电化学储能、户用储能、智慧能源等领域引领发展。构建一流的 GT 产业生态。完善绿色环保产业认定规则体系和产业支持政策。将深圳碳排放权交易所打造成国家级碳交易中心。建立碳足迹、碳标签认证体系，研究制定与国际标准对接的产品碳标签体系和碳足迹认证体系。

（三）明确"产业集群+四链协同+空间集聚"的先进制造业布局思路

一是以产业集群思维布局先进制造业。产业集群发展是现代产业高质量发展的重要组织形式。按照产业规律进行系统规划布局。先进制造业集群发展需要站在全球产业变革的大视野下，以及服务制造强国战略和制造强市目标下，按照全产业链、"三生"一体、产城融合等理念，根据产业特点，在较大面积范围内按照产业规律和产业链特点进行系统性统筹规划、功能化分区布局、高标准开发建设。清单式管理抓产业集群建设。围绕"20+8"产业集群，完善清单式管理模式，优化"六个一"工作清单，即一个龙头企业和隐形冠军清单、一个重点项目清单、一个创新体系清单、一套政策工具包清单、一个招商清单、一个战略咨询机构清单，进一步构建服务产业集群发展的整套工作体系，打造具有高度韧性的现代产业链。打造一批世界级先进制造业集群。以"IT+BT+DT+GT"为主体，以智能制造为主攻方向，推动建设包括通信与新型网络、软件与信息服务、智能终端、超高清视频显示、高端医疗器械工、智能机器人等的世界级产业集群。

二是以"四链"协同理念布局先进制造业。按照现代产业规律和组织机理，以产业链为核心、以创新链为引领、以人才链为支撑、以教育链为根基，围绕创新链部署产业链，围绕产业链部署创新链、围绕产业链创新链配置人才链、围绕人才链优化教育链，建立和完善"四链"协同治理机制和政策体系，促进科产教深度融合发展，构建体现高质量发展的现代产业体系。围绕创新链部署产业链。发挥产业在"四链"中的核心作用，实施全产业链发展战略，围绕集成电路、5G、生物医药、新能源汽车等重点产业链，实施"链长制"、做好"链式"服务，持续推动补链、强链、延链、控链、稳链。完善供应链清单制度和系统重要性企业数据库，清单式管理高风险零部件和"卡脖子"技术。围绕产业链部署创新链。发挥创新链在"四链协同"中的引领作用，坚持市场导向、瞄准产业需求，聚焦重大创新平台、创新联合体、关键应用场景、科技金融和科技服务五个关键环节，明确"20+8"技术主攻方向，部署一批重大创新平台，组建一批创新联合体，开展核心技术攻关，力争在关键领域实现自主可控。围绕产业链创新链配置人才链。发挥人才在"四链"中的支撑作用，紧密协同产业链和创新链，促进教育"破墙"改革，突出抓好"引、用、激、服"四类政策，加快引育一批高质量人才队伍，树立"人+才"理念，强化引人、注重用才，营造识才爱才敬才的环境，建设粤港澳大湾区高水平人才高地。围绕人才链优化教育链。转变办学理念，深化产教融合，打破教育的"围墙"，促进教育"嵌入"产业集群、协同科技创新的全过程和各领域，培育"灯塔型"高校，提升教育对产业的响应度、对创新的敏感度、对社会的贡献度。建设产业需求导向的院系、专业、学科，借鉴上海交大成立未来技术学院、北航设立智能制造工程专业、复旦设立"集成电路科学与工程"一级学科等做法，探索交叉融合学科设置模式，培育新兴交叉学科和人才。

三是以世界级园区标准布局先进制造业集群。建立全市园区"一盘棋"统筹规划建设体系，按照最先进的规划理念、最现代的运营模式、最新型的设施配套、最高效的产业空间进行规划建设管理。采用最先进的规划理念。充分考虑产业集群、四链协同、产城融合、智慧绿色等理念，结合各产业特点进行前瞻规划。运用最现代的运营模式。把握先进制造园区发展趋势，引进经验丰富的专业运营机构，为产业集群高质量发展提供最专业、全链条的服务。构建最新型的配套设施。结合基础设施高质量发展试点，布局最先进的信息化、数字化、智能化的信息和融合基础设施，高效现代的交通、环保等市政设施，高质量的生产、创新、生活配套设施等。打造最高效的产业空间。探索"工业上楼""联建厂房""区域环评""熟地出让"等土地利用和开发新机制，打造最集约高效的科研、生产、办公、物流、停车空间。

（四）明确"创新赋能+数字赋智+品牌赋值"的制造业转型升级路径

一是以创新赋能推动动力变革。把创新驱动作为制造业高质量发展和提升制造业国际竞争力的核心路径。激发企业技术创新活力。强化企业创新主体地位，发挥市场对技术方向、线路选择、要素价格、资源配置的导向作用，促进各类创新资源要素向企业集聚。支持头部企业整合上下游创新资源，牵头设立创新联合体，建设若干技术创新中心和工程研究中心，承担国家、省重大科技项目，开展行业关键共性技术预见研究和联合攻关。推动领军企业研发创新链条前移，鼓励企业成立高水平研究院，加大财政无偿性研发资助力度。构建支撑制造业高质量发展的创新体系。完善以企业为主体、产学研用深度融合的协同创新体系。加强制造业创新中心建设，构建产学研用密切合作的行业共性技术平台，突破核心关键技术，提高共性技术供给能力。打造一批区域技术创新服务平台，促进各类主体协同创新，完善制造业供应链。培育引进一批高水平专业技术转移机构，完善知识产权交易市场，加大科技成果转化、示范项目和技术推广的投入力度，打造科技成果产业化高地。

二是以数字赋智推动效率变革。把数字化转型作为提升制造业竞争力和生产效率效益的关键路径。加快制造业数字化转型。制定制造业数字化转型实施方案，编制转型路线图，明确转型目标、方向和任务，探索不同行业推进数字化转型的模式和路径。开展"产业大脑"建设应用试点，拓展"5G+工业互联网"应用，挖掘产线级、车间级5G典型应用场景。建设数字化转型促进中心，加快中小企业"上云上平台"建设，推动大中型企业"深度上云"。实施智能制造升级工程，培育一批升级版智能工厂、数字车间。建立系统的工业大数据生态。积极引导推动工业设备数据接口开放，加快多源异构数据的融合和汇聚，构建完整贯通的高质量数据链。建立工业大数据资产价值评估体系，促进区块链等技术在数据流通中的应用，完善数据市场化配置。打造分类科学、分级准确、管理有序的数据治理体系和数据资源全生命周期安全保护机制，提升数据治理能力。提升数字基础设施保障能力。创新新型基础设施投融资模式，前瞻部署建设算力基础设施，构建覆盖"5G+千兆光网+智慧专网+卫星网+物联网"的通信网络设施，增强通信设备、集成电路、电子元器件、关键软件的核心竞争力，加快电力、交通、物流等传统基础设施的数字化改造，增强基础设施综合保障能力。

三是以品牌赋值推动质量变革。把实施品牌战略作为制造业迈向产业链价值链高端的重要路径。实施品牌基础提升行动。引进具有国际影响力的品牌研究机构和品牌评价机构，开展企业品牌、产品品牌价值测算，打造"深圳制造品牌榜"，提升"深圳制造"品牌价值。大力推行首席质量官和首席品牌官制度，建立以首席质量官为核心，集标准、计量、认证认可、检验检测、品牌建设于一体的服务机制。实施品牌供给提升行动。培育由世界一流企业、"独角兽"企业、"隐形冠军"企业、专精特新"小巨人"企业、制造业"单项冠军"企业等构成的品牌企业生态圈。重点围绕二十大新兴产业集群和传统优势产业，打造一批具有国际竞争力影响力的新品牌。实施品牌需求提升行动。支持传统产业品牌适应新需求，与文化创意、时尚设计融合发展。建立新锐品牌发现机制，建立新产品和新企业品牌培育库。在研发创新、品牌策划与营销、运营管理等领域开展品牌培育试点示范。鼓励优质品牌企业制定实施品牌高端化战略，推进高端品牌国际化发展，推动有条件的高端品牌企业通过兼并重组、管理输出等方式"走出去"，建立海外品牌营销渠道，打造国际化品牌。

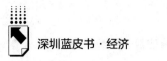

参考文献

《党的二十大报告学习辅导百问》，党建读物出版社、学习出版社，2022。

赵昌文等：《迈向制造业高质量发展之路》，中国发展出版社，2021。

彭俊松：《工业 4.0 驱动下的制造业数字化转型》，机械工业出版社，2016。

B.10
2022年深圳工业经济运行情况和2023年展望[*]

夏　婧[**]

摘　要： 2022年，深圳制定出台"工业经济30条"等重要政策，有力有效应对超预期因素冲击，确保工业生产平稳运行，规模以上工业总产值、全部工业增加值实现"双第一"，工业投资和技改投资规模位居全省第一。2023年，深圳工业面临需求不足、空间紧缺等压力，但同时也迎来了国家、省、市对制造业发展高度重视和大力支持的历史性机遇，因此，深圳要坚持制造业当家，加快构建现代化产业体系，强化各类要素保障，推进重大项目建设和企业服务，持续增强深圳制造业在全球的竞争力、号召力和影响力。

关键词： 工业经济　工业投资　深圳

一　2022年深圳工业经济运行情况

（一）工业规模实现"双第一"，经济贡献行业第一

2022年，深圳规模以上工业总产值超过4.5万亿元，继续居全国城市首位；全部工业增加值达到11357.0亿元，居全国城市首位。工业占GDP的比重达

---

[*] 报告中的数据如无特别说明，均来自深圳市统计局或国家统计局。

[**] 夏婧，深圳市工业和信息化局二级主任科员，主要研究方向为工业经济运行。

35.1%，对全市经济增长的贡献率接近 50%，贡献率在各行业中排名第 1。2022
年，深圳规模以上工业增加值首次突破 1 万亿元，同比增长 4.8%（见图 1）。

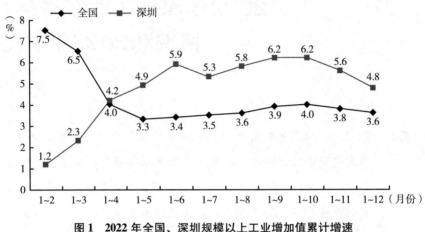

图 1　2022 年全国、深圳规模以上工业增加值累计增速

（二）坪山区等4个区为全市工业增长提供重要支撑

2022 年，深圳 11 个区规模以上工业增加值均实现正增长。从规模看，龙
岗区、宝安区、南山区、龙华区 4 个区规模以上工业增加值超过千亿元，合计
增加值占全市工业的 75.8%。从增速看，坪山区同比增长 27.0%，是唯一实
现两位数增长的区，深汕特别合作区（8.8%）、南山区（6.2%）、罗湖区
（6%）、盐田区（5.6%）、光明区（4.9%）也实现较快增长，增速高于全市
平均水平（见表 1）。从对全市工业增长的贡献看，坪山区、南山区、宝安区、
龙华区贡献较大，合计贡献率约占九成，为全市工业增长提供了重要支撑。

表 1　2022 年深圳及各区规模以上工业增加值占比和增速

单位：%

区域	占深圳规模以上工业增加值比重	规模以上工业增加值增速
全　市	100	4.8
罗湖区	0.7	6.0
福田区	5.0	3.0

区域	占深圳规模以上工业增加值比重	规模以上工业增加值增速
南山区	20.0	6.2
宝安区	20.7	4.3
龙岗区	20.9	1.7
盐田区	0.9	5.6
龙华区	14.2	4.8
坪山区	6.7	27.0
光明区	8.9	4.9
大鹏新区	1.7	2.6
深汕特别合作区	0.3	8.8

（三）采矿业、汽车制造业等行业实现较快增长

从三大门类看，2022年，深圳规模以上采矿业增加值同比增长14.7%，占全市规模以上工业的比重为5.9%；规模以上电力、热力、燃气及水生产和供应业增加值同比增长9.5%，占全市规模以上工业的比重为4.7%；规模以上制造业增加值同比增长4.1%，占全市规模以上工业的比重为89.4%。从制造业细分行业看，汽车制造业增加值同比增长104.5%，金属制品业增加值同比增长5.3%，专用设备制造业增加值同比增长4.8%，计算机、通信和其他电子设备制造业增加值同比增长1.8%，但通用设备制造业、医药制造业等受需求下滑等影响增加值同比分别下降2.7%和2.1%。

（四）产业新动能增长强劲

2022年，深圳坚持转型升级不动摇，着力发展以先进制造业为主体的"20+8"产业集群，加快推动制造业高端化、智能化、绿色化发展。深圳蝉联先进制造业百强市首位，其新一代信息通信等4个集群入选国家先进制造业集群，数量居全国首位。工业母机（10.4%）、新能源（16.1%）、

智能网联汽车（46.1%）、新材料（21.9%）、高端医疗器械（12.4%）等产业集群增加值保持两位数增长。主要高技术产品产量持续快速增长，首台国产体外膜肺氧合机（ECMO）获证上市并投入使用，新能源汽车、充电桩、民用无人机、5G智能手机产量同比分别增长183.4%、113.8%、34.7%、22.3%。

（五）企业发展质量不断提升

2022年，深圳工业百强企业增加值合计增长7.1%，专精特新企业增加值合计增长8.3%，这为全市工业增长提供了强力的支撑。全年新增境内外上市公司42家，总数达535家；新增国家级制造业单项冠军企业（产品）20家（个），新增数量连续两年位居全国第1；新增国家专精特新"小巨人"企业275家，新增数量位居全国第2，总数达442家。

（六）工业企业销售平稳增长

2022年，深圳规模以上工业企业实现销售产值43867.5亿元，同比增长6.6%。其中，出口交货值15763.2亿元，同比增长6.4%；工业内销产值28104.3亿元，同比增长6.7%，内销比重为64.1%。

（七）工业投资和技改投资规模全省第一

2022年，深圳工业投资规模超过1600亿元，同比增长19.2%（见图2），其中，技改投资规模接近700亿元，工业投资规模连续4年位居全省第1、技改投资规模连续两年位居全省第1，比亚迪深汕二期、中海油等6个百亿元级重大工业项目和贝特瑞、迈瑞医疗等10个30亿元级重大工业项目正式开工，中芯国际12英寸线、华星光电T7等一批项目建成投产。从行业看，采矿业投资同比增长73.0%，电力、热力、燃气及水生产和供应业投资同比增长16.6%，制造业投资同比增长15.4%；制造业细分行业中，汽车制造业投资同比增长325.0%，计算机、通信和其他电子设备制造业投资同比增长23.1%。

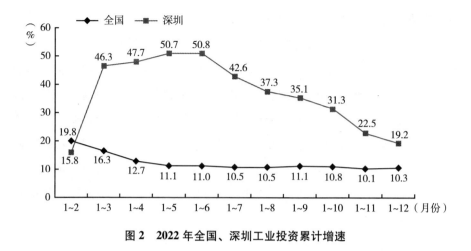

图2 2022年全国、深圳工业投资累计增速

二 2023年深圳工业发展形势展望

展望2023年，全球经济依然充满不确定性，深圳在推动工业经济实现质的有效提升和量的合理增长的过程中还面临多重挑战。一方面，订单不足仍是困扰许多制造业企业的主要问题。2023年1月，虽然全国制造业PMI指数（50.1%）和新订单指数（50.9%）已回升到临界点以上，但新出口订单指数（46.1%）和在手订单指数（44.5%）仍在50%的临界点以下，表明制造业企业订单不足，特别是出口订单不足的问题仍较为突出。研究机构Gartner在2023年2月初的预测显示，2023年全球设备（个人电脑、平板电脑和手机）的总出货量将为17亿台，同比下降4.4%，降幅将较2022年（-11.9%）有所收窄，但仍维持负增长，这将对电子信息制造业企业及其上下游产业链生产经营造成负面影响。另一方面，深圳面临的内外部堵点仍然存在。内部压力方面，深圳紧缺的产业空间与先进制造业企业的扩产需求仍不匹配。虽然深圳正在全力解决产业空间制约问题，实施"工业上楼"厂房空间建设计划，但"工业上楼"空间的释放还需要一定周期，短时间无法大规模投入市场。外部压力方面，深圳制造业发展面临"双向挤压"，高端领域被欧美"打压"，

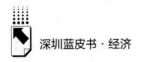

中低端领域被国际国内低成本地区"分流"。

但在新形势下，深圳制造业发展正迎来历史性机遇。近年来，国家、省、市高度重视制造业发展，加大对制造业的支持力度，中央深入实施制造强国战略，广东省委提出"制造业当家"，深圳市委市政府明确提出要坚持制造业立市之本，突出"制造业当家"，坚持把发展经济的着力点放在实体经济上，加快建设全球领先的重要的先进制造业中心。此外，各项稳经济、促发展政策不断落实落细，预计2023年国内经济增长内生动力将不断积聚增强，国内经济将会整体好转，这些将为2023年深圳工业经济稳定健康发展提供坚实基础和有力支撑。

三　促进2023年深圳工业发展的政策建议

2023年是全面贯彻落实党的二十大精神的开局之年，也是实施"十四五"规划承上启下的关键之年，建议深圳坚持制造业当家，锚定建设全球领先的重要的先进制造业中心发展目标，持续增强深圳制造业在全球的竞争力、号召力和影响力。

（一）加快构建现代化产业体系

发展壮大"20+8"产业集群，巩固网络与通信、智能终端、超高清视频显示等产业集群发展优势，大力发展智能网联汽车、新能源、集成电路等新支柱产业，提高服装、家具、钟表、黄金珠宝、眼镜等传统优势产业的国际竞争力。

（二）强化产业空间等要素保障

持续完善制造业发展中生产、消费、科技、服务等各个维度的配套条件，促进土地、人才、技术、资本、数据等发展要素集聚集约和高效配置利用。提速建设宝安燕罗、龙岗宝龙等二十大先进制造业园区。加快推进"工业上楼"项目，新建高品质、低成本、定制化厂房空间。

（三）加快推进重大工业项目建设

新开工建设一批补短板、锻长板的重大工业项目，做好续建重大项目的跟踪服务，推动深汕比亚迪汽车工业园等项目尽快建成投产，推动中芯国际12英寸生产线等项目尽快实现产能爬坡、达产满产。结合"20+8"产业集群，进一步加强招商引资，培育和集聚更多高质量的产业项目落地深圳。

（四）做好企业服务和市场主体培育

积极落实中央、省、市减税降费政策以及深圳市《关于进一步支持中小微企业纾困及高质量发展的若干措施》，在降低企业生产经营成本、有效扩大市场需求、支持中小企业创新发展、促进中小企业转型升级等方面下大力气，帮助中小微企业应对当前面临的困难，提振企业发展信心，促进中小微企业高质量发展。

（五）强化运行调度稳固工业基础

持续优化完善工业经济运行分析监测体系，加强对PMI、用电等侧面指标的分析监测，持续跟踪服务重点企业和重点项目，及时发现企业发展中遇到的问题以及重点行业面临的共性问题，并协调解决问题，不断巩固工业经济发展基础，促进工业经济平稳健康发展。

参考文献

《2022年深圳经济运行情况》，深圳市统计局网站，2023年1月28日，http：//tjj. sz. gov. cn/zwgk/zfxxgkml/tjsj/tjfx/content/post_ 10396116. html。

《深圳统计月报-2022年12月》，深圳市统计局网站，2023年2月14日，http：//tjj. sz. gov. cn/zwgk/zfxxgkml/tjsj/tjyb/content/post_ 10426778. html。

《2023年1月中国采购经理指数运行情况》，国家统计局网站，2023年1月31日，http：//www. stats. gov. cn/tjsj/zxfb/202301/t20230130_ 1892584. html。

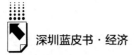
《国家统计局局长就 2022 年全年国民经济运行情况答记者问》，国家统计局网站，2023 年 1 月 17 日，http：//www. stats. gov. cn/sj/sjjd/202302/t20230202_ 1896734. html。

《政府工作报告》，深圳政府在线网站，2023 年 2 月 21 日，http：//www. sz. gov. cn/cn/xxgk/zfxxgj/zwdt/content/post_ 10437404. html。

《关于进一步支持中小微企业纾困及高质量发展的若干措施》，深圳市工业和信息化局网站，2023 年 2 月 9 日，http：//gxj. sz. gov. cn/gkmlpt/content/10/10418/post_ 1041 8448. html#3129。

B.11
新时期深圳产业空间演变趋势分析[*]

黄吉乔　代晴苇[**]

摘　要： 四十多年的高速发展中，深圳的产业园区随着产业转型升级发生多次迭代，在有限的资源条件下不断创新空间形态和开发模式。新时期，以高技术制造业为主体的工业在深圳经济发展中的"压舱石"作用进一步凸显，与此同时，新经济孕育新产业，提出新要求，既有产业空间与企业生产、人才生活和环境生态的需求存在较大差距。以高品质、低成本、定制化的"工业上楼"为破局之法，深圳再次强调"工业立市、制造强市"，锚定"20+8"产业集群，布局二十大先进制造业园区，并提出连续5年每年落实2000万平方米优质产业空间，以保障生产空间，稳住经济发展底盘。

关键词： 产业空间　"工业上楼"　深圳

引　言

经过四十多年的高速发展，深圳从中国南海边的小渔村发展为现代化国

* 本文系深圳市建筑设计研究总院有限公司"面向未来产业发展的园区建设研究"科研项目研究成果。

** 黄吉乔，深圳市建筑设计研究总院有限公司产业研究所负责人，高级经济师，主要研究方向为产业经济、园区经济；代晴苇，深圳市建筑设计研究总院有限公司产业研究所研究员，工程师，主要研究方向为产业规划。

际大都市，不仅奇迹般地创造了工业化、城市化、现代化的巨大飞跃，更以不到 2000 平方公里的空间实现超 3 万亿元的 GDP，① 以战略性新兴产业为主体的产业经济结构是深圳取得这一成绩的关键所在。从改革开放初期以"三来一补"为代表的劳动密集型产业到战略性新兴产业的转型升级，深圳的产业园区随着产业转型升级发生多次迭代，在有限的空间资源条件下不断创新空间形态和开发模式。在高质量发展成为国家发展战略的新时期，以高技术制造业为主体的工业在深圳经济发展中的"压舱石"作用进一步凸显，② 与此同时，新经济孕育新产业，提出新要求，既有产业空间与企业生产、人才生活和环境生态的需求存在较大差距。

一 深圳产业结构转型升级推动产业空间迭代

作为产业空间的主要载体，深圳产业园区形态演变与产业经济结构转型息息相关，从改革开放初期的以"三来一补"为主的传统加工制造业到战略性新兴产业和未来产业，不同时期产业发展具有相应的特征和需求，推动了产业园区的变革。

从演进历程来看，主要分为以下三个阶段。

（一）服务于加工制造为主的传统型园区

深圳发展的"第一桶金"源于加工制造业，特区成立初期适逢国际产业转移，深圳顺势承接来自世界的制造业转移，积极融入全球分工。③ 改革开放初期，通过"三来一补"发展外向型工业，深圳以成本低廉的劳动力、土地，以及政策优势，迅速地拓展了国际市场，形成了高度外向型的开放格

---

① 《2022 年深圳经济运行情况》，深圳市统计局网站，2023 年 1 月 28 日，http：//tjj. sz. gov. cn/zwgk/zfxxgkml/tjsj/tjfx/content/post_ 10396116. html.
② 陈凯星、王攀、孙飞、印朋：《深圳这样推动经济"稳"与"进"》，新华社，2022 年 8 月 15 日，https：//baijiahao. baidu. com/s？id=1741237110500216018&wfr=spider&for=pc.
③ 樊纲、武良成：《先进城市建设：深圳的挑战和抉择》，中国经济出版社，2011.

局和以劳动密集型的生产制造业为主的经济发展模式。

以"三来一补"加工制造业的空间需求为导向，城市范围内形成了多个聚焦生产功能的大规模工业区。在1986版的深圳城市总体规划中，城市带状组团空间范围内分散布局了蛇口工业区等11个工业园区，但产业园区相对独立于城市其他功能，以专业型产业园区组团嵌入城市五大功能组团。[①]

在"时间就是金钱，效率就是生命"口号的引领之下，产业园区以工业生产的效率为第一要义。为适应劳动密集型的制造业生产需求，降低建设成本，园区多采用"大跨度、低强度、简配套"的纯工业园区建设模式。[②]传统型园区以大规模的连片标准厂房和宿舍组成，园内配套设施较为简单且品质较低。

（二）服务于高新技术产业的高新园区

20世纪90年代中后期开始，深圳产业发展的推动力来自高新技术创新。深圳市政府明确提出以发展高新技术产业为先导的产业方针，扶持高科技企业、促进高科技要素集聚。随着高新技术产品产值提高，深圳电子工业开始从生产消费类电子产品为主的产业结构，向生产高新技术产品为主的产业结构和产品结构过渡。[③] 中国加入世界贸易组织（WTO）以后，外贸环境极大改善，加之国际信息科技产业明显复苏，以外向型经济为特色的深圳电子信息产业持续发展。进入21世纪后，深圳高新技术产业持续增长，同时传统劳动密集型产业开始向技术密集的都市产业转型，逐渐形成高新技术产

---

① 潘容容、盛鸣、孙铭：《产业创新与空间演进——以深圳高质量产城空间建设为例》，《面向高质量发展的空间治理——2021中国城市规划年会论文集》（14区域规划与城市经济），2021。

② 潘容容、盛鸣、孙铭：《产业创新与空间演进——以深圳高质量产城空间建设为例》，《面向高质量发展的空间治理——2021中国城市规划年会论文集》（14区域规划与城市经济），2021。

③ 深圳市建筑设计研究总院有限公司：《深圳四十年：产业与城市》，中国建筑工业出版社，2017。

业、现代物流业、金融服务业、文化产业并重的四大支柱产业。

1991年，深圳科技工业园成为首批国家级高新技术产业园区，在此基础上，1996年，由3.2平方公里扩大到11.5平方公里的深圳市高新技术产业开发区成立。该园区从侧重于科技成果转化的科技园，扩大到产学研环环相扣、体系完备的高新技术集聚区。以研发办公、创意设计、检验检测等功能混合利用为特征的创新型产业空间不断增多。①

为了迎合高新技术产业从业人员综合素质较高、多样性较为丰富的特点，园区配套逐渐丰富，由以生产功能为主导的传统工业园区，发展为功能复合、配套加强的综合性高新园区。

（三）服务于战略性新兴产业的"工业上楼"创新型园区

2010年，国务院决定加快培育发展战略性新兴产业。战略性新兴产业以创新为主要驱动力，以实现可持续发展为目标，以知识技术密集、物质资源消耗少、成长潜力大、综合效益好为特征。② 深圳受制于有限的土地、资源、人口、环境条件，一直注重转变经济发展方式、提高资源利用效率。产业园区的建设模式由增量开发为主转为存量改造为主，城市更新成为工业园区开发的主要途径。但由于地价攀升、产权复杂、更新周期长等因素，城市更新的高成本倒逼工业园区的形态创新，产业空间出现"向上发展"的趋势。

在此背景之下，出现了以宝安全至科技园为代表的一批高层厂房，它们成为深圳最早的"工业上楼"典范。该园区建设了一栋垂直布局轻型生产与研发、办公、检测、试验、展示等功能的高层工业楼宇，入驻用户以中小企业为主，厂房可根据要求灵活划分，按照企业实际定制产业空间。

高层工业厂房是应对发展困境而产生的产业空间形式，在一定程度上缓

---

① 深圳市建筑设计研究总院有限公司：《深圳四十年：产业与城市》，中国建筑工业出版社，2017。

② 《国务院关于加快培育和发展战略性新兴产业的决定》，中国政府网，2010年10月18日，http://www.gov.cn/zhengce/content/2010-10/18/content_ 1274.htm。

解了深圳产业发展的空间瓶颈。然而，高度市场化的城市更新模式，使得部分工改项目出现"房地产化"的情况，威胁工业发展空间。为了应对这一乱象，深圳先后发布了《深圳市工业区块线管理办法》、修订了《深圳市建筑设计规则》等一系列政策措施，宝安更是发布了全国首个"工业上楼"政策——《深圳市宝安区工业上楼工作指引（试行）》，保障制造业发展空间。

二 深圳产业空间发展面临诸多挑战

（一）空间资源紧缺致成本高企

经过四十多年的高速发展，深圳的可开发建设用地几乎用尽，有限的空间之下，企业各类生产成本高企。深圳不是一个资源型的城市，山海连城的自然环境既是天赋也是限制，深圳的发展受到土地的极大制约，《深圳市国土空间规划保护与发展"十四五"规划》划定的 2025 年建设用地总面积约束性指标为 1032 平方公里，不到北京和上海的 1/3。[①] 根据深圳规划和自然资源局的数据，深圳 1997 平方公里的市域内，土地开发强度近50%，实际可用于各类建设的增量用地已接近耗尽。[②]

2016 年《中共深圳市委深圳市人民政府关于支持企业提升竞争力的若干措施》要求确保中长期内全市工业用地总规模不低于 270 平方公里，占城市建设用地比重不低于 30%。2018 年，为稳定制造业用地，深圳市政府出台《深圳市工业区块线管理办法》，根据工业基础和用地规模现状，划定270 平方公里并区分为一级、二级工业区块线，实施分级管控，保障区块线内工业用地比例不低于 60%。但在深圳市土地资源有限而城市功能拓展需

[①] 根据《北京市国土空间近期规划（2021—2025 年）》：到 2025 年全市建设用地总规模（包括城乡建设用地、特殊用地、对外交通用地及部分水利设施用地）控制在 3670 平方公里；《上海市城市总体规划》：到 2035 年，上海市常住人口控制在 2500 万左右，建设用地总规模不超过 3200 平方公里。

[②] 吴蕾：《"工业上楼"为制造业腾挪空间》，《深圳商报》2022 年 12 月 2 日。

求紧迫的情况下，较高的工业用地规模和比例挤压了城市其他功能空间，居住用地和公共服务用地等的比例整体相对偏低。然而，高比例的工业用地并没有满足市场需求，传统低效的土地利用方式导致产业空间紧缺。极度稀缺的土地资源与大规模低效率的工业用地相互叠加，高地价抬高了原料、物资、人力等的价格水平，导致深圳产业发展的综合成本高企。

（二）大量老旧园区环境品质较低

深圳的产业发展从制造业起家，以原特区为代表的长期粗放式发展模式产生了大量低效的老旧园区，产出效率低、环境影响大、空间品质差。深圳市产业空间分为三类：划拨式传统工业区、市场开发的工业用地以及集体用地自筹自建产生的村落式集体产权空间，其中村级工业园数量最多，是深圳存量产业空间的主要组成部分。①

大量位于城中村工业区的建筑老旧、品质较低、环境杂乱，还存在不少消防安全、环境污染等方面的隐患。尽管近年来一系列城市更新和综合整治项目提升了部分园区的整体环境品质，但市域范围内仍然存在大量老旧园区，建筑风貌和环境品质落后于城市定位和产业发展趋势，无法满足高质量发展的要求。

（三）产城分离、职住分离

早期的工业园区关注生产效率，在基础设施和生活配套上较为欠缺，且工业厂房规模化、连片分布，导致园区与城市其他功能相对隔离。随着深圳新一代电子信息产业、现代服务业等高价值产业的崛起，南山、福田和罗湖等区域出现了多个相关产业的集聚区，在周边配套有限、地价飙升的情况下，从业人员不得不向更远处寻找更低价的住房，由此出现产城分离、职住分离的情况。据统计，深圳居民的单程平均通勤距离在 8.8 公里左右，而乘

---

① 杜宁、周俊：《转型期工业用地的"热现象"与"冷评估"——以深圳市为例》，《城乡建设》2021 年第 4 期。

坐地铁的单程平均通勤距离为 12.5 公里。地铁进出站数据显示，深圳地铁线路上的主要工作热点区域集中在原特区内，比如南山区的科技园、大新、后海、西丽，福田区的车公庙和会展中心，罗湖区的大剧院和国贸等；居住热点区域则主要集中在宝安区的西乡、坪洲、固戍区域，龙华区的清湖以南区域，以及龙岗区的布吉、丹竹头、大芬区域等。由于深圳面积较小，加之组团多中心发展的策略，深圳的职住分离程度在超大城市中处于低位，但通勤时段内，客流量最大的站点车公庙、高新园和深大，单个站点每小时客流量就超过了 1 万人次，全天客流量甚至超过 8 万人次，相当于梵蒂冈总人口数量的一百倍。

（四）空间—生产不匹配

与产业结构变化和技术进步同步到来的，是新的产业类型和新的生产需求。头部企业制造基地对于用地规模的要求较高，需要集中连片的工业用地，华为等电子信息行业头部企业的用地规模超过 50 公顷；大中型企业有较大的扩产需求，为了适应企业成长，还会要求多样化的研发办公和总部空间，同样对用地规模有一定要求。深圳的产业空间规模虽大，却分布破碎，根据 2020 年的统计数据，深圳全市约有 7200 个工业区，平均用地规模 3.6 万平方米，建筑高度平均 4 层，近 90% 分布在原特区外。

不同行业的生产制造对产业空间存在定制化的空间需求，如精密制造行业对交通、设备等产生的震动非常敏感，需要与地下轨道保持距离，有些企业还会要求建筑不能设置地下室，部分生产制造环节布局不能超过 5 层，冲压环节必须布局在 2 层以下；又如激光加工行业由于特殊的设备要求，首层生产空间通常需要 12 米以上建筑层高；[①] 生物医药行业对防尘、管道以及废气、废液处理等有特殊要求，既有传统标准厂房已经无法满足新型产业相关企业的生产需求。

---

① 杜宁、周俊：《转型期工业用地的"热现象"与"冷评估"——以深圳市为例》，《城乡建设》2021 年第 4 期。

三 "20+8" 产业集群背景下的 "工业上楼" 新举措

先进制造业是深圳的创新之源、发展之本。2022 年 6 月,深圳出台《关于发展壮大战略性新兴产业集群和培育发展未来产业的意见》,提出培育壮大 20 个战略性新兴产业集群,前瞻布局 8 个未来产业,为深圳先进制造、科技创新的可持续发展锚定方向,文件还要求因地制宜规划 20 个先进制造业园区,强化空间保障,夯实制造业 "基本盘",稳住经济发展 "压舱石"。

2022 年 11 月,深圳市加快 "工业上楼" 厂房空间建设,提出按照每年建设不少于 2000 万平方米,连续 5 年向企业提供 "工业上楼" 的高品质、低成本、定制化产业空间,全力推进 "20+8" 产业集群落地生根。①

"工业上楼" 是深圳应对优质产业空间紧缺的破局之举。通过 "工业上楼" 立体化集约利用土地,向高空拓展空间,缓解了深圳用地严重不足的焦虑。空间成本上,"工业上楼" 计划要求优质厂房的租金每月平均在每平方米35 元左右,极大降低了企业的空间成本,有利于保障中小企业稳健发展。空间品质上,"工业上楼" 项目将实现生产空间高质、生活空间便利、生态环境优美,打造生产、生活、生态 "三生融合" 的优质园区。空间配套上,强调职住平衡、产城融合,配备丰富的居住生活、休闲购物、运动健身、绿化等空间。而在企业核心关注的空间—生产匹配上,深圳的主导产业电子信息产业 70% 的生产环节可适应工业大楼式的生产模式,同时在项目推进中,引入了适配企业生产工艺流程需求的 "定制化" 产业空间,最大限度避免空间—生产错配,保障生产空间,打造经济高质量发展的核心引擎。

---

① 深圳特区报评论员:《"工业上楼" 步步高》,《深圳特区报》2022 年 11 月 21 日。

B.12
新形势下深圳半导体与集成电路
产业发展分析与建议

邓 川　常军锋*

摘　要： 2022 年下半年，全球半导体产业逐步由芯片短缺转为供应过剩，行业整体进入下行阶段。在国际局势日趋复杂的形势下，深圳半导体与集成电路产业发展面临严峻挑战。本文建议深圳应结合实际，加强战略部署，优化完善产业生态，打造建设极具国际竞争力的半导体与集成电路产业集群。

关键词： 半导体　集成电路　芯片　深圳

一　全球半导体产业发展格局与趋势

半导体产业是支撑经济社会发展和保障国家安全的战略性、基础性和先导性产业，是打造世界万亿级智能物联产业集群的中坚力量，是世界主要国家和地区抢占工业经济制高点的必争领域。目前全球半导体产业主要集聚在美国、日本、韩国、欧洲、中国台湾、中国大陆等国家和地区，其中美国是全球半导体技术的领导者，尤其在 EDA/IP、高端芯片设计、制造工艺与设备等领域尤为突出；日本在半导体材料领域独树一帜，部分装备领域创新能

---

* 邓川，深圳市半导体行业协会产业研究部部长，《集成电路产业全书》编委，参与多个国家、省、市集成电路项目；常军锋，深圳市半导体行业协会秘书长，深圳市集成电路产业相关项目评审专家，参与多个国家、省、市集成电路项目，拥有 20 多项发明专利，多次荣获广东省、深圳市科技项目奖。

力较强；韩国在存储器领域全球领先，整体技术水平日趋增强；欧洲在EDA/IP、光刻机设备、车规级芯片、工业级芯片等领域独具特色；中国台湾在集成电路制造及封装领域居于全球前列；中国大陆在封测环节具有一定的竞争力，但在先进工艺制造、材料、设备、EDA/IP、高端芯片设计等关键环节与国际巨头存在较大差距。

近年来，国际环境不断变化，全球半导体与集成电路产业链和供应链体系面临巨大变革，不稳定性、不确定性愈发明显。目前，美国正通过"战术"和"战略"阻碍我国半导体与集成电路产业发展。在战术方面，限制中企在美发展、限制美企在华发展、限制特定人才就业、制裁龙头骨干企业；在战略方面，逐步采取更加精准细致的制裁方式对我国实施定向打压，同时拉拢具有半导体与集成电路产业优势的国家和地区联合打压我国，组建排除中国在外的供应链体系。我国是全球最大的芯片消费市场，芯片应用场景十分广阔，利用新型举国体制机制优势发展半导体与集成电路产业已成为国家战略，深圳市要在新时期抓住机遇、应对挑战，在国际激烈的竞争和博弈中，沿着正确的道路高质量发展。

二 深圳半导体与集成电路产业现状与问题

截至 2022 年底，深圳市共有集成电路企业 587 家，其中设计企业 390 家，制造企业 7 家，封测企业 70 家，设备企业 79 家，材料企业 41 家。由于深圳部分集成电路头部设计企业遭受美国严重打压，自 2019 年开始深圳集成电路产业营业收入大幅下降，集成电路产业营业收入增长率逐年下滑，2022 年深圳集成电路产业营业收入达 1622 亿元，同比下降 4.0%（见图1）。2022 年下半年，全球半导体产业逐步由芯片短缺转为供应过剩，行业整体进入下行阶段，预计 2023 年全球半导体产业营业收入将下滑约 10%，2023 年深圳集成电路产业营业收入也将继续下滑。

多年来，深圳集成电路产业结构严重失衡，设计业全国领先，封测业高端先进封测基础薄弱，设备和材料业相关企业稀少。从 2022 年集成电路产

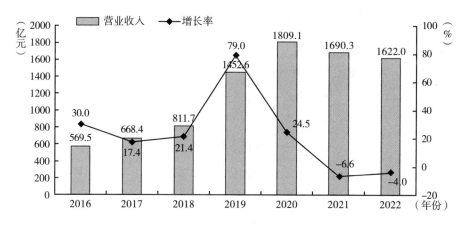

图1 2016～2022年深圳市集成电路产业营业收入和增长率

资料来源：深圳IC基地，深圳市半导体行业协会。

业链各环节的营业收入情况来看，其中设计业750.0亿元，同比下降21.8%；制造业32.0亿元，同比增长11.1%；封测业400.0亿元，同比增长11.5%；设备业140.0亿元，同比增长13.9%；材料业300.0亿元，同比增长35.6%。

表1 2020～2022年深圳集成电路产业链各环节营业收入及增长率

单位：亿元，%

产业链	2020年	2021年	2022年	2022年增长率
设计业	1315.1	958.5	750.0	−21.8
制造业	22.3	28.8	32.0	11.1
封测业	224.6	358.8	400.0	11.5
设备业	99.2	122.9	140.0	13.9
材料业	147.9	221.3	300.0	35.6
合计	1809.1	1690.3	1622.0	−4.0

资料来源：深圳IC基地，深圳市半导体行业协会。

为补齐制造环节短板，深圳正规划布局一批重大制造项目，但产业发展仍面临诸多问题。

一是集成电路国产率不高，高端芯片卡脖子问题严峻。虽然深圳设计业营业收入规模全国领先，但整体技术水平不强，涉及高端芯片研发的企业较少，研发产品多为消费类电子芯片。由于深圳的设计人才供给不足、场地空间受限、运营成本高，汇顶科技、敦泰电子、开阳电子、芯海科技、力合微、芯邦科技、贝特莱等企业外溢布局研发中心，其中，海思、中兴微、比亚迪等企业逐步形成全国布局。在国内半导体热潮背景下，近年来国内布局的高端芯片设计公司基本都没有选择在深圳落地，新设立的高端芯片设计企业基本都布局在华东或者内地部分优势地区，深圳集成电路设计产业优势正在退化。

二是下游应用带动性不强，中高端国产芯片导入难。电子信息产业是深圳的支柱产业，以华强北和赛格广场等为代表的区域已发展成为全球较大的电子元器件分销集散中心之一，但其对下游应用带动不强。近年来国产芯片取得了较大进步，部分产品在成本上具有一定优势，然而芯片产品价格占终端应用产品价格比例很低，考虑到产品性能、品质、可靠性等因素，终端应用企业导入国产芯片的意愿较弱。在以美国为首的西方国家的制约影响下，国内下游应用企业对国产芯片具有了一定的接受度，但对中高端国产芯片的带动性不强。

三是深圳对高端人才吸引力较强，缺乏对工程技术人才支持。深圳市在高端人才引进方面，以先行先试制度创新为突破口，实施更加积极、更加开放、更加有效的人才政策，为他们来深创新创业和工作提供便利。集成电路产业链也需要大量工程技术人才，但深圳本地高校在集成电路领域投入较少，加上深圳生活成本高，对工程技术人才的吸引力不强。而上海、合肥、南京、浙江等地争相加码推出了较具吸引力的人才政策，因此，深圳急需出台对应的专项人才政策，从育人、引人到留人，一体化强化深圳集成电路行业人才队伍。

四是重大项目建设受限，环境设施配套不足。深圳当前正围绕补链、延链、强链布局一批重大项目，然而受美国制裁打压影响，尚未建成投产的鹏芯微集成电路制造有限公司已被美国列入实体名单，该公司的研发项目及其他相似的项目将面临严峻挑战。此外，深圳由于土地资源欠缺、环保审批困难、缺乏危化学品仓库、缺乏生产制造型专业园区，以及现有政策缺乏对设备和材料环节的支持，设备和材料企业在深圳布局落地项目意愿不强。随着深圳布局重大项目建设，以及新政策即将发布等利好因素，设备和材料企业落地深圳及周边地区的意愿将大幅提升，但半导体气体材料等领域受严格环保要求，难以落地和扩产。

五是公共服务平台支撑力度逐渐减弱，对行业协会重视程度不够。在创新平台布局方面，深圳集成电路公共服务平台少且未形成覆盖全产业链的创新服务平台支撑体系。国家集成电路设计深圳产业化基地、深圳国家"芯火"双创基地（平台）、深圳市半导体行业协会等公共服务平台主要提供EDA/IP、流片、封装测试、产业资源整合等服务，南方科技大学深港微电子学院、鹏城实验室、先进电子材料研究院等创新平台主要提供人才培养、核心技术研究等服务，缺乏围绕EDA工具研发、制造工艺开发、设备和材料试验的研发中试平台布局，芯片产品与设备材料交易集散、知识产权产业化和中小企业孵化等深层次服务能力有待提升。在创新平台建设运营方面，公共创新服务平台主要为非营利性平台，需要依赖政府财政长期性资金支持，但财政资金对公共创新服务平台的支持力度尚未跟上产业发展需求。

三 深圳市集成电路产业发展建议

一是强化组织保障，市区协同发展产业。积极融入全市"20+8"产业集群战略部署，组建市区两级半导体与集成电路产业领导小组，按照"东部硅基、西部化合物、中部设计"的全市一盘棋的空间布局，明确各区主要任务分工和承接重大项目范畴，集中各区资源和产业优势，统筹规划、协调推进各区错位协同集群式发展半导体与集成电路产业，避免各区争抢项目。

二是摸底产业现状，推动技术攻关。建议政府委托专业协会和机构组织摸底梳理深圳集成电路产业链各环节细分领域技术水平，制定深圳集成电路产业发展技术路线图；建立集成电路产品的预警防控机制，加强集成电路企业对供应链风险的预警防控。结合产业基础和市场需求，围绕通信、物联网、人工智能、新能源汽车、光电、家电、智能终端等优势领域，开展关键技术攻关，支持产业链上下游企业合作开展关键芯片技术攻关，努力实现核心芯片的自主可控。推动设备及零部件、材料企业项目的落地布局，促进核心装备及零部件、关键材料的研究。加强公共服务平台建设，补齐研发中试服务平台短板，组建公共服务平台联盟，整合产业资源，实现资源的高效利用。

三是优化专项政策，出台人才政策。逐步优化集成电路产业专项政策，尽快出台人才专项政策。产业专项政策应更加注重对制造业、EDA/IP、高端芯片、先进封测、核心设备和零部件、关键材料等的支持，在土地供给、企业落户、产业用房、税收返还、研发创新、规模壮大、市场应用推广、行业会议会展等方面给予支持。人才专项政策应当覆盖高中低层次人才，而且更加注重对工程技术人才的支持；按照用人单位核定的职位和待遇确定支持额度，让研发一线人员享受实惠政策，留住实干人才。

四是加强平台建设，赋能专业机构。支持国家示范性微电子学院建设，大幅增加半导体领域专业招生指标，重点支持高校与企业合作建立产教融合创新平台，促进教育链、人才链与产业链、创新链有机衔接。依托高校和科研机构推进布局一批共性技术研发、测试、中试和应用功能型平台，建设集成电路领域国家重点实验室、产业创新中心、国家工程研究中心等创新载体，助力实现集成电路领域核心技术的重大突破。支持行业协会等专业机构利用其资源优势，开展产业调研、产业规划、产业招商、人才招引、协助政策制定与执行、人才职称评定、项目评审、专业会议、产业链服务等工作，为深圳集聚产业资源营造良好的集成电路产业发展氛围，并为深圳的招商引资贡献重要力量。

五是改善产业环境，强化要素配置。按照"一集群一基金"配置原则，加快设立半导体与集成电路产业投资基金，联合国家和广东省产业投资基金共同投资市内企业，支持产业链供应链上下游符合国家战略、有技术优势、有发展潜力的中小企业发展壮大。盘活各类存量低效用地，扩大整备集中连片产业空间，高标准建设打造一批符合产业需求、功能定位明确的专业特色园区。引导集成电路制造、设备、材料等具有"三废"处理要求的企业形成区域产业集聚，高标准、严要求统一建设固体、液体和气体污染物处理设施。加快半导体与集成电路产品及原材料物流中心建设，保障企业正常运营生产，降低企业物流成本。

六是留住存量企业，主动"双招""双引"。支持产业发展不应仅注重招商引资和人才吸引，还应注重服务好存量优质企业。一线城市在产业发展基础上具有一定优势，深圳集成电路企业正逐步外溢，为保障产业快速发展，留住现有优势企业比引进重要，引进企业来得容易走得也容易，且不是核心。在"双招""双引"方面，设立专项资金支持深圳召开国内外集成电路行业知名会议，举办展览，开展招商活动，依托地方专业协会资源，根据产业发展布局和需求制定招商清单并动态更新，联动全国各地协会和企业，协助政府举办市内市外招商对接活动，引进优质企业项目和产业人才。

B.13
深圳市工业元宇宙产业发展战略分析

吴楚攸[*]

摘　要： 网络技术、人机交互和人工智能等技术的飞速发展快速催生了工业元宇宙这一颇具增长潜力的发展赛道。本文系统梳理了工业元宇宙的相关政策，分析了工业元宇宙的发展现状，借鉴国内外工业元宇宙行业巨头和先进地区的工业元宇宙布局经验，并结合深圳市工业元宇宙领域的发展现状，提出了深圳市工业元宇宙发展建议。本文认为，在全国工业元宇宙促进政策持续加码和各地区争先布局工业元宇宙的背景下，深圳市为促进工业元宇宙发展，应筑牢技术基础，重点关注 XR 和数字孪生技术；打造标杆企业和示范性应用场景；构建复杂元宇宙生态下的数字化信任体系；推进工业元宇宙试验区或集聚区建设；积极参与工业元宇宙国际标准制定；推进开放合作，打造人才培养载体。

关键词： 工业元宇宙　高质量发展　深圳

一　工业元宇宙发展前景广阔

工业元宇宙是指将元宇宙相关技术应用在工业领域，在虚拟世界中全面模拟现实工业环境的研发设计、生产制造、运营管理、销售服务等环节，改进与优化工业，进而达到降本增效、最大化提高生产效率的目的。工业元宇

---

[*] 吴楚攸，南开大学经济学院在读硕士研究生，主要研究方向为国际贸易理论与政策。

宙是颇具增长潜力的发展赛道。Trend Force 集邦咨询数据显示，工业元宇宙将推动全球智能制造市场 2021~2025 年的复合增长率达到 15.35%。ABI Research 的数据表明，工业数字孪生和仿真以及工业扩展现实的收入在 2025 年将达 227.3 亿美元。

工业元宇宙具有沉浸性、社交性、开放性、永续性、丰富的内容生态和完备的经济系统等典型特征。第一，沉浸性。打造虚拟工厂能够实现沉浸式虚拟生产，沉浸式体验产品功能、性能和质量。第二，社交性。工业制造相关方能够共同参与设计和生产过程，并实现用户、生产、销售和服务的四方协同。第三，永续性。虚拟工厂能够永久运作。第四，丰富的内容生态和完备的经济系统。工业元宇宙能够自主创造丰富的内容生态，并基于现实工业数据，采用产业价值模型构建完备的新经济系统，形成新经济生态。

（一）全国工业元宇宙促进政策持续加码

从国家层面到地方层面，工业元宇宙成为中国"十四五"时期经济发展的重点。各级政府纷纷出台元宇宙专项政策推进元宇宙在工业场景的应用或者出台工业元宇宙专项政策以促进工业元宇宙发展。国家层面，工信部工业文化发展中心于 2022 年 11 月发布《工业元宇宙创新发展三年行动计划（2022—2025）》，提出要从主要目标、重点任务和保障措施等方面推动工业元宇宙产业链现代化发展，推进工业元宇宙与实体经济进一步深度融合。地方层面，北京、上海、广州率先布局工业元宇宙，其中上海宝山区出台工业元宇宙专项计划，提出到 2025 年工业元宇宙相关产业规模超 100 亿元的发展目标。除"北上广深"外，杭州、南京和苏州等长三角城市也开始全面布局元宇宙，助推工业元宇宙发展。中西部地区只有重庆、武汉等经济实力较强的城市开始布局工业元宇宙，成都、南昌等城市借由元宇宙大会等为发展工业元宇宙蓄力，而大部分地区仍仅提及工业元宇宙相关概念，且未做出系统性规划。

中央及地方政府主要从推进关键技术攻关、引入和培育领军企业、优化产业发展生态、建立人才队伍、打造典型应用场景等方面出发，构建技术引领、企业集聚、示范应用、标准完善的工业元宇宙产业生态。主要措施包括：第一，采用一次性补贴或租金、实施产学研合作、夯实数字基础设施等方式开展 VR/AR、脑机接口、数字孪生、边缘计算等关键技术攻关和促进技术成果就地转化；第二，加大对元宇宙领军企业的招引力度，组建元宇宙产业联盟促进工业元宇宙发展；第三，聚焦工业研发设计等环节，培育可复制推广的应用场景；第四，加大人才补贴力度，培育产业人才队伍。

表1 国家及地方层面工业元宇宙相关促进政策（至2023年2月底）

项目	政策名称	出台时间
国家	《"十四五"数字经济发展规划》	2021.12
	《工业元宇宙创新发展三年行动计划(2022—2025)》	2022.11
无锡	《太湖湾科创带引领区元宇宙生态产业发展规划》	2022.01
上海	《上海市培育"元宇宙"新赛道行动方案(2022—2025年)》	2022.07
	《宝山区工业元宇宙产业发展行动规划》	2022.09
北京	《北京城市副中心元宇宙创新发展行动计划(2022—2024年)》	2022.08
厦门	《厦门市元宇宙产业发展三年行动计划(2022—2024年)》	2022.03
广州	《广州市黄埔区、广州开发区促进元宇宙创新发展办法》	2022.04
重庆	《重庆市渝北区元宇宙产业发展创新行动计划(2022—2024年)》	2022.04
南京	《江宁高新区关于加快发展元宇宙产业的若干政策》	2022.05
沈阳	《沈阳市和平区元宇宙产业创新发展行动计划》	2022.06
武汉	《武汉市元宇宙产业创新发展实施方案(2022—2025年)》	2022.11
河南	《河南省元宇宙产业发展行动计划(2022—2025年)》	2022.09
浙江	《浙江省元宇宙产业发展行动计划(2023—2025年)》	2022.12
苏州	《苏州市培育元宇宙产业创新发展指导意见》	2023.01

（二）美国和中国主导工业元宇宙布局

目前工业元宇宙发展仍处于初级阶段。从国家或地区来看，美国和中国占主导，日本和韩国积极跟进。根据 Credence Research 的数据，就工业元宇宙市场规模而言，在2021年全球排名前40的工业元宇宙相关企业中，美国有22家企业上榜，占总上榜企业数的55.0%，其次是中国和日本，上榜企业数分别占总上榜企业数的 15.0% 和 10.0%（见图 1）。具体看中国企业，根据 Internet Deep 发布的《2022 工业元宇宙排行榜》，上榜企业总部位于"北上深"的企业最多，分别是 15、9 和 4 家，其次是总部位于江苏省和山东省的企业，其中总部位于南京、苏州、青岛和烟台的企业均有 2 家上榜。

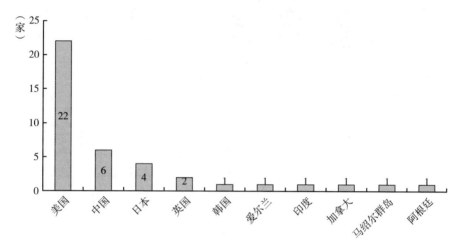

图 1　全球排名前 40 的工业元宇宙相关企业国别情况

资料来源：Credence Research。

美国注重基础设施与功能性平台的发展，在 VR/AR、云计算和人工智能发展等方面占主导地位。Counterpoint Research 的数据表明，2022 年第二季度，Meta 旗下 Oculus 的市场占有率为 66.0%（见图 2）。国际数据中心（IDC）的数据显示，2021 年亚马逊云、微软云和谷歌云的 IaaS（Infrastructure as a Service，基础设施即服务）市场占有率共计 67.7%。中国占据 5G 优势，云计算、AI 算法等技术快速发展。其中，华为具有定义 5G 标准的技术能力，能够提供完整的端到端 5G 解决方案。2021 年阿里云 IaaS 市场占有率达 9.6%，全球排名第 3。腾讯、字节跳动等互联网巨头在元宇宙领域布局均较为完善。韩国政府引领成立"元宇宙联盟"，虚拟数字人技术全球领先。2021 年 5 月，韩国政府联合 25 个机构成立"元宇宙联盟"，打造国家级增强现实平台。同年韩国科学技术信息通信部表示，到 2025 年共投入 49 万亿韩元推进"数字新政2.0"。日本则主要围绕VR硬件布局工业元宇宙，并成立面向应用推进研究和规则完善的"元宇宙推进协议会"，促进产业规范化发展。

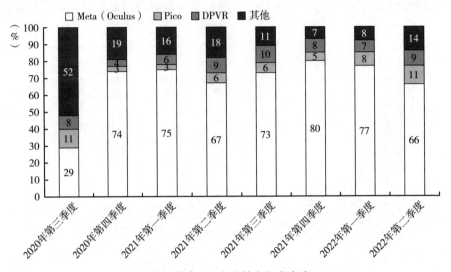

图2　全球XR企业的市场占有率

资料来源：Counterpoint Research。

二　工业元宇宙产业链分析

工业元宇宙产业链分为底层技术基础、引擎及操作系统、内容、交互入口和场景应用五大层。① 底层技术基础是工业元宇宙构建的物质基础，算力基础设施、新技术基础设施和通信基础设施主要保障工业元宇宙的正常运转。引擎及操作系统、内容、交互入口构成工业元宇宙的核心层，与底层技术基础共同支撑工业元宇宙应用于各大场景。

① 亿欧智库：《2022中国工业元宇宙产业研究报告》，2022。

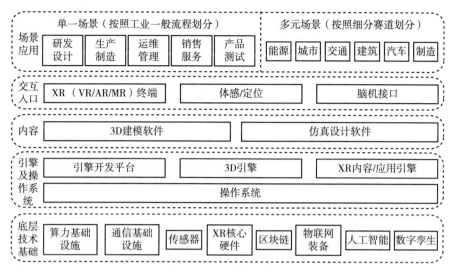

图3　工业元宇宙产业链

资料来源：《2022 中国工业元宇宙产业研究报告》。

（一）工业元宇宙包括数字孪生等关键核心技术

工业元宇宙核心关键技术包括数字孪生、3D 引擎和虚拟化、人工智能、物联网、区块链、智能交互等。第一，数字孪生是核心技术，是工业元宇宙虚实交互、虚实协同的主要技术支撑。数字孪生能够应用感知等信息技术，将现实世界 1∶1 复刻，反映工业实体系统的全生命周期过程，并通过数据和信息等集成构建综合决策能力，实现对物理世界从采集感知到反馈控制的全流程闭环应用。未来若 OT、IT 等数据完全打通，则能够通过强化学习等 AI 技术实现数字世界和物理世界的无缝融合。第二，3D 引擎和虚拟化技术。该技术能够帮助搭建虚拟形象和虚拟场景，提高虚拟空间的生产效率。例如帮助建筑行业的业主、施工人员、设计师等构建虚拟空间实现体验与互动，打造可视化的建筑方案，提高生产效率。第三，人工智能。在工业元宇宙中，人类、机器人和传感器等紧密联系，人工智能深入运用于传感与检测、设备维护预测、智能设计、智能生产等领域，能够实现各环节互联互通和自动化，提高生产效率和产品质量。第四，物联网。物联网能够连接工业产品、生产线等物理世界和智能管理系统，实现资源灵活配置，及时传达执行指令，优化制造工艺，进而构建服务型新工业生态体系。第五，区块链。区块链能够带来去中心化的协作范式，降低各主体间的信任摩擦成本，保障工业元宇宙公平、公开、透明。第六，智能交互。智能交互主要包括扩展现实（XR）和数字全息，XR 能够借助穿戴设备打造可人机交互的虚拟环境，提升可视化效果。数字全息能够还原物体三维特征，赋能高效且精确的工业测量系统。

（二）工业元宇宙应用场景丰富

按照工业一般流程划分，工业元宇宙主要应用于研发设计、生产制造、产品测试、运维管理和技能培训五大领域。① 第一，研发设计。工业元宇宙能应用于工厂设计以及产品研发与仿真，进而实现设计虚拟智能工厂、虚拟模拟验证产品性能、远程协同研发设计与用户深度参与研发等。第二，生产制造。在生产准备环节，运用虚拟空间的仿真模型，优化生产流程和产能配置。在生产执行环节，生产全过程虚实同步，可实时分析数据并做出精准决策及时执行。在运维管理环节，针对设备，工业元宇宙可将设备数字化实时呈现，实现智能排产、检测等；针对人机交互，在虚拟空间中设备维护人员能实时远程修复，并能够汇聚专家资源，提高生产效率；针对人，工业元宇宙能够实时获取生产数据，生产管理人员能够通过虚拟分身提高管理响应度和透明度，促进部门协作，一线生产人员能够及时发现并解决问题。第三，产品测试。工业元宇宙能够开展试验验证和产品性能测试，提高测试认证效率和准确性。第四，运维管理。销售前，工业元宇宙能够按需定产，消费者能够实时查看产品制造信息；销售中，工业元宇宙能够搭建沉浸式体验场景，并构建虚拟代言人进行品牌营销；销售后，工业元宇宙能够实时监测产品状况，同时企业能够打造 3D 产品操作手册，构建完善的售后服务体系。第五，技能培训。工业元宇宙可以在虚拟空间开展 AR 沉浸式员工实训，大幅降低培训成本。

---

① 赛迪智库：《工业元宇宙——展望智能制造的未来形态》，《河南科技》2022 年第 9 期。

三　国内外工业元宇宙行业巨头和先进地区的工业元宇宙布局经验

（一）构建完善的 XR 产业生态，支撑工业元宇宙发展

XR 是 VR（虚拟现实）、AR（增强现实）、MR（混合现实）等技术的总称。基于 XR 的数字化服务是开启元宇宙时代的关键入口，是工业制造等涉及远程培训、实训指导、知识沉淀和工艺管理等场景的重要生产工具，工业元宇宙的真正落地依赖于 XR 技术及设备的升级。国内外先进地区纷纷提出相关政策措施大力推进 XR 产业发展。2016 年纽约市长媒体和娱乐办公室宣布投资 600 万美元设立 VR/AR 实验室，纽约还持续专注 VR 实际应用，推动 XR 产业发展。2020 年韩国政府宣布"虚拟融合经济发展战略"，建立 400 亿韩元规模的"XR 基金"，将 XR 技术应用到制造业等六大产业，并提出"XR 企业培育计划"，成立"XR 学校"，助力 XR 产业发展。北京超前布局虚拟现实，于 2016 年启动建设中关村虚拟现实产业园。上海于 2020 年成立虚拟现实产业协会，2023 年提出在临港新片区构建一批覆盖 XR 全产业链生态的公共服务平台。江西以南昌为重点，通过构建九龙湖元宇宙试验区和 VR 产业研究院，高质量打造 VR 产业基地。青岛构建虚拟现实产业园，该产业园汇集 10 多家虚拟现实研究机构，获批全国首个虚拟现实高新技术产业化基地。

在此发展背景下，国内外企业纷纷加入 XR 赛道，布局 XR 生态。2014 年 Facebook（Meta）收购 Oculus，在硬件、软件、内容和应用领域全面布局 XR 生态，并推出虚拟协作空间 Horizon Workrooms，积极布局工业元宇宙。2018 年 8 月，字节跳动收购 Pico 进军 VR 领域。苹果公司在手机之上架构完整 XR 生态，华为公司于 2018 年发布通用 AR 引擎和全新的 AR 内容开发工具，腾讯公司于 2021 年 6 月宣布拟投资 3500 万英镑购买 XR 触觉模拟技术厂商 Ultraleap 的部分股权。2021 年 12 月瑞欧威尔推出工业 AR 头戴计算

机 Moziware Cimo，主要应用于制造业"远程验收"。阿里巴巴集团和百度公司也纷纷布局 XR 生态，XR 产业生态趋于完善，为工业元宇宙的未来发展奠定了技术基础。

（二）打造标杆性企业及应用场景，引领工业元宇宙发展

目前工业元宇宙处于发展初级阶段，主要由行业巨头带动。例如英伟达推出 Omniverse 平台，而后西门子与英伟达合作，将旗下 Xcelerator 平台与 Omniverse 平台结合，创建了工业元宇宙。Unity 作为实时 3D 引擎领域的领导者，致力于赋能数字孪生平台应用。微软积极打造全栈式元宇宙技术体系，率先推出工业元宇宙解决方案。Worlds 整合了传感器、数字孪生、AI、监控等诸多要素，提供构建工业元宇宙的新 4D 基础设施。国内外先进地区积极培育工业元宇宙巨头企业，打造标杆性应用场景，形成可复制的典型案例，引领工业元宇宙发展。上海计划到 2025 年培育 10 家以上元宇宙创新性头部企业，打造 100 家以上专精特新企业。济南计划到 2025 年培育 100 家元宇宙企业，打造 30 个以上创新应用试点示范项目。

（三）成立工业元宇宙产业园区或元宇宙联盟，促进产业集聚发展

国内外先进城市纷纷布局建立工业元宇宙产业园区或成立元宇宙联盟，围绕关键技术和重点领域应用，打造特色产业集群。产业集聚区能够示范、引领和带动相关上下游产业发展，健全完善元宇宙上下游产业链条。2021 年韩国成立了由 17 家公司组成的元宇宙联盟，分享元宇宙趋势和技术，开展联合元宇宙项目。其中，韩国沿海工业城市昌原拟斥资约 907 万美元建设入驻 2871 家企业的虚拟工业园区。国内主要城市相继提出元宇宙产业园区建设规划，根据四川省数字经济研究中心的数据，截至 2023 年 2 月，四川省在建和建成的元宇宙产业园、基地或集聚区已超过 24 家。例如北京已成立南中轴元宇宙产业基地和大稿元宇宙数字艺术区。上海已成立"漕河泾元创未来"和张江元宇宙特色产业园区。广州已成立南沙元宇宙产业集聚

区等 3 个元宇宙产业园区。此外，无锡拟打造元宇宙生态产业示范区，成都布局成立元宇宙产业联盟，推进工业元宇宙发展。

（四）积极参与行业标准制定

目前工业元宇宙存在概念不清、范围不清、场景不明等问题，制定行业标准促进元宇宙标准化发展对于促进工业元宇宙发展具有重要作用，积极参与标准制定能够在一定程度上抢占市场先机，增强核心竞争力。2022 年全球 37 家科技巨头组成了全球首个元宇宙国际标准联盟"元宇宙标准论坛"，元宇宙生态进入发展新阶段。IEEE 标准协会也成立了元宇宙标准委员会，并提出了 IEEE P2048 和 IEEE P7016 开创性标准，推出去中心化元宇宙和元宇宙持久计算推进计划。中国工业元宇宙发展协同组织也开始联合有关机构起草制定工业元宇宙标准，上海等城市也纷纷开展标准编制选题座谈会，助力元宇宙标准制定。

四 深圳元宇宙产业发展建议

（一）筑牢技术基础，重点关注 XR 和数字孪生技术

工业元宇宙需要 XR、云计算、人工智能、数字孪生、物联网等关键技术的支撑，目前这些技术还不够成熟。如图 4 所示，工业元宇宙各类底层技术将在不同阶段迎来技术爆发节点，对 XR 技术的依赖在一定程度上阻碍了元宇宙的扩张。目前深圳已成为中国 VR 技术发展的重要基地，并于 2016 年成立了国内最大的 AR/VR 综合性服务机构虚拟现实产业联合会，但在工业应用方面，现有应用案例大多是定制化解决方案，AR/VR 技术有待普及和推广，同时其 XR 技术研发支撑体系也有待完善。未来应该加大深圳底层技术的研发力度，采用"揭榜挂帅"、补贴和产学研合作等方式大力驱动底层技术突破，推动技术从"XR+元计算+物联网"、到"计算引擎+人工智能+边缘计算"、再到"数字孪生+区块链+云渲染"发展，实现技术不断丰

富升级。现阶段应持续重点强化深圳 XR 产业优势，大力推动 XR 应用于工业场景，促进建模、仿真类工业软件开发，早日抢占技术应用制高点。同时加强工业系统中新模式、新流程和新业态的研究。

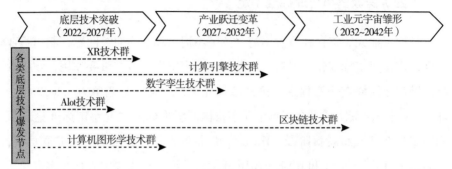

图 4　工业元宇宙各类底层技术爆发节点

资料来源：《2022 中国工业元宇宙产业研究报告》。

（二）打造标杆企业和示范性应用场景

Credence Research 的数据表明，就工业元宇宙市场规模而言，在 2021 年全球排名前 40 的工业元宇宙相关企业中，中国有 6 家企业上榜，其中总部位于深圳的企业有腾讯和 ZQgame。根据 Internet Deep 发布的《2022 工业元宇宙排行榜》，上榜企业的总部位于深圳的仅 4 家，仅占北京和上海上榜企业数的 27% 和 44%。因此，未来深圳应积极培育深圳工业元宇宙标杆企业，例如培育"数字孪生+个性化定制""产业大脑+虚拟工厂"等标杆企业，发挥标杆企业的"领头羊"作用，带动深圳工业元宇宙产业发展。同时，由于工业企业较保守且对成本较敏感，场景推广阻力较大，深圳需重点打造一批示范性应用场景，引导工业元宇宙由单点式场景应用到示范性推广，再到全面普及，最后实现产业整体变革。

（三）构建复杂元宇宙生态下的数字化信任体系

工业元宇宙的增长速度会显著快于监管机构的反应速度，因此，构架复杂生态下的数字化信任体系至关重要。元宇宙概念刚刚兴起，且制造业是 2021 年受网络攻击最大的行业，工业元宇宙的在线性质导致其受到潜在安全攻击的可能性增大。[①] 为促进工业元宇宙发展，深圳需从社会价值观、制度设计、法律秩序等层面制定元宇宙运行的基本框架，形成标准引领产业规范化发展的新格局。主要实施途径包括：第一，成立工业元宇宙标准化组织，建立工业元宇宙技术规范、应用安全、程序与系统接口、可靠性认证和数据交换等方面的标准体系，发挥标准体系的引导支撑作用；第二，借助区块链等技术对工业元宇宙信息披露范围等方面的监管和引导，完善数据确权、估价、交易、隐私保护的监管体系；第三，推进完善相关法律法规，减少虚实共存世界的法律纠纷事件发生；第四，工业元宇宙场景的实现需要投入大量人力和物力，以及实现超大规模的连接，工业元宇宙具有内在垄断基因，因此，深圳需出台相关反垄断规定，推动工业元宇宙公平有序发展。

（四）推进工业元宇宙试验区或集聚区建设

发展工业元宇宙，必须探索发展虚拟产业园区、工业元宇宙产业集聚区、工业元宇宙基地以及工业元宇宙试验区，构建虚实结合的产业数字化新生态。深圳于 2022 年 11 月揭牌成立元宇宙创新产业联盟，未来应持续推动深圳元宇宙联盟发展壮大，同时充分发挥元宇宙联盟的作用，通过设立产业投资基金等方式，推动深圳工业元宇宙试验区、工业元宇宙产业集聚区、工业元宇宙基地以及工业元宇宙试验区建设，打造重点实验室，加快工业元宇宙新产品和新技术的推广应用。

（五）积极参与工业元宇宙国际标准制定

元宇宙标准论坛初始成员有 37 位，参与者包括 Meta、微软等元宇宙巨头，中国的企业仅有华为和阿里巴巴达摩院。未来应鼓励深圳行业巨头加入元宇宙标准论坛，积极参与工业元宇宙国际标准制定，掌握一定规则制定的话语权，抢占市场先机，推动深圳工业元宇宙产业快速发展。

---

① Anthony Mukoro, *Industrial Metaverse End User Perspective—2023 Analysis*, 2022.

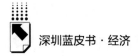

（六）推进开放合作，打造人才培养载体

目前工业元宇宙产业人才极度缺乏，推进开放合作、加大人才培养力度能够为工业元宇宙发展提供保障。第一，打造一批开源社区和开源工业元宇宙产品，推进开放合作。第二，打造一批特色鲜明的培育工业元宇宙创新人才的载体平台，例如设立工业元宇宙产业学院，鼓励政产学研合作，将工业元宇宙人才列入人才引进紧缺目录，培育高层次工业元宇宙人才。第三，积极开展工业元宇宙相关论坛、峰会等交流活动。第四，拓展国际化的市场应用。

行业发展篇

Industry Development

B.14

深圳金融业发展形势分析

刘国宏*

摘　要： 2022 年，深圳金融业增加值占 GDP 比重再创新高，境内外上市公司数量首超 500 家，战略导向的金融政策体系初步形成。2023 年，深圳要立足金融服务实体经济的本源，从经济高质量发展的金融需求出发，深刻把握产融结合变革创新的重大历史契机，结合"20+8"产业集群的布局与发展，深化实施"金融+"战略，务实开展"四个中心"建设，扎实落地已批重大金融政策与项目，继续探索可复制、可推广的金融创新经验。

关键词： 金融业　产业集群　深圳市

---

* 刘国宏，中国（深圳）综合开发院副院长，主要研究方向为地方金融、国企改革和产业规划。

一　2022年深圳金融业发展状况

（一）金融业增加值占GDP比重再创新高

2022年，深圳金融业继续保持良好增长态势，金融业增加值同比增长8.2%，高于全市GDP增速4.9个百分点；超越5000亿元大关，达到5137.98亿元；在全市GDP中所占比重达到了历史最高的15.9%（见图1），金融业的支柱地位和经济稳定功能进一步强化。[①] 截至12月末，全市金融机构（含外资）本外币存款余额达12.34万亿元，首次突破12万亿元大关，同比增长9.7%；金融机构（含外资）本外币贷款余额达8.34万亿元，同比增长8.0%。[②]

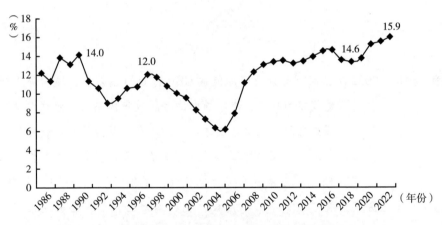

图1　1986~2022年深圳金融业增加值占GDP比重

资料来源：1986~2022年《深圳统计年鉴》。

（二）各类金融机构保持相对稳健发展

2022年，深圳共有银行业法人机构37家、证券公司22家、公募基金

---

① 资料来源：深圳市地方金融监督管理局网站。
② 资料来源：深圳市统计局。

管理公司 32 家、期货公司 14 家，主要持牌金融机构数量与上年相比保持不变，金融业务发展相对稳定。需要引起关注的是，近几年深圳银行业不良贷款率总体较低，但呈上升的态势（见图 2）。此外，在近年来私募基金监管政策"扶优限劣"导向下，2022 年深圳已登记私募基金管理企业 3871 家，比上年减少了 437 家。①

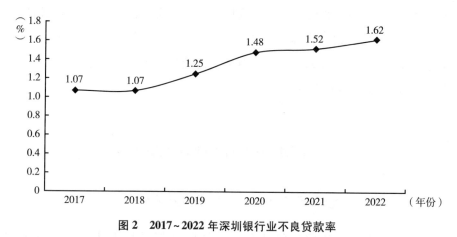

图 2　2017~2022 年深圳银行业不良贷款率

资料来源：中国银行保险监督管理委员会深圳监管局统计数据。

（三）上市公司总数首次超过500家

2022 年，深圳新增境内外上市公司 42 家，上市公司总数突破 500 家大关，达 535 家，② 上市公司群体已成为深圳资本市场建设和城市金融发展的重要支撑力量。其中，A 股上市公司 405 家，比上年增加 33 家。但由于 A 股市场受超预期因素冲击，总体估值水平有所下降，截至 2022 年底深圳上市公司总市值为 7.64 万亿元，同比减少 16.5%。③

---

① 资料来源：中国银行保险监督管理委员会深圳监管局《2022 年 12 月深圳市银行业保险业统计数据》、中国证券监督管理委员会深圳监管局《深圳辖区 2022 年 12 月市场统计信息》。
② 资料来源：深圳市地方金融监督管理局网站。
③ 资料来源：中国证券监督管理委员会深圳监管局《深圳辖区 2021 年 12 月市场统计信息》。

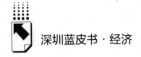

（四）战略导向的金融政策体系初步形成

围绕《深圳市金融业高质量发展"十四五"规划》，深圳市最终明确了全球创新资本形成中心、全球金融科技中心、全球可持续金融中心、国际财富管理中心"四个中心"建设，2022年深圳制定发布支持金融企业发展、扶持金融科技发展、促进风投创投高质量发展、建设香蜜湖国际风投创投街区、建设深圳国际财富管理中心等系列专项政策，与2021年创业投资条例、绿色金融条例、银行业绿色金融专营体系建设等法律法规和专项政策，一并构成深圳金融的"1+N"政策体系。

二　深圳金融业发展形势分析

（一）国内金融服务实体经济的需求依然迫切

2015年以来，我国每年社会融资规模（新增）大体上呈波动上涨态势，2022年为32.0万亿元（见图3）；社会融资规模对GDP的边际

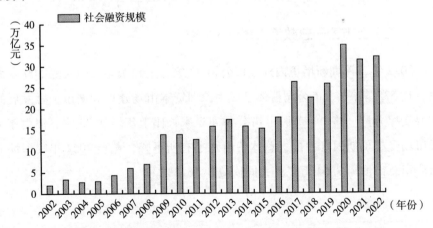

图3　2002~2022年中国社会融资规模情况

资料来源：国家统计局网站。

贡献处于稳定状态。同时，每年的广义货币（M2）供应量则保持 10%以上较高增长速度，2022 年达到 266.4 万亿元（见图 4）；但 M2 对GDP 的边际贡献则呈持续下降态势。这无疑预示着近年国内货币供应量虽然持续高增长，但并未有效转化为直接支持实体经济运转的金融力量。在国家科技自立自强和经济高质量发展的大时代背景下，深圳应高质量发展金融业，在金融服务实体经济的导向政策、渠道路径和创新模式上做深做实。

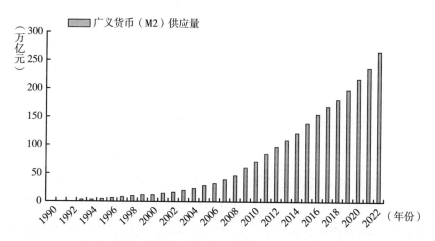

图 4　1990~2022 年中国广义货币（M2）供应量情况

资料来源：国家统计局网站。

（二）经济高质量发展亟需金融发挥资源配置功能

当前，我国科技创新和中小微高科技企业发展，需要借助金融资源的配置功能，评估企业和企业家，为项目估值定价，减少资金和资源的浪费，让真正具有发展前景的企业和科技项目获得更为充足的资金支持而快速成长。深圳作为国内高度开放的经济特区，需要用好金融力量，支持科技自立自强和产业链供应链全国全球延展，打造具有全球重要影响力的科技和产业创新中心。

（三）产融结合发展正处于重大变革创新前夜

随着国内房地产市场的变化，对金融机构而言，国内长期稳定的地产房产信用不再稳定，主体信用、物的信用、数字信用均需重塑，产融结合的主要影响因素发生重大变化。从政策导向看，直接服务产业发展的金融活动正在加强规范和标准建设。从时代变迁看，数字与人工智能双向赋能金融机构和企业主体，原来多主体、长流程的产业可以便捷地获得金融服务。从科技支撑看，金融科技的广泛应用可使金融机构降本增效、增信控险，可使企业主体降低融资门槛和利息成本，获得金融高效服务。深圳作为最早探索产融结合新模式的城市，"金融+"战略必将成为未来引领全国的产融结合的新模式、新路径。

（四）金融支持深圳"20+8"产业集群发展正当其时

随着科技的日新月异、分工的细化深化，当前全球经济竞争格局已从"企企竞争"发展为"链链竞争""群群竞争"。2022年以来，深圳市政府连续出台了支持"20+8"产业集群发展的意见及系列政策措施，系统布局20个战略性新兴产业集群和8个未来产业集群。建设世界级产业集群无疑对金融服务的深度、广度、效度提出了更高要求，金融服务既要覆盖产业链、供应链上下游，满足科技创新及产业化发展全生命周期的金融需求，又要对软件硬件、轻重资产等不同情形和场景给予全面支持。因此，为匹配产业集群布局发展，深圳应构建一个覆盖全生命周期、全产业链条、全要素协同、全场景支撑的强大金融服务体系。

三 2023年深圳金融业发展建议

（一）深化实施"金融+"战略

深圳金融业"十四五"规划提到了实施"金融+"战略的六个方面："金融+科技""金融+制造""金融+供应链""金融+文化""金融+海洋"

"金融+民生"。当下政府和企业需要深度思考什么是战略突破点、如何以点带面开创新格局。其中，"金融+科技""金融+文化"的突破点在于风投创投体系拓展，应支持"投贷保债租"不同方式的联动发展；"金融+制造""金融+供应链"的突破点在于核心企业信用传递，应加强政府、企业与金融机构的协调联动；"金融+海洋"的突破点在于政策性金融先行布局，以此带动规模化社会资金资本向海洋发展；"金融+民生"的突破点在于普惠性金融的科技支撑，让所有向往美好生活的人们都能享受成本可负担的有效金融服务。

（二）务实开展金融"四个中心"建设

深圳应务实开展金融"四个中心"建设，结合深圳企业"走出去"和全球产业链供应链联动，发挥金融支撑保障和引领带动的作用，加强金融布局。依托前海合作区等深港重大合作区域，深化深港跨境金融领域务实合作，打造深圳金融向海外辐射服务的战略支点。

（三）扎实落地已批重大金融政策与项目

近年来，深圳已有大量金融改革创新"先行先试"政策，但一些政策落地实施效果并不太理想。例如，2019 年中共中央、国务院《关于支持深圳建设中国特色社会主义先行示范区的意见》明确支持深圳"探索设立国际海洋开发银行"，但目前国际海洋开发银行仍未见踪影；2023 年初，国家金融监管部门与广东省政府联合发布"金融 30 条"，支持前海合作区全面深化改革开放。深圳应扎扎实实对表对标，把辛苦争取来的金融政策用好用足，以丰富的政策实践和生动的发展事实，实现深圳金融业的高质量发展。

（四）探索金融创新可复制、可推广经验

当前，世界百年未有之大变局加速演进，我国经济发展仍需高新科技、创新模式、发展范式等基础因素的强力支持。深圳作为国家改革开放首个经济特区和新时代中国特色社会主义先行示范区，应继续探索经济高质量发展

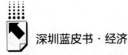

的可行之路，坚持金融服务实体经济本源，守住不发生系统性风险底线，更加主动地支持金融创新，优化资源配置，推动产融良性互动、共生发展，为全国积累创新链、产业链、资金链、人才链深度融合的经验，金融支持战略性新兴产业融合集群发展的经验，以及防范金融风险的经验。

B.15
2022年深圳房地产市场
形势分析与政策导向

摘　要： 2022年深圳市房地产市场比较低迷，市场信心不足、需求下降，房地产风险化解面临较大压力。当前，我国房地产市场形势发生了深刻变化：一是房地产过度投资，住房总量接近"天花板"；二是人口老龄化、少子化造成新增需求下降；三是房价过高，抑制居民各项消费；四是部分房企高杠杆扩张，产生行业危机。党的二十大报告和中央经济工作会议指出，要坚持"房住不炒"定位，加快建立多主体供给、多渠道保障、租购并举的住房制度；要深入研判房地产市场供求关系和城镇化格局等重大趋势性、结构性变化，推动房地产业向新发展模式平稳过渡。展望2023年，在政策和市场环境发生变化的情况下，随着房地产业增信心、防风险、促转型等工作的开展，深圳住房需求将有序释放，房地产新发展模式将加快建立，进一步发挥房地产业促进经济社会稳定健康发展的积极作用。

关键词： 房地产市场　深圳　房企

---

* 王锋，博士，研究员，深圳市房地产和城市建设发展研究中心主任，主要研究方向为房地产理论和政策、住房政策。

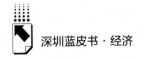
一 2022年深圳房地产市场形势

（一）房地产市场情况

1. 房地产增加值增速回落，房地产开发投资平稳增长

2022年，深圳市房地产业增加值达2593.4亿元，同比下降4.4%，占GDP的比重为8.0%；房地产开发累计完成投资3413亿元，同比增长13.3%，比全国增速（-10.0%）高23.3个百分点（见图1）。

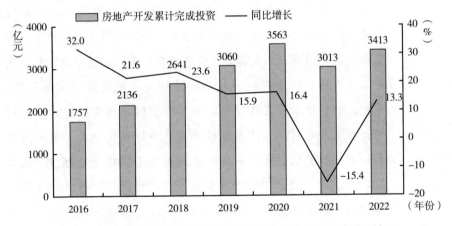

图1 2016~2022年深圳市房地产开发累计完成投资及其增速情况

资料来源：深圳市统计局网站。

2. 土地拍卖热度有所提高，民企信心仍然不足

2022年深圳市计划供应土地365公顷，继续保持上年规模。2022年4月底，深圳市第一批次8宗居住用地均达到最高溢价后成交；8月上旬，深圳市第二批次成功出让14宗居住用地，流拍2宗；9月底，深圳市第三批次成功出让6宗居住用地，4宗底价成交，2宗达到最高溢价15%后成交，1宗流拍；11月，深圳市第四批次成功出让6宗居住用地。整体而言，参与竞拍的房企数量明显增加，土地市场有所回暖，但受市场调整等因素影响，

民企拿地信心仍然不足，最终地块均被国企、央企竞得。

3.房地产开发贷款投放加快，个人购房贷款余额减少

截至2022年12月，房地产贷款余额达2.36万亿元，同比增长2.8%，增速已降至近10年最低。其中，房地产开发贷款余额达7613.00亿元，同比增长26.7%；个人购房贷款余额为1.57万亿元，同比下降0.6%。10月以来，为防范化解房地产市场风险，房地产业融资环境有所改善，深圳市房地产开发贷款余额持续增加，但由于市场信心不足，住房需求释放缓慢，个人购房贷款余额有所减少。

4.新房销售降幅较大，价格保持基本平稳

2022年全市新建商品房网签销售面积达694.15万平方米，同比下降15.5%，降幅小于全国（24.3%）。其中，新建商品住宅网签销售面积410.75万平方米（约4万套），同比下降32.9%，降幅大于全国（26.8%）（见图2）。2022年新建商品住宅平均销售价格为65750元/米^2，同比增长2.4%，涨幅高于广州（1.4%），低于北京（5.8%）、上海（3.8%）。截至12月底，新建商品住宅去化周期为13.4个月，供应处于合理水平。

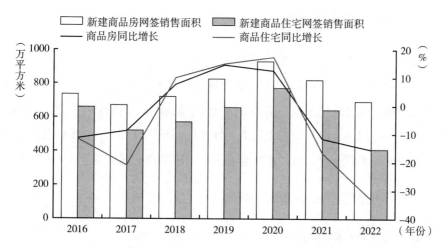

图2 2016~2022年深圳市新建商品房及新建商品住宅网签销售面积及其增速情况

资料来源：深圳市住建局统计局网站。

5. 二手房成交大幅下降，价格同比小幅下降

2022年二手房成交面积达247.52万平方米（约2.6万套），同比下降40.2%；其中，二手住宅成交面积207.6万平方米（约2.2万套），同比下降41.0%（见图3）。2022年二手住宅平均价格为73908元/米^2，同比增长-3.1%，涨幅低于北京（5.5%）、上海（3.7%）及广州（1.2%）。

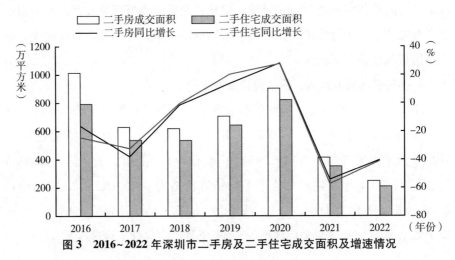

图3　2016~2022年深圳市二手房及二手住宅成交面积及增速情况

资料来源：深圳市住建局网站。

6. 房地产风险化解面临较大压力

长期以来，深圳市房地产业依靠金融支持实现了跨越式发展，但也出现了房地产业过度金融化现象，出现了高杠杆、高负债、高周转"三高"现象。随着市场下行调整，部分房企出现流动性危机甚至"爆雷"，进而影响产业链上下游企业、关联企业，对经济社会稳定、人民群众安居乐业造成不利影响。

（二）住房租赁市场情况

1. 住房租金小幅回落

国家统计局深圳调查队发布最新统计数据显示，2022年深圳租赁房房租价格指数较上年同期下降0.4%。分季度看，第一季度受返城潮影响，市场有所回暖；第二季度开始，租赁需求趋于稳定；第三季度在毕业季开始后，市场有所升温，但仍与上年同期存在差距；第四季度租赁市场转入淡季，不断向"承租人"市场转变，供需进一步趋于缓和。

表1 2022年深圳市租赁房房租价格同比指数

1~3月平均值	1~6月平均值	1~9月平均值	1~12月平均值
100.0	99.9	99.9	99.6

资料来源：国家统计局深圳调查队。

2. 商品住房各区租金涨跌不一

根据主要中介成交数据，2022年深圳市商品住房平均租金为78.4元/（米²·月），同比下降1.3%。从各区来看，罗湖区、宝安区、龙岗区和龙华区商品住房平均租金均同比负增长，其他各区商品住房平均租金均同比正增长。从各区来看，南山区商品住房平均租金最高，为112.4元/（米²·月），同比上涨0.3%；福田区平均租金次高，为103.6元/（米²·月），同比上涨0.7%；大鹏新区平均租金最低，为41.5元/（米²·月），同比上涨5.3%。

表2 2022年深圳市各区商品住房平均租金及同比增速

单位：元/（米²·月），%

区域	平均租金	同比增速
罗湖区	80.9	−1.1
福田区	103.6	0.7
南山区	112.4	0.3
盐田区	63.2	0.4
宝安区	69.0	−1.1
龙岗区	53.1	−1.5
龙华区	69.7	−0.7
光明区	53.7	2.1
坪山区	41.7	5.8
大鹏新区	41.5	5.3

资料来源：作者自行整理。

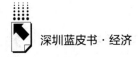

3.城中村住房租金水平保持平稳

根据抽样调查数据,2022年全市城中村住房平均租金为37元/(米²·月),与2021年租金价格持平。

二 2022年深圳房地产市场调控政策

(一)完善住房保障政策法规

2022年,深圳市发布《深圳市住房发展"十四五"规划》,加快建立多主体供给、多渠道保障、租购并举的住房制度;印发《关于加快发展保障性租赁住房的实施意见》《深圳市国有企事业单位利用自有用地建设保障性租赁住房工作指引(试行)》等文件,设立保障性租赁住房REITs产业引导基金,多措并举有效加大保障性租赁住房供给力度。

(二)发布房屋租赁参考价格

2022年,深圳市发布《深圳市2022年度房屋租赁参考价格》,以全市各类房屋属性数据和近一年租赁市场交易数据为基础,综合运用地理信息技术、大数据分析等批量评估技术手段,发布实施全市10000余个住宅小区租赁参考价格(含商品住宅、城中村住宅、单位自建住宅、产业园区配套宿舍等)。租赁当事人可参照租赁参考价格,结合物业类型、楼层朝向、建筑面积、升级改造、特殊用途等客观实际和差异,自主协商确定符合自身实际的租赁价格。

(三)推广二手房"带押过户"模式

2022年,深圳市印发实施《深圳市推广二手房"带押过户"模式的工作方案》,通过推行抵押权顺位设立、二手房转移及抵押"双预告登记"等模式,提高深圳市二手房交易效率和便利度,降低二手房交易成本。

（四）加强监管，维护市场秩序

2022年，深圳市持续开展房地产市场秩序专项整治工作，印发《深圳市房地产市场秩序专项整治工作方案》，对房地产开发、房屋买卖、住房租赁以及物业服务等重点环节建立问题清单，依法依规加大对违法违规行为的惩戒力度。如组织开展房地产中介行业乱象专项整治、预售在售项目停车位专项检查、中介机构及从业人员违规使用经营贷专项检查、住宅类历史遗留违法建筑交易专项排查等一系列工作。

三　当前房地产市场面临的主要问题

2021年下半年以来全国房地产市场形势持续低迷，产生问题的原因，主要有以下四方面。

（一）房地产过度投资，住房总量接近"天花板"

过去5年全国成交的商品房数量占过去20年的40%，房地产投资过度扩张，住房消费提前透支。在经济下行、市场预期减弱背景下，楼市明显低迷。城镇人均住房水平达到38.62平方米，接近发达国家平均水平，总量已接近"天花板"。城镇住房套户比达到1.09，除一线城市外大多数城市住房已供求平衡。经过20多年的高速增长，房地产增量时代基本结束，房地产开发速度必然会下降。

（二）人口老龄化、少子化加速，新增住房需求下降

目前60岁以上人口占全国人口的比重为18.9%，我国老龄化速度和规模前所未有；同时，少子化也加速到来，2021年我国生育率降至1.15%，远低于国际正常值（2.1%）。我国人口老龄化、少子化的加速到来，必然

造成未来国内住房需求总体减少;① 未来，住房需求主要产生于少数人口净流入的都市圈城市，全国多数城市住房将出现不同程度过剩，特别是东部、西部、北部城市，非都市圈城市，以及远离都市圈的低能级城市。

（三）房价过高，抑制居民各项消费

我国一、二线大城市房价在国际上偏高，一线城市绝对房价、相对房价均居全球前列。从绝对房价看，全球前十大高房价城市，中国已占一半;从相对房价看，"北上广深"中心区域房价收入比在 30～40 倍，远高于纽约、伦敦、东京的 10 倍，我国其他大城市房价收入比也在 10 倍以上，远高于4～6 倍这一合理区间。此外，在市场投资投机风气影响下，我国近十年房价上涨较快，居民负债过重，支付能力透支，也挤压了更多消费空间。

（四）部分房企高杠杆扩张，产生行业危机

长期以来，我国大型房企大多采用"高杠杆、高负债、高周转"运营模式，这一模式下房地产与金融深度绑定，出现过度金融化问题。原本以"建房""卖房"中间业务为主的开发商，通过贷款、理财、信托、入股、发债等方式，借助预售制度、商票制度甚至拖欠工程款材料款设立"资金池"加杠杆融资，不断"借钱拿地""拿地借钱"，形成以资产业务为主的开发运营模式，而实际上是在"炒地皮""炒土地增值";一旦遇到市场下行、金融收紧、国外做空，必然产生"刚性兑付"，进而出现债务危机乃至"爆雷"，这是当前房地产风险爆发的主要原因。

四　未来房地产市场发展趋势研判

当前房地产行业形势低迷是综合因素造成的，既有长期因素，也有短期

---

① 单梦:《中国人口老龄化对城市居民住房需求的影响》,《重庆文理学院学报》(社会科学版) 2022 年第 1 期。

因素，既有政策因素，也有市场因素，但从根源看，是房地产发展环境发生了根本性改变。

从宏观背景看，房地产业将从增量时代进入存量时代。目前居民家庭财富中60%是房地产，房地产业带动了上下游几十个产业发展，政府财政收入超过50%来自土地出让和房地产相关税费。特别是金融业，过度依赖于房地产业，无论是居民住房消费，还是企业经营，基本都依赖于以土地房屋为抵押物的金融支持。近年来，随着经济增速下降，特别是住房总量饱和、人口增长停滞，房地产市场明显遇到发展"拐点"；未来，房地产业将从增量时代逐步进入存量时代，房地产业难以延续增量时代高扩张、高增长的发展模式。

从行业发展看，房地产业将呈提品质、强服务、拓经营等新特征。过去因住房短缺，房地产开发企业占据市场主导，卖方市场比较强势；而进入存量时代，买方将占据主导，如何满足居民业主、工商企业乃至各级政府的居住生活、资产保值、社会治理等多元化需求，是房地产业面临的新挑战。在增量时代，房地产业以商品房开发为主，房地产市场主要满足居民购房需求和工商企业商办用房需求。进入存量时代，大城市居民更加关注高房价、高租金背景下的居住问题解决，更关注保障性住房建设、租赁住房供应、老旧住宅改造、物业管理和养老、托幼、家政服务；工商企业更关注房屋设施良性运转和资产保值增值；政府则需要房企参与更多公共设施建设和社会治理。这些变化将改变房地产的经营模式和业态，并随着时间的推移，逐渐形成提品质、强服务、拓经营等新特征。[①]

从政策制度看，住房和房地产管理制度要及时调整，以发挥房地产业对经济社会发展的"稳定器"作用。目前，我国很多房地产法律和制度是在改革初期制定的，难以适应当前和今后的发展。如土地招拍挂制度，增加了财政收入，但导致房价越涨越高；预售制度，加快了住房供给，但助长了企业"加杠杆"。未来，为应对复杂难测的外部环境变化，需要从法制化、长

---

① 郑鸿：《新型城镇化背景下我国房地产开发模式转型探讨》，《四川水泥》2020年第2期。

期性角度进一步改革和完善房地产各项制度，从根源上解决房地产市场的结构性问题、不均衡问题，防范化解各类风险。

五　政策建议

为落实党的二十大报告、中央经济工作会议精神，当前要深入研判房地产市场供求关系和城镇化格局等重大趋势性、结构性变化，抓紧制定中长期治本之策，加快构建住房和房地产新发展模式。主要思路是：牢固树立"房住不炒"定位，完善"市场"和"保障"两个体系，以"常住居民、居住属性、普通住房"为主，从"人、房、地、钱"四个要素联动出发，从市场、保障、宜居等方位考虑，加快完善各项住房和房地产基础性制度，继续深化房地产长效机制，促进房地产业转型升级，确保房地产市场良性循环和平稳健康发展。

（一）加快构建房地产基础性制度

一是完善居住用地供给制度。第一，控制建设用地总量。我国城市建设用地供应总量基本按照人均100平方米控制比较合适。第二，合理确定居住用地比例。为避免造成住房供求紧张和房价上涨，需要调整居住用地占比较少的城市的国土空间规划，适当增加居住用地供应。第三，控制居住用地出让价格。地价过快上涨必然造成房价过快上涨，可售楼面地价一般占房价的30%左右为好，不能超过50%，建议大城市控制居住用地出让价格和溢价率，从根源上稳定房价。

二是完善房地产销售制度。第一，完善预售制度。建议进一步提高住房预售门槛，明确住房达到主体封顶后才能预售；住房和金融监管部门也要完善预售资金监管机制，合理确定监管资金留存额度、支付规则，确保专款专用。第二，大力推进现售制度，然而在当前市场下行、风险频繁暴露背景下，全面实施住房现售存在一定风险，可逐步推进现售制度，降低房地产风险。

三是完善房地产金融制度。我国本轮房地产风险的爆发，核心在于开发商加杠杆拿地和高负债经营。为确保今后我国房地产市场平稳健康发展，应加快建立长期稳定的房地产金融制度，稳定市场预期、抑制投资投机。第一，坚决守住房企自有资金拿地底线。继续坚持"三线四档"和贷款集中度管理制度，继续严格执行全口径融资管理，对资产负债率超过70%、捂盘惜售、闲置固地的开发企业实施融资限制；严格落实购地使用自有资金规定，加强对购地资金来源进行穿透式核查，开发企业不得设置土地资金池。第二，完善住房按揭贷款制度，规定"房屋竣工验收交付后才能发放按揭贷款"。第三，强化个人住房贷款管理，严格核定借款人真实收入，严防个人违规挪用贷款进行炒房。第四，建立政策性住房金融机构，改革住房公积金制度，加快成立中央和地方政策性住房银行，支持公租房、保租房、共有产权房建设，支持居民购买、租赁、改造各类住房。

四是完善房地产税收制度。第一，完善差别化住房交易税制度。对不同类型住房差别征收契税；对购买非普通住宅加大增值税征收力度；对居民购买首套住房实施所得税抵扣政策，换购唯一住房实施所得税退税政策。第二，试点征收房地产税。可在全国房地产市场恢复平稳、时机成熟时，在部分城市试点征收房地产税，同时，建议按房产租金收益征税，年征税额不超过3个月租金，并对居民家庭合理居住面积予以免征。

五是完善住房保障和住房租赁制度。第一，完善住房保障政策体系。建议各地做好与国家住房保障体系的有效衔接，加快出台各地公租房、保租房、共有产权房管理办法。第二，完善保障性住房供应制度。明确保租房、共有产权房地价优惠政策，明确保租房认定和建设、改造规则，建立财政资金对保障性住房长期支持制度，建立保障性住房信托投资基金管理制度，加大对保障性住房建设供给的支持力度。第三，完善保障性住房分配制度。完善公租房分配制度，公租房要实现轮候信息、房源信息、分配方案、选房过程公开透明，建立诚信申报制度和失信联合惩戒机制，促进保障资源公平善用；完善共有产权房管理制度，明确共有产权房资格认定规则和个人与政府份额。第四，完善住房租赁管理制度。加快推进住房租赁法规立法进程，建立权益保障、租金管制、市场监管等制度，完善租赁合同网签备案制度，建立行业诚信体系，完善监管服务平台，促进住房租赁市场规范发展。

（二）完善房地产长效机制

一是完善都市圈土地供给机制。我国长期存在"人地分离""供需错配"现象，导致一、二线城市高房价和三、四线城市高库存。建议各地以人口增量为核心，建立"人地挂钩"机制，推进新增人口与土地供应挂钩、耕地占补平衡与城乡用地增减挂钩，增加都市圈大城市及周边城市土地供应规模；建立"库存去化与供地挂钩"机制，对商品住房去化周期在 12 个月以内的城市优先增加土地指标；严格控制土地出让价格，在坚持商品房限价基础上，降低土地出让价格、控制溢价率，腾出成本空间让开发商建设适应居民需求的宜居、智慧、绿色住宅。

二是建立多渠道住房供应机制。第一，各地要丰富多渠道住房供给模式，形成政府、企业、个人多主体供给格局。第二，探索鼓励财政资金、社会资金购买、租赁空置房屋用作保租房。第三，着力满足新市民、青年人住房需求，切实增加住房有效供给，结合新市民、青年人的住房支付能力和客观需求，加强小户型保租房和中小户型商品房设计，实现交通、教育、医疗同步规划、建设，打造配套齐全的安居基本盘。

三是完善金融财政支持机制。积极搭建银企对接平台，鼓励银行与企业在保租房开发建设、收储改造、持有运营等方面深层次合作，支持金融机构为保租房项目推出长期、低利率专项信贷产品；加强财政资金支持，由中央和各地财政部门制定保租房财政资金支持政策，推进落实财政补助资金；大力推行 REITs，以深圳等地发行保障房信托投资基金为契机，加大吸引社会资本的力度，形成保租房"投资建设—REITs 盘活资产—回收资金再投资"良性发展格局，更好支撑保租房大规模建设。

四是建立住房价格调控机制。2021 年，深圳市针对二手房房价过快上涨，将住房价格管理与金融调控有机结合，实施了"二手住房成交参考价"

调控机制,在实践中探索出抑制个人加杠杆炒房的"水龙头"机制,有效遏制市场投机炒作,实现了"三稳"目标。建议各地积极探索住房成交参考价调控机制,建立"房价金融"联动调控手段,引导买卖双方理性定价,并为金融风险防范、税收征管提供有效支撑;完善住房租赁参考价管理机制,提高租赁价格透明度,保护租赁双方合法权益,并为公租房、保租房定价,住房租赁补贴,以及未来房地产税征收提供参考依据。

五是提升存量住房安全和宜居水平。建议各地保障居住安全,从严抓好自建房安全隐患整治、消防安全整治、老旧燃气设备改造提升等工作,不断完善老旧小区、城中村改造政策和技术标准;优化居住服务,鼓励社会力量开展养老、托幼、家政等居住服务,同时提升老旧住宅小区物业服务水平;提升宜居水平,建立居住建筑绿色低碳制度和碳排放监测管理体系,构建城市和住区宜居评价体系,制定宜居发展行动计划,为市民提供便利。

房地产新发展模式的建立,长期靠制度建设、机制建设,短期靠优化政策、完善监管,而关键在于准确判断未来趋势,精准定位发展方向。经过本轮调整,深圳房地产业将更加理性,市场将更加健康。随着新发展模式的建立,房地产业将步入高质量发展阶段,在新时代新征程发挥经济发展和民生幸福的基础性产业作用,并实现良性循环和健康发展。

B.16
深圳与北京、上海、广州
人工智能产业发展现状比较

周光伟[*]

摘　要： 本文对深圳及"北上广"人工智能产业的总体水平、顶层设计、企业群体、创新驱动基本情况进行比较后发现，目前深圳与北京、上海、广州的人工智能产业发展全国领先，都属于国家级双试点城市，都争取在全国人工智能产业发展大局中进一步发挥主力军作用。深圳人工智能法规体系和政策体系相对更加完善，应进一步优化实施政策扶持，以更有力的举措持续规范和促进产业高质量发展；深圳企业群体整体规模较大，应进一步在人工智能专业园区的支撑下加快企业集聚发展；深圳人工智能创新载体、创新人才、创新项目、创新资金等创新资源整体较为丰富，省实验室等高端资源正在加快建设，应进一步构建本地专业人才体系，以人才资源供给带动创新资源整体提升。

关键词： 人工智能　深圳　企业群体

2018年10月，习近平总书记在中央政治局第九次集体学习时强调，人工智能是引领这一轮科技革命和产业变革的战略性技术，具有溢出带动性很

---

* 周光伟，经济学博士，深圳市龙岗区发展研究中心，专业技术岗职员，高级经济师，主要研究方向为智能经济和智能社会。

强的"头雁"效应。人工智能已成为全球各国竞争的新焦点。在中美战略竞争新时期，人工智能领域是中美技术竞争的必争之地。我国人工智能产业正处于发展的黄金历史时期，预计2022~2025年全国人工智能核心产业规模增长速度将高于全球平均水平。在此背景下，本文充分搜集和分析深圳与北京、上海、广州三市的人工智能产业发展基本情况，有助于产业主管部门、企业、个人进一步了解深圳人工智能产业的大致发展水平，为优化政府政策扶持、企业经营策略提供一定参考。

一 人工智能产业总体水平比较

（一）深圳人工智能产业发展全面领先

深圳是国内仅次于北京、上海的人工智能主要集聚城市。在IDC和浪潮信息发布的2022年中国人工智能城市排行榜中，北京、深圳、上海、广州分别位列第一、第三、第四和第五。根据2022年中国人工智能科技产业城市竞争力评价指数，北京、深圳、上海、广州属于第一梯队，综合得分分别为81.0分（第一）、41.0分（第二）、32.1分（第三）和19.7分（第五）。在火石创造发布的2022年中国城市人工智能创新指数中，①综合得分前三的分别为北京（91.08分）、深圳（84.98分）、上海（78.42分），广州（71.02分）排名第五。深圳在细分领域也位居国内城市前列，如北京、上海、广州、深圳在智能网联汽车领域全面领先，属于第一梯队。

（二）深圳成为国家级双试点城市

人工智能产业领域的国家级试点方向主要有两个，"北上广深"均为双试点城市。第一个试点方向是建立工业和信息化部的国家人工智能创新应用

---

① 维科号：《中国城市人工智能创新指数2022：东部城市领跑，一超多强格局凸显》，2022年9月30日，http://mp.ofweek.com/ai/a656714944387。

先导区，上海（浦东新区）2019 年 5 月获批，成为全国首个先导区，深圳在 2019 年 10 月获批，北京和广州在 2021 年 2 月获批。第二个试点方向是建立科技部的国家新一代人工智能创新发展试验区，北京 2019 年 2 月获批，成为全国首个试验区，上海、深圳、广州分别在 2019 年 5 月和 10 月、2020 年 9 月获批。

（三）深圳行业规模与规划目标基本适应

目前各地对产业规模没有统一表述的指标。2021 年深圳人工智能核心产业规模（营业收入）为 202 亿元，同比增长 41.3%，预计 2022 年达到 267 亿元。以此发展速度，预计可以实现《深圳市新一代人工智能发展行动计划（2019—2023 年）》和《深圳建设国家新一代人工智能创新发展试验区实施方案（2020—2023 年）》提出的到 2023 年深圳人工智能核心产业规模突破 300 亿元的目标。此外，北京 2021 年人工智能产业规模达 2070 亿元，同比增长 11.0%，预计 2022 年达到 2270 亿元;[1] 上海 2021 年人工智能规模以上企业产值达 3056.8 亿元，同比增长 17.2%。[2]

二 人工智能产业顶层设计比较

（一）深圳率先构建人工智能产业专项法规体系

深圳人工智能产业专项法规相对完善，初步形成"数字经济—人工智能全行业—细分领域"体系。一是将人工智能产业发展纳入数字经济专项法规。2022 年 11 月 1 日起施行的《深圳经济特区数字经济产业促进条例》将人工智能产业纳入数字经济产业，提出了建设新一代人工智能开放创新平

---

① 光明网：《北京打造人工智能产业新高地》，2022 年 11 月 22 日，https://m.gmw.cn/baijia/2022-11/22/1303201621.html。
② 人民资讯：《大江东｜促进人工智能产业发展，上海立法平衡创新与风险》，2022 年 10 月 8 日，https://baijiahao.baidu.com/s? id=1746110344701295406&wfr=spider&for=pc。

台等规定。二是针对人工智能产业全行业立法。2022 年 8 月 30 日，深圳市第七届人民代表大会常务委员会通过了《深圳经济特区人工智能产业促进条例》，9 月 5 日公布全文，11 月 1 日起施行，该条例是国内首部人工智能产业专项立法，首次立法明确了人工智能概念和产业边界，提出基础研究与技术开发、产业基础设施建设、应用场景拓展、促进与保障、治理原则与措施等方面举措。三是针对人工智能产业细分领域立法。2022 年 6 月 23 日，深圳市第七届人民代表大会常务委员会通过了《深圳经济特区智能网联汽车管理条例》，6 月 30 日公布全文，8 月 1 日起施行，这是国内首部智能网联汽车管理法规，首次对智能网联汽车的准入登记、上路行驶、事故权责等做出规定。人工智能产业发展的三大基础要素是数据、算力及算法，2022 年 1 月 1 日起施行的《深圳经济特区数据条例》是国内数据领域首部基础性、综合性立法，率先提出数据权益，对个人信息数据、公共数据、数据市场、数据安全等做出规定。

"北上广"均不同程度针对人工智能产业进行了立法。上海人工智能产业立法也渐成体系，上海市第十五届人民代表大会常务委员会 2022 年 9 月 22 日通过并公布了《上海市促进人工智能产业发展条例》，自 2022 年 10 月 1 日起施行。《上海市促进人工智能产业发展条例》是人工智能领域首部省级地方法规，也是最早施行的人工智能专项立法，对人工智能产业基本要素、科技创新、产业发展（一般规定和重点促进）、应用赋能（经济应用、生活应用、城市治理应用）、产业治理与安全等做出规定；《上海市数据条例》自 2022 年 1 月 1 日起施行。广州 2022 年 6 月 1 日起施行《广州市数字经济促进条例》，该条例是国内首部城市数字经济地方性法规，要求构建数据、算法、算力协同发展的人工智能产业链。北京自 2023 年 1 月 1 日起施行《北京市数字经济促进条例》，旨在支撑北京建设全球数字经济标杆城市。

（二）深圳形成人工智能产业规划体系

深圳目前形成了由 2 个市政府规划和 3 个部门规划（2023 年 6 月在实施期限内）构成的人工智能产业规划体系，其中"2"是《深圳市人民政府关于印发新一代人工智能发展行动计划（2019—2023年）的通知》和《中共深圳市委办公厅 深圳市人民政府办公厅关于印发〈深圳市加快推动人工智能高质量发展高水平应用行动方案（2023—2024年）〉的通知》，"3"是《深圳市发展和改革委员会关于印发〈深圳国家级人工智能产业集群建设实施方案〉的通知》《市工业和信息化局关于印发〈深圳市推进新一代人工智能加快发展实施方案（2020—2023年）〉的通知》《深圳市科技创新委员会关于印发〈深圳建设国家新一代人工智能创新发展试验区实施方案（2020—2023年）〉的通知》，这些文件部署了基础研究、基础设施、人才引育、技术攻关、产品创新、场景拓展、产业培育等重点任务。

上海、广州、北京目前也基本形成了类似的规划体系，比如上海出台了《上海市人民政府办公厅印发〈关于本市推动新一代人工智能发展的实施意见〉的通知》《上海市经济和信息化委员会关于印发〈上海市人工智能产业发展"十四五"规划〉的通知》《上海市经济信息化委 市发展改革委 市教委 市科委关于印发〈上海新一代人工智能算法创新行动计划（2021—2023年）〉的通知》；广州主要实施2个部门规划，即《广州市工业和信息化局关于印发〈广州国家人工智能创新应用先导区建设方案〉的通知》《广州市科学技术局关于印发广州市人工智能产业链高质量发展三年行动计划（2021—2023年）的通知》；北京主要实施2个市级规划，即《北京市人民政府关于印发〈北京市加快建设具有全球影响力的人工智能创新策源地实施方案（2023—2025年）〉的通知》《北京市人民政府办公厅关于印发〈北京市促进通用人工智能创新发展的若干措施〉的通知》。

三　人工智能企业群体比较

（一）深圳拥有较大数量的企业群体

人工智能重点企业、核心企业的具体选择标准没有统一做法，各地按照自己标准对企业群体数量进行了梳理。截至 2022 年 6 月，深圳涉及人工智能产业链的企业总数量达 8119 家，其中可归为人工智能企业①的有 1876 家，2015 年 1 月至 2022 年 6 月，深圳人工智能企业数量复合增速达 33.3%。"北上广"人工智能企业数量也在千家左右。截至 2022 年 10 月，北京拥有人工智能核心企业 1048 家，占全国的 29%，位列全国第一。② 截至 2020 年底，上海人工智能重点企业有 1149 家。③ 截至 2022 年 8 月，广州人工智能企业总数达 974 家，重点企业 111 家。④ 此外京融智库报告（基于"产业通"大数据平台）显示，截至 2022 年 9 月北京人工智能企业有 2940 家，高于广东的 1913 家、上海的 1372 家，三地分列前三，其中国家级专精特新企业北京有 128 家，高于广东的 78 家、上海的 42 家。

（二）深圳初显人工智能企业集聚趋势

截至 2022 年 6 月，南山区人工智能企业数量达 663 家，占全市的 35.3%，其次是宝安区、福田区，分别占 18.8%、14.2%，但深圳尚无较大规模的人工智能专业园区，尤其是广东省工业和信息化厅公示的三批人工智能产业园区名单中的深圳湾科技生态园、金地威新软件科技园、南山智园（三个园区全在南山区），尚无专门提供给人工智能的楼宇和挂牌。"北上广"人工智能企业集聚趋势与深圳类似。北京白皮书显示，海淀区聚集了 644 家人工智能核心企业，占全市的 61%。上海布局浦东张江、临港新片区、徐汇滨江、闵行马桥等重点集聚区，加快建设市北高新、长阳创谷、虹

---

① 人工智能企业选择所采用的标准：一是成立时间较短尚未有收入，但只做人工智能产业链相关技术或产品开发的企业；二是人工智能相关产品收入超过 50% 的企业；三是在人工智能领域具有强大技术或产品实力的企业；四是人工智能相关产品年收入超过 2000 万元的企业。

② 搜狐网：《深度解读"2022 年北京人工智能产业发展白皮书"》，2023 年 2 月 15 日，https：//www. sohu. com/a/641263669_ 121119001，他处引用简称为北京白皮书。

③ 上海市人民政府官网：《上海市经济和信息化委员会关于印发〈上海市人工智能产业发展"十四五"规划〉的通知》，2021 年 12 月 28 日，https：//www. shanghai. gov. cn/gwk/ search/content/29259791c2fd46a2aff8b0dc09d4f8e6。

④ 广州日报：《2022 广州人工智能创新发展榜单出炉，这 114 家企业上榜！》，2022 年 12 月 20 日，https：//baijiahao. baidu. com/s？id＝1752732338294664318&wfr＝spider&for＝pc。

桥智谷、天地软件园、青浦西虹桥智慧谷等特色园区。广州形成天河智慧城、广州软件谷、中国人工智能（广州）产业园、鱼珠片区、琶洲核心片区、中新广州知识城等聚集区，其中，南沙国际人工智能价值创新园、广州人工智能与数字经济试验区、琶洲核心片区、黄花岗科技园被认定为省级人工智能产业园。此外各市人民政府主办的行业活动逐渐成为加速企业集聚的重要平台，其中上海2018~2022年连续举办的世界人工智能大会（WAIC）已成为国内人工智能领域最具影响力的专业化、国际化高端平台，而深圳则在2022年举办了第三届全国人工智能大赛。

四　人工智能产业创新驱动比较

（一）深圳人工智能创新载体建设水平稳步提高

深圳持续支持中国科学院人机智能协同系统重点实验室（深圳唯一国家级实验室）、人工智能与数字经济省实验室（深圳）、鹏城实验室、粤港澳大湾区数字经济研究院、深圳市人工智能与机器人研究院和深圳市大数据研究院等科研机构建设，推进"鹏城云脑"系列和深圳超算二期等重大科技基础设施建设。截至2022年底，鹏城实验室已建成开源开放的AI技术试验平台"鹏城云脑Ⅰ"，正在建设E级AI算力平台"鹏城云脑Ⅱ"，向国家发改委申报建设面向新一代智能网络通信的超级算力平台"鹏城云脑Ⅲ"，同时正在把超算二期建设为E级超算平台。①

北京人工智能创新载体建设水平最高。北京白皮书显示，国家新一代人工智能开放创新平台北京获批企业10家，国家级和部级人工智能实验室21个，数量均居全国第1；北京智源人工智能研究院建设了我国首个人工智能治理公共服务平台。上海打造白玉兰开源开放研究院（白玉兰实验室），引领建设开源开放新生态，成立上海市人工智能公共算力服务平台，大力支持

---

① 资料来源：深圳市科技创新委相关资料。

企业建设创新中心（2019 年即发布首批 5 家产业创新中心和 2 家应用创新中心①）。在广东十大省实验室中，2019 年 12 月、2020 年 4 月分别成立人工智能与数字经济广东省实验室（深圳）、人工智能与数字经济广东省实验室（广州），分别又叫光明实验室、琶洲实验室，正在以"突出基础、原创技术、驱动产业"为宗旨，以"一个研究平台、一个重大专项、一个产业基金、一个科技园区"为模式加快建设运营。此外 2021 年广东、上海、北京综合算力指数（含算力、存力和运力）分别排第 1、第 2 和第 4，其中上海、广东、北京的算力指数排名全国前 3 位。

（二）深圳人工智能人才具有一定规模

深圳人工智能人才具有一定规模。深圳人工智能人才主要包括四类：一是全球高端人工智能人才，通过实施"鹏城孔雀计划"开展靶向引进；二是本地高校培养人才；三是职业技能培训人才；四是认定职业技能人才。目前，备案设定华为、腾讯、大疆创新、深圳市人工智能产业协会、深圳市机器人协会等为广东省社会培训评价组织，2022 年共开展人工智能训练师、工业机器人系统操作员、工业机器人系统运维员、服务机器人应用技术员等职业技能等级认定 1109 人次，其中，高级工以上获证 477 人次。②

北京人工智能人才优势最为突出。北京白皮书显示，截至 2022 年 10 月北京核心技术人才超 4 万人，占全国的 60.00%。根据脉脉人才数据图鉴（基于脉脉站内人才流动大数据），截至 2022 年上半年，北京拥有占全国 24.00% 的人工智能人才，数量居全国首位，远高于第 3 名（9.78%）的上海、第 4 名（6.18%）的深圳及第 5 名（4.34%）的广州。根据北京智源人工智能研究院、清华大学发布的 2021 年人工智能全球最具影响力——"AI

---

① 上海市人民政府官网：《上海市经济和信息化委员会关于建设首批上海市人工智能创新中心的通知》，2020 年 8 月 13 日，https：//www.shanghai.gov.cn/nw12344/20200813/0001 - 12344_63133.html。

② 资料来源：深圳市科技创新委。

2000 榜单",① 北京高影响力学者共 63 名、82 人次，全国排名第 1。根据 2022 年度 AI Rankings 榜单，我国进入世界高校和机构 AI 实力（综合过去十年研究）排名前 10 的院校（机构）有 3 个（北京大学排名第 2、清华大学排名第 3、中国科学院排名第 6），均在北京；在 10～100 名中，上海有 2 个（上海交通大学排名第 23、复旦大学排名第 35），广州有 1 个（中山大学排名第 46），深圳没有高校或机构上榜。在 2023 年全国人工智能专业大学排名榜中，② 在 74 所上榜高校中深圳有 1 所（深圳大学排名第 73），低于北京的 10 所（进前 10 的有 3 所）、上海的 4 所（进前 10 的有 2 所）、广州的 2 所。

在创新成果方面，北京领先优势也突出，北京白皮书显示，北京人工智能方面论文发表数量全国第一，京融智库报告显示，截至 2022 年 9 月北京拥有人工智能产业授权发明专利 97620 件，高于广东（84200 件）、上海（22999 件）；2021 年深圳已授权人工智能发明专利申请量 6586 件，全国排名第 2，低于第 1 的北京（11383 件），高于第 3 的上海（4947 件）、第 5 的广州（3622 件）。

（三）深圳实施一批人工智能创新和应用项目

深圳人工智能项目主要包括三类。一是技术攻关项目。聚焦人工智能重点领域、关键环节，加强基础研究和关键核心技术攻关，2020～2022 年，深圳每年资助基础研究和技术攻关项目的市级财政资金超 1 亿元，支持华为、平安、大疆、云天励飞等企业突破一批关键核心技术，生产了昇腾等一批硬核产品。二是典型场景数字化应用项目。示范应用场景项目取得了批量成果，遴选了一批具备关键核心技术、较强创新能力、显著带动效应和标杆示范意义的人工智能创新应用示范项目并予以展示推广，重点布局"智慧城

---

① 光明网：《北京打造人工智能产业新高地》，2022 年 11 月 22 日，https：//m. gmw. cn/baijia/2022－11/22/1303201621. html。

② 新高考网：《全国人工智能专业大学排名（2023 最新院校榜单）》，https：//www. hfplg. com/dxpm/10890. html。

市和数字政府"项目,提升社会治理的智能化水平,2022 年 9 月向科技部推荐了华为技术有限公司、深圳市大疆创新科技有限公司等 37 个单位提交的 41 个示范应用场景。三是社会实验项目。重点在医疗、教育、金融、文化创意、社会治理等领域开展人工智能社会实验,实施"人工智能影响医疗服务模式社会实验""超大型城市人工智能干预青少年抑郁症社会实验"等项目,资助金额达 600 万元。①

"北上广"也非常注重实施人工智能项目,其中北京引领性项目最多。北京白皮书显示,工信部揭榜挂帅优胜项目数量北京位居全国第 1,共 37 个项目、32 家单位上榜。北京智源人工智能研究院 2021 年 3 月发布我国首个超大规模智能模型"悟道 1.0",目前"悟道 2.0"已成为全球最大智能模型,参数规模达到 1.75 万亿;百度"文心"大模型参数规模达到 2600 亿,是全球最大中文单体模型。2022 年 7 月国内首个聚焦人工智能产业创新服务的数字平台——北京人工智能产业大脑启动,该平台构建起人工智能产业数字基座,监测全国人工智能企业近 1 万家,其中核心企业约 3500 家。2022 年 11 月,上海首个面向人工智能产业的市级知识产权发展中心——上海市人工智能产业知识产权发展中心成立,该中心围绕知识产权创造、运用、保护、管理全链条提供服务。2022 年度火炬科技成果直通车"人工智能(AI)"主题——国家级成果转化品牌活动首次落户广州。2021 年北京启动实施为期 3 年的长周期、跨学科的社会实验,上海发布《上海人工智能社会实验方案》,均在加快开展人工智能社会实验体系建设。

(四)深圳融资事件数居于前列

不同来源的融资事件数据存在差异,总体上看深圳融资事件数在全国排名第 3。2021 年深圳人工智能行业融资金额 208.8 亿元,融资事件数量 101起。IT 桔子数据显示,北京、上海、深圳 2016~2021 年人工智能融资事件数量都位居全国前 3,2021 年分别为 329 起、240 起、155 起。京融智库报

---

① 资料来源:深圳市科技创新委相关资料。

告显示，2017 年 1 月 1 日~2022 年 9 月 30 日，北京人工智能产业融资事件数量以 3585 起位居榜首，超过第 2 的广东（3086 起）、第 3 的上海（2213 起）。2021 年北京人工智能融资事件数量为 359 起，同比增长 25%；融资总额 1577 亿元，同比增长 48%，创历史新高，继续位居全国之首。①

五　进一步促进深圳人工智能产业高质量发展的建议

（一）加强行业统计监测

要尽快落实深圳人工智能行业法规和政策对行业统计和监测工作的部署要求，建立健全产业统计分类标准和统计分类目录，确保专业性和日常性的统计调查、监测和分析工作顺利开展。

（二）加强行业政策扶持

要研究修订重点领域研发计划等现行扶持政策具体实施条款，尽可能扩大受益企业覆盖面，让更多有潜力的中小企业获得帮扶。

（三）加强行业集聚发展

要借鉴国内外先进园区经验，在全市已经明确规划的十大产业基地中选择条件成熟的园区或内部区域，加快建设 2~3 个人工智能产业专业园区或特色小镇，促进产业创新和应用创新相互融合，提升孵化器、加速器、公共服务平台对国内外先进创新成果的转化能力，进一步增强企业群体集聚优势。

---

① 微信公众号投资北京杂志：《北京人工智能产业发展领跑全国》，2022 年 9 月 16 日，https：//mp. weixin. qq. com/s?＿＿biz＝MzA3MjEzNzMxNw＝＝&mid＝2461720388&idx＝2&sn＝b2ca687a48b9797d71feb1b642ddeedd&chksm＝886c904ebf1b1958f460b48b524e8a279584ce3c2d8974a681e1aabfefddef9c08b1af736964&scene＝27。

（四）加强行业人才培养

要推进建立深圳本地高校人工智能专业体系，扩大深大腾讯云人工智能学院等机构研究生招生规模，支持深圳大学、南方科技大学等本科院校以及深圳信息职业技术学院等高职（专科）高校设立人工智能专业，形成梯次人才培养体系。

"双区"建设篇

Construction of the "Two Areas"

B.17
2022年深圳中国式现代化
进程监测分析报告

施　洁　黎亘莹*

摘　要： 本文旨在创新开展城市现代化进程监测评价工作，努力为推进中国式现代化建设提供决策咨询建议。本文以党的二十大报告中"中国式现代化"重要创新理论为基本遵循，与先行示范区建设进程"五位一体"评价指标体系相衔接，探索构建深圳中国式现代化进程监测评价指标体系。通过与国内外先进地区2021年现代化发展水平现实值相比较，量化深圳现代化进程总体实现程度，分析提炼深圳现代化进程中存在的短板与不足，提出深圳先行示范区现代化提升策略。

关键词： 中国式现代化　先行示范区　深圳

---

* 施洁，经济学博士，深圳市社会科学院经济研究所副研究员，主要研究方向为高质量发展理论与实证研究；黎亘莹，主要研究方向为会计学。

创新开展现代化进程监测评价工作，初步构建出一套指标体系，努力为推进深圳中国式现代化建设提供决策咨询建议，是本文研究的出发点。深圳中国式现代化进程监测评价指标体系以党的二十大报告中"中国式现代化"重要创新理论为基本遵循，与先行示范区建设进程"五位一体"评价指标体系相衔接，综合反映先行示范区建设工作进展情况，通过对比分析先进地区现代化发展水平与发展经验，开展深圳现代化进程监测评价，并客观评价现代化建设存在的短板和不足，争取为推动深圳率先实现中国式现代化发挥积极作用。

一 中国式现代化是社会主义现代化的崭新境界

习近平总书记在二十大报告中提出以中国式现代化全面推进中华民族伟大复兴。中国式现代化，是在新中国成立特别是改革开放以来长期探索和实践基础上逐步形成的，是党的十八大以来在理论和实践上的认识突破，是马克思主义中国化时代化的最新成果。作为现代化新路、社会主义现代化的新境界，中国式现代化扎根中国土壤，体现中国特色，坚持把国家和民族发展放在自己力量的基点上、把中国发展进步的命运牢牢掌握在自己手中。中国式现代化的本质要求是：坚持中国共产党领导，坚持中国特色社会主义，实现高质量发展，发展全过程人民民主，丰富人民精神世界，实现全体人民共同富裕，促进人与自然和谐共生，推动构建人类命运共同体，创造人类文明新形态。这是一条没有先例可循的道路，是一项伟大而艰巨的事业，需要我们不断回应时代之问，不断创造样板经验。

二 深圳先行示范区是中国式现代化的重要组成部分

建设好中国特色社会主义先行示范区，创建社会主义现代化强国的城市范例，是习近平总书记对深圳的殷切期盼，是新时代党中央赋予深圳的重大使命。从"五位一体"的实践要求看，深圳先行示范区建设内容与中国式现代化高度呼应，深圳始终以特别之为、立特区之位，坚定走在全国现代化前列。

第一，中国式现代化是人口规模巨大的现代化。14亿人口整体迈入现代化，将改写现代化的世界版图，为人类进步事业做出巨大贡献。开放包容是深圳城市文化的鲜明底色，作为一个人口规模过千万的超大城市，深圳近十年来每年接纳数十万计的人口来深圳追梦圆梦，深圳高效的市场机制实现了人力资源的最优配置和经济收入的合理回报。

第二，中国式现代化是全体人民共同富裕的现代化。中国式现代化把实现人民对美好生活的向往作为现代化的目标，着力维护和促进社会公平正义。随着城市常住人口职业结构、学历结构的变化，教育、住房等民生供给曾一度成为制约市民幸福感获得感提升的瓶颈，但近年来，政府在上述领域加大投入力度，使"来了就是深圳人"共享感十足、含金量极高。

第三，中国式现代化是物质文明和精神文明相协调的现代化。中国式现代化既坚持促进物的全面丰富，也坚持促进人的全面发展。很难想象，"一心搞钱"的深圳人人均年度阅读纸质图书9.15本，比全国水平（4.70本）多了近一倍；人均阅读电子图书11.70本，是全国水平（3.29本）的3.56倍。"让城市因热爱读书而受人尊重"，自立自信自强的标语背后，是深圳人对知识的尊重、对文明的礼赞。

第四，中国式现代化是人与自然和谐共生的现代化。中国式现代化坚持可持续发展，坚定不移走生产发展、生活富裕、生态发展的文明发展道路。面对资源环境紧约束，深圳坚定不移实施创新驱动发展战略，谋划部署战略性新兴产业，优化供给侧结构，致力于用更少的资源能源消耗、更低的环境代价创造更大的经济产出。深圳成为国内单位面积经济产出最高，万元GDP水耗、能耗和碳排放强度最低的大城市。

第五，中国式现代化是走和平发展道路的现代化。中国式现代化是和平力量的增长，是对更好社会制度的探索，是不称霸、不扩张的现代化。作为我国改革开放的重要窗口，深圳始终以先行示范的行动融入祖国和平发展大局，积极投身前海自贸区高水平对外开放门户枢纽建设，多形式支持国家重大战略，为我国探索拓展更高水平开放的渠道、路径与模式，付出了大量实践，取得了显著成效。

三　先行示范区建设视域下深圳现代化发展水平评价

评价是实践的参照。本文科学评估目前深圳经济特区现代化发展所处阶段，客观总结存在的主要差距与不足，并提出未来改进思路和发展建议，这对指导深圳先行示范区建设具有理论和实践价值。施洁等从"五位一体"的总体布局，即经济、政治（治理）、社会、文化、生态 5 个维度的现代化状况出发，构建了城市现代化发展程度评价体系。[①] 通过对标最高最好最优水平，得出深圳已处于中等发达的现代化阶段、具备成为全球城市的基础，深圳在经济、治理等方面已赶超部分国际先进城市，但在社会、文化、生态等方面还存在较大差距的结论。为持续监测深圳先行示范区建设进程、全面评价深圳中国式现代化发展水平，本文在现有评价指标体系下，根据比较研究需要，选择上海、香港、新加坡为参照，得到先行示范区建设视域下深圳现代化发展水平评价结果，为先行示范区建设提供指引、为城市发展政策提供参考。

（一）总体评价

本文通过采集深圳、纽约、伦敦、东京、新加坡和香港等先进地区基础数据，计算得到 2017 年深圳现代化总体实现程度为 49.7%，纽约、伦敦、东京、新加坡和香港则分别为 81.5%、80.6%、77.1%、71.0% 和 60.3%。分析评价结果发现，人均 GDP 是衡量城市现代化发展水平的关键指标。2021 年，深圳人均 GDP 突破 2.69 万美元，与先进地区相比还存在发展差距，处于中等发达的现代化发展阶段。

（二）分项评价

1. 经济现代化

一是经济发展水平存在差距。人均 GDP 是衡量经济发展水平的重要指

[①]　施洁、谢志岿、吴定海：《深圳先行示范区建设进程的量化评价与预测》，《深圳社会科学》2020 年第 2 期。

标。2021年，新加坡人均GDP最高，为深圳的2.7倍；其次是香港，为深圳的1.9倍。二是产业竞争力。2021年，新加坡工业全员劳动生产率最高，为深圳的5.2倍。就服务业增加值占GDP比重来看，2021年深圳服务业增加值占GDP比重为62.9%，略低于上海73.3%（整体水平）。就高技术产品出口额占制成品出口额比重看，2021年深圳为51.8%，低于香港的67.6%。三是研发投入强度领先。2021年，深圳地区R&D经费投入强度为5.49%，高于上海、新加坡和香港（见表1）。

2. 社会现代化

一是人均可支配收入存在差距。2021年，深圳人均可支配收入为10984美元，为上海的90.8%、香港的69.4%。二是实际房价收入比比较高。任泽平团队的数据显示，深圳市中心房价收入比达到32，外围区房价收入比达到17，整体水平超过上海。三是教育事业发展水平落后。义务教育阶段生师比高于上海和香港。四是卫生事业发展水平落后。千人病床数为3.3张，低于香港的4.3张、上海的6.1张。与其他地区相比，深圳具有国际影响力的全球顶尖医院相对缺乏，临床诊疗水平、精细化服务水准、医疗监管能力和水平、基础医学创新能力等与世界前沿水平存较大差距。

3. 文化现代化

以现有指标看，该板块差距较为明显。一是图书馆持证读者人数占比方面，深圳为20.3%，略低于上海（23.1%），但与香港、新加坡64.3%的水平差距较大。二是成年居民（国民）综合阅读率方面，深圳为85.4%，低于上海的95.9%。三是每10人中拥有大学文化程度人口数方面，深圳以2.88人的水平略优于香港和新加坡，但与上海3.39人的水平还有差距。

4. 生态现代化

根据现有指标数据，深圳要全面优于上海。一是单位GDP能耗低于上海，2021年，深圳仅为61.9%。二是环境空气质量优良率高于上海，2021年，深圳达到96.2%。三是地表水水质按国控断面计算优良比例优于上海，2021年，深圳达到91.7%，上海为80.6%。四是人均公园绿地面积高于上海，2021年，深圳人均公园绿地面积为12.4平方米，是上海的1.4倍。五是轨道交通线网密度高于上海，2021年，深圳为0.22公里/平方公里，与香港持平，为上海的1.7倍。

5.治理现代化

一是营商环境总体得分略低。根据《全球营商环境报告2020》，我国营商环境总体得分77.9分（深圳与上海无单独评分，因此，将我国大陆得分赋予深圳上海做比较），排名跃居全球第31位。在比较对象中，香港总体得分85.3，新加坡总体得分86.2。二是固定宽带连接下载速度较低。根据不同平台发布的数据，新加坡不仅是亚洲网速最快的国家，也是世界网速最快的国家。三是刑事罪案率较高。2021年，深圳按每千人口计算的刑事罪案率为1.37，略高于上海，也高于新加坡和香港。

表1　2021年深圳现代化发展评价指标体系及基础数值

评价维度	代表性评价指标(二级指标)	单位	深圳	上海	香港	新加坡
经济现代化	人均GDP	万美元	2.69	2.69	4.98	7.28
	工业全员劳动生产率	万美元/人	4.89	—	1.01	25.2
	地区R&D经费投入强度	%	5.49	4.21	0.99	1.16
	高技术产品出口额占制成品出口额比重	%	51.8	—	67.6	
	服务业增加值占GDP比重	%	62.9	73.3	93.4	66.96
社会现代化	人均可支配收入	美元	10984	12097	15816	—
	住房成本（房价收入比）	—	32	32		
	基尼系数（收入差距）	—	—	—	0.47	0.39
	教育事业（义务教育阶段生师比）	—	15.5：1	12.2：1	11.8：1	
	卫生事业（千人病床数）	张	3.33	6.06	4.9	—
文化现代化	图书馆持证读者人数占比	%	20.3	23.1	64.3	64.3
	过夜游客数量	万人				
	成年居民（国民）综合阅读率	%	85.4	95.9		
	每10人中拥有大学文化程度人口数	人	2.88	3.39	2.12	2.28

续表

评价维度	代表性评价指标(二级指标)	单位	深圳	上海	香港	新加坡
生态现代化	单位 GDP 能耗	吨标准煤/万元	0.172	0.278		—
	环境空气质量优良率	%	96.2	91.8	—	—
	地表水水质按国控断面计算优良比例	%	91.7	80.6	—	—
	人均公园绿地面积	平方米	12.4	8.7	—	—
	轨道交通线网密度	公里/平方公里	0.22	0.13	0.22	—
治理现代化	营商环境总体得分	分	77.9	77.9	85.3	86.2
	固定宽带连接下载速度	Mbps	—	—	排名靠前	世界第一
	刑事罪案率(按每千人口计算)	—	1.37	1.12	0.73	0.86
	政府规模(政府工作人员占就业人口比重)	%	—	—	—	—

注：少量数据因基础数据缺失、统计口径差异未能采集到表格中，个别指标有调整（替换）。

资料来源：《深圳统计年鉴 2022》、《上海统计年鉴 2022》、《香港统计年刊 2022》及新加坡统计局官方网站（Singapore Department of Statistics（DOS） | SingStat Website）。

四 推动深圳率先实现中国式现代化的几点建议

本文基于长期监测的目的，对 2021 年深圳现代化发展水平进行了量化评价和横向比较，通过与上海、香港和新加坡等三大亚洲先进地区现代化相关指标的比较，结合实际分析，得出深圳率先实现中国式城市现代化的策略建议。

（一）经济方面

一是强化科技创新优势，树立高水平创新发展的新标杆。科技创新是深圳最亮的金字招牌，也是深圳在中国式现代化新征程中发挥示范带动作用的重要底气。深圳从"三来一补"和加工贸易起步，在实践中走出了一条以市场为导向的科技产业化发展路径，成为全国高科技产业发展的一面旗帜。进入新时代深圳必须乘势而上，将科技创新的"长板"锻造得更长，加快构筑高质量发展新优势。一方面，要发挥深圳及时高效的大规模先进制造优势，持续完善综合创新生态系统，源源不断地吸引国内外先进科研成果在深圳产业化，创造更多新的细分行业、新的业态，培育更多专精特新"小巨人"企业，推动产业链价值链向高端攀升。另一方面，要发挥粤港澳大湾区综合性国家科学中心的地位优势，加快引入大科学装置、国家级实验室、国家级工程中心等研究机构，汇聚更多科技创新领域"国家队"，吸引一流创新资源，弥补基础研究能力不足的问题，补全深圳创新发展的"拼图"。

二是用好用足"双区"政策优势，树立深化改革扩大开放的新标杆。改革开放是深圳最根本的优势，也是深圳在中国式现代化新征程中发挥示范带动作用的动力源泉。四十多年来，深圳特区建设者敢闯敢试、敢为人先，开创了1000多项"全国第一"，改革开放已经成为这座城市的基因。当前，深圳要充分发挥"双区"优势，稳步推进综合授权改革试点，率先构建高水平社会主义市场经济体制，着力打造集市场化法治化国际化于一体的一流营商环境。要扎实做好深港合作这篇"大文章"，持续释放前海"扩区"政策效应，把前海自贸区、河套深港科技创新合作区等重量级战略平台打造成为具有强大辐射力的高质量发展引擎。要加快推进制度型开放，积极推进与港澳的规则衔接、机制对接，进一步畅通粤港澳大湾区人流物流资金流信息流，强化深圳对全球高端资源要素的集聚配置能力，在高水平对外开放中显著提升城市发展能级。

（二）社会方面

一是提高收入水平和中等收入比重。坚持就业优先战略，实施更加积极的就业政策，实现更高质量就业、更体面就业和更充分就业。完善按要素分配的体制机制，促进收入分配更加合理，拓宽居民劳动收入和财产性收入渠道，履行政府再分配调解功能，增加低收入劳动者收入，扩大中等收入阶层比重。二是加大力度补齐医疗、教育等社会保障领域发展不平衡不充分的短板。注重改善市民关心的薄弱环节，特别是在幼儿教育、高中教育的普及，高等教育的跨越式发展，医疗卫生服务质量的提升，社会福利的普惠性等方面下大功夫，夯实建设社会主义先行示范区的各项民生基础。三是完善婴幼儿照护服务体系，在街道和社区层面建设普惠型幼托机构，在有条件的幼儿园建立托班，探索幼托一体化服务体系，同时鼓励和支持有条件的用人单位提供幼托服务，多途径满足家庭幼托服务需求。四是规范发展家政服务，提高家政服务质量和水平，缓解双职工家庭的养老和育儿压力。

（三）文化方面

一是有效促进居民文化参与和增加文化福祉。提高城市文化设施网络与文化活动体系的质量和可达性，在均衡布局图书馆、体育馆等基本公共文体设施的同时，有效整合和连接中心图书馆、博物馆、美术馆、剧场等各类文化空间，逐步形成2~3处具有区域或全球知名度和影响力的城市文化核心区。二是借鉴世界先进城市的相关经验，在文化设施尤其是重大文化设施建设方面，积极探索政府与企业合作建设、社会资本投资建设等多元投融资和运营管理模式，通过市场和社会力量共同参与，提高文化设施投资的有效性，实现更大的社会和经济效益。三是健全创意人才的吸引及培育机制与体系，大力发展数字文化产业和创意文化产业，提升创意经济对经济的贡献率。四是推动深圳高校高质量和特色差异化发展，最大化发挥高校人才聚集、智力供给和创新策源等"文化外溢"效应。

（四）生态方面

一是要构建具有国际先进水平的城市环境质量监测体系。加大环境治理力度，实施气候友好型的大气环境保护政策，在营造蓝天白云常态化"深圳蓝"的同时，打造具有国际一流水平的空气环境，坚持水污染治理和河流治理，打造水清、岸绿、景美的城市风景线，建成美丽深圳，将生态环境打造为城市核心竞争力。二是构建绿色低碳生产生活方式。将碳达峰碳中和作为实现发展方式转变的重大机遇，建立健全用能权、用水权、排污权、碳排放权初始分配和管理制度，完善低碳发展的政策法规体系，实行能源和水资源消耗、建设用地、碳排放等总量和强度双控，构建绿色低碳循环发展的产业结构和经济体系。推动制造业的数字化转型，提升其制造业智能化水平。支持绿色技术创新，支持高污染企业的绿色技术升级。倡导简约适度、绿色低碳的生活方式，加快建设资源节约型、环境友好型社会，形成人与资源和谐发展的现代化建设新格局。三是尽快完善垃圾处理处置产业化政策，推动制定垃圾处理处置设施建设和运营的保障性、鼓励性措施，引导和推动产业健康发展。同时，积极鼓励垃圾分类处理、资源化回收利用，采用优惠的补贴政策如再生能源、碳减排交易等手段，加强垃圾资源化利用技术的开发与推广。出台建筑垃圾资源化利用的专项法律和政策，从制度上落实"产生者负责"的原则，并落实行业规划和建筑垃圾处置企业准入标准；支持建筑垃圾资源化利用技术方面的专项研究，编制相关技术文件和标准，并开展试点推广。

（五）治理方面

一是始终用改革开放的思路和方法破除制约营商环境优化提升的瓶颈，深化市场开放、政务服务和法律保障等领域改革，着力增强高水平制度供给能力，推动营商环境整体水平系统性提升，加快打造国际一流的营商环境高地。二是打造高端要素自由流动的总部经济高地。对标东京、纽约等全球城市，持续吸引跨国公司总部来深圳发展，形成跨国公司"在深圳、为全球"的功能高地。积极吸引各类具有国际影响力的会计审计、法律服务、信用评级、资产评估、投资咨询、融资担保等全球顶级服务商，提高为总部经济提供配套服务的专业机构集聚度。借鉴新加坡全球贸易商计划，研究制定潜力总部培育计划，培育一批具有较强行业影响力、国际话语权的本土跨国公司。三是加大服务业开放力度，降低外资准入限制。争取在自贸试验区实施海南国际医疗先行区政策；引进高端养老机构；允许外国教育机构单独设立以中国公民为主要招生对象的学校及其他教育机构，引进国外一流大学在前海自贸试验区设立分校；利用现有的国家对外文化贸易基地平台，完善对外文化全产业链服务体系，拓展文化版权贸易、艺术品交易、印刷品对外加工等渠道。四是加大海外人才引留力度，增强全球人才竞争力。降低"人才绿卡"申请门槛,合并"人才绿卡"审批手续,扩大"人才绿卡"使用范围,明确"人才绿卡"享受待遇,为外籍人士进入深圳工作生活提供政策保障。深入推进国际人才"蓄水池"工程,研究更具突破性的人才政策,研究制定境外高端人才和紧缺人才个税补贴实施办法,以及境内高端紧缺人才经济贡献奖励办法,完善高层次人才评价体系,建立与国际接轨的人才评价机制。

参考文献

习近平:《高举中国特色社会主义伟大旗帜 为全面建设社会主义现代化国家而团结奋斗——在中国共产党第二十次全国代表大会上的报告》,中国政府网,2022 年 10 月 25 日,http://www.gov.cn/xinwen/2022-10/25/content_ 5721685.htm。

《中共中央 国务院关于支持深圳建设中国特色社会主义先行示范区的意见》,中国政府网,2019 年 8 月 9 日,http://www.gov.cn/gongbao/content/2019/content_ 5425325.htm。

施洁、谢志岿、吴定海:《深圳先行示范区建设进程的量化评价与预测》,《深圳社会科学》2020 年第 2 期。

世界银行:《全球营商环境报告 2020》。

B.18
深圳建设全球城市的路径分析

廖明中　陶卓霖*

摘　要： 建设全球城市不仅是国家战略，更是深圳使命。作为兼备青春成
长之势、发展积累之基、开拓创新之魂的代表性城市，深圳正处
于黄金发展期，应积极把握宏观趋势、放大自我优势，从而实现
建设全球城市的远景目标。随着逆全球化、再工业化等外部要素
的影响，当今全球城市格局正面临巨大挑战。本文旨在回顾并总
结经典全球城市的发展脉络与路径，并深入讨论深圳建设全球城
市的时代背景和自身优势，提出具有针对性的发展建议。

关键词： 深圳　全球城市　世界城市

一　深圳建设全球城市的时代背景

改革开放以来，深圳作为经济特区和改革开放的排头兵，在中国特色社
会主义市场经济建设和城市发展的路径探索中起到了关键作用。在此过程
中，深圳也从"小渔村"一跃成长为现代化、国际化的超大城市，并且走
出了一条以"科技创新"为突出特色的发展道路。进入新时代，2019年8
月出台的《中共中央 国务院关于支持深圳建设中国特色社会主义先行示范
区的意见》赋予了深圳创建"全球标杆城市"的新使命。于深圳而言，建
设"竞争力、创新力、影响力卓著的全球标杆城市"不仅是难得的历史使

---

* 廖明中，深圳市社会科学院经济所研究员，主要研究方向为区域经济和国际经济；陶卓霖，
北京师范大学讲师，主要研究方向为经济地理。

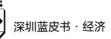

命，更是其引领粤港澳大湾区协同发展，发挥全国带头示范作用的重大机遇。

当前，全球化发展趋势处于深刻变革之中。2008年以来，全球经济复苏缓慢，并开始出现"逆全球化"势头。与此同时，以美国为首的西方发达国家纷纷实行"再工业化"战略和贸易保守主义，为新时期的全球化蒙上了阴影。2020年以来，世界经济发展进一步陷入停滞，给全球化的未来制造了更多不确定性风险。

在"百年未有之大变局"下，后发国家能否紧抓全球化转型契机，实现破局和崛起，显得极为关键。相较于由欧美发达国家主导的传统全球化模式，以中国提出的"一带一路"倡议为代表的新全球化模式，强调建立公平贸易、包容性全球化和共享共赢等新理念。尤其是在发展中国家的全球化格局地位日益提高的背景下，新全球化将成为引领新阶段的全球化模式。

作为全球化的核心枢纽和关键节点，全球城市理应成为引领全球化转型推进的"领头羊"。综观世界上著名的全球城市，它们虽在发展水平、竞争力等方面具有共性优势，但实际上成长于不同的历史和地缘经济背景，遵循多样化的发展路径。在全球标杆城市的战略目标指引下，深圳应系统总结自身发展历程、现状位置和未来前景，借鉴著名全球城市的发展经验，结合新全球化的发展趋势，提出更加具有针对性的全球城市发展路径。

二 全球城市发展路径的经验借鉴与深圳发展前景审视

（一）全球城市概念演进：学术定义与实践探讨

全球城市（Global City）是当代城市研究领域和全球化与城市发展战略中的重要核心概念，用来描述那些在经济、政治、文化、社会等层面直接影响全球事务的城市。全球城市概念的提出最早可追溯到美国经济学家理查德·科恩，他认为随着跨国企业业务的迅速发展，企业的决策、生产、销售和投资逐渐走出国门，形成了世界性的合作与竞争网络，而那些头部跨国企业所选择的总部城市，则逐渐汇聚了各种类型的生产要素和人力资本，渐渐形成了可以影响世界经济的中心城市。因此，科恩对全球城市的定义来自国际劳动分工的巨大变化以及跨国公司组织的角色演变。

1991 年，萨斯基娅·萨森的代表作《全球城市：纽约、伦敦和东京》则进一步扩大了全球城市概念的范畴，将其定义为在社会、经济、文化或政治层面直接影响全球事务的城市。萨森的全球城市理论一反当时的主流观点，即全球经济超越了地域限制并预示着场所和距离的失效。萨森认为全球经济的发展不仅需要非常具体的地域条件，更强调专业服务业在全球城市构建中所发挥的重要作用。随着经营活动越发复杂，跨国企业越需要专业服务业的协助。随着服务的复杂性、市场的不确定性、交易速度的重要性的逐步提升，集聚经济的作用越发彰显，这些专业服务业汇聚的城市则成为具有重要影响力的全球城市。

2004 年，地理学家彼得·泰勒提出从流动网络的角度理解全球城市。泰勒认为全球范围内的物质及信息流动构成了当今的城市网络，而全球网络是那些在此网络中具有节点位置的重要城市。这些城市具有极高的中心度，它们与其他城市高度互联，在各类信息传递和流通过程中发挥着举足轻重的作用。而这些城市本身也受益于更加便捷的物流、更加稠密的航班和更加灵通的信息资源。

以上三位学者的开创性研究从不同角度对全球城市的定义和作用进行了阐释。值得注意的是，在政策实践和学术研究中，世界城市（World City）一词与全球城市（Global City）一词的联系非常紧密。在中国，相似的概念和术语还有"国际性大都市""世界名城""中国名城"等。以上概念存在一定关联，但也有着显著的概念性差别。首先，世界城市概念的提出可追溯到 1915 年，由帕特里克·盖迪斯在《进化的城市》一书中提出，用来描述英国以外的城市区域中的城市增长。20 世纪 60 年代，英国地理与规划学家彼得·霍尔在 1967 年将"世界城市"描述为"能够对其他国家产生全球性政治、经济和文化影响的大都市",并界定了 7 个有代表性的世界城市（区域），分别为：伦敦、巴黎、任仕达、莱茵—鲁尔、莫斯科、纽约和东京。此后，约翰·弗里德曼提出世界城市假说（the World City Hypothesis），认为世界城市体系是国际劳动分工在空间组织上的表现，进一步融合了世界城市和全球城市的概念。

学术研究通常会强调将全球城市和世界城市区分使用。全球城市的特征主要表现在该城市在全球城市体系中的节点位置，即全球城市对其他城市施加影响的能力，尤其是在某些高度专业化的领域，例如，金融、贸易、物流等。而世界城市的定义则更为一般化，既可以是以历史文化资源见长的文化名城，如罗马等，也可以是以城市景观闻名的旅游名城，如威尼斯、佛罗伦萨等。总体来说，全球城市的层级较高、数量较少，如最具代表性的伦敦、纽约、东京等，而世界城市的范围则涵盖较广。实际上，早期关注全球城市和世界城市的学术研究，其主要的关注重点和解释元素为各大跨国公司、高级生产者服务业、跨国非政府机构以及各大跨国研究机构等跨国组织在空间上的分布、扩张及关联。因此，其研究范围和要素较为有限，这一定程度上限制了全球城市和世界城市概念的发展。部分批评观点认为，经典的全球城市理论过于强调城市主体间的经济和金融联系，而未能深刻反映城市间更加多样丰富的双边关系，包括但不限于个人、文化、制度、历史、创新等不同形式。这些多元联系在塑造城市影响力和提升城市关注度等领域发挥着不亚于经济活动的作用，也促进着全球城市这一理念的有机演化。

近年来，全球城市理念不断深化。当前，全球城市指数已经成为衡量城市竞争力的重要指标，诸多城市纷纷根据自身发展阶段制定了城市发展战略。在传统认知中，伦敦、纽约、巴黎、东京是公认的"四大世界级城市"和全球城市，其发展特征和路径也成为其他城市对标全球城市发展的重要参考。伦敦曾在 *London in Comparison with Other Global Cities* 研究报告中，系统性地研究了主要全球城市的发展路径，并与伦敦的城市发展路径进行对比，从而得到伦敦进一步发挥特长、巩固优势、深化全球影响力的战略对策。纽约则在多个版本的城市综合规划中贯彻了全球城市发展的战略定位和建设策略，以 2019 年《同一个纽约 2050：建设一个强大和公正的城市》为例，该规划提出要以实现"公正、增长、可持续性、韧性、多样性与包容性"等核心价值为路径，为市民构建一个公平、健康、和谐的社会，并进一步塑造纽约独一无二的影响力。

在我国，全球城市同样是各大城市制定宏观远景规划的重要考量要素。上海在《上海市城市总体规划（2017—2035 年）》中明确提出建立"卓越的全球城市"的战略目标，致力于将上海打造为"令人向往的创新之城、人文之城、生态之城，具有世界影响力的社会主义现代化国际大都市"。北京在《北京城市总体规划（2004—2020 年）》中提出将"世界城市"确立为城市发展目标定位之一，并于《北京城市总体规划（2016—2035）》中再次明确了北京作为"国际交往中心""科技创新中心"的战略定位，可谓具有鲜明的全球城市内涵。广州在《广州市城市总体规划（2017—2035 年）》的草案中将"美丽宜居花城 活力全球城市"作为城市发展的目标愿景。深圳作为改革开放中的排头兵，实现全球城市发展目标不仅是国家战略，更是深圳使命。深圳市"十四五"规划明确指出，要将深圳市建设为具有全球影响力的创新创业创意之都，并成为中国建设社会主义现代化强国的城市范例。2019 年 8 月发布的《中共中央 国务院关于支持深圳建设中国特色社会主义先行示范区的意见》为深圳提出了"竞争力、创新力、影响力卓著的全球标杆城市"目标。

（二）全球城市评估体系与典型特征

全球城市概念在城市发展战略制定及相关学术研究中得到了广泛认可和充分讨论，不少团体和组织会定期对世界范围内的城市进行量化分析、排列对比，常见的研究机构及量化指数包括：全球化及世界城市研究网络（GaWC）发布的全球城市排名、中国社会科学院和联合国人居署合作发布的《全球城市竞争力报告》、科尔尼公司（Kearney）发布的全球城市指数、"全球城市实验室"发布的《全球城市 500 强报告》、"经济学人"智库发布的全球城市竞争力指数等。尽管这些研究机构采取的量化指标有所不同，但研究结论仍表现了一定的共性。

第一，从城市空间形态来看，全球城市的空间分布紧凑、土地利用高效，以有限的土地资源吸引各类要素的高度聚集并发挥集聚效应，尤其是人力资本的高度聚集，典型代表城市包括纽约、香港、东京等。

第二，从节点属性来看，全球城市的连通性和流通性极强。部分老牌全球城市利用港口贸易积累经济基础并逐渐放大其在全球经济体系中的优势，如伦敦、纽约等；部分全球城市则以人力要素、信息要素、科技要素的流动见长，如东京、新加坡等。

第三，从产业结构来看，全球城市以多元复合的产业为支撑，并以核心全球城市为地理锚点和发展引擎，带动周边区域优势互补、协同发展，代表城市如东京等。

第四，从城市软实力来看，全球城市的文化活力极强，可为居民及游客提供高品质的城市生活和文化互动，并以包容的姿态吸纳多元文化，激发进一步的创新创造，如巴黎、纽约等。

（三）全球城市发展路径的差异化与特色化

除以上四方面的共同特征外，部分全球城市具有独特的发展路径，并以独有的优势在全球竞争中展现其不可替代的影响力和话语权。例如，伦敦和纽约是最早诞生的全球城市，它们作为主要港口城市，天然拥有高流通性和连接度，从而形成了各类要素的高度密集和信息化的高速发展。

然而在百年发展史中，伦敦的独特优势在于其始终保持"规划在前、政策引导"的发展方针。伦敦多次巩固其国际领先地位，实现了从工业化到去工业化、从服务业密集到创新元素密集、从功能单一的国际贸易中心到多元领域均具有全球影响力的转变。而纽约则以其多元包容的移民文化塑造了一条独特的全球城市发展路径，并凭借其移民的多源性、社会的多元性及文化的多样性不断增强纽约的全球辐射度和吸引力。相较于纽约和伦敦的综合发展，更具特色发展路径的全球城市当属巴黎。尽管巴黎在经济体量和硬件基础上并非前列，但其凭借高辨识度的文化要素以及在国际组织、创意产业、历史遗产及文旅体验等"软实力"赛道的显著优势，仍然在全球城市网络中具有难以替代的地位。

回顾近百年以来的全球城市发展史，不难看出，全球城市的诞生植根于外部机遇和自身优势的有机结合和共同促进。一方面，贯穿数个世纪的三次科技革命先后孕育了以伦敦、纽约、东京等城市为代表的典型全球城市，技术的革新为城市带来了"弯道超车"的发展机遇。以科技革命为代表的外部机遇不仅为新兴全球城市的诞生提供了难得的机会窗口，更是对现有全球城市体系架构适时调整，因此，战略性地把握大环境下的机遇与挑战，是各大城市得以突破重围的必要前提。

另一方面，挖掘自身优势、走出具有不可替代性的全球城市发展之路是各城市得以在激烈竞争中立足并可持续发展的重要保证。早期的全球城市研究多以可量化、易对比的硬性数据指标衡量城市的发展状况，如经济增长速度、机场连接度、贸易量、旅客数量等，即研究重心集中在各城市的"硬实力"上；近年来，为走出独具特色的发展之路、规避同质性带来的负面风险，"软实力"逐渐成为全球城市竞争的新赛道。各大城市在夯实硬件基础的同时，更加注重挖掘自身文化特色、放大城市独有优势，力图通过"软实力"来放大"硬实力"。例如，巴黎提出"保持在 21 世纪的全球吸引力"，以文化为抓手放大"巴黎声音"；新加坡继续坚持"文艺复兴城市计划"，通过加大对当代艺术的投资力度来提升全民文化素养，并鼓励文艺创作，将新加坡打造为当代艺术的枢纽城市；北京则提出"谋划创新型世界城市"，明确以创新为路径，把握创新要素，走出不可替代的可持续性全球城市发展之路。

全球城市格局演变见证了全球化加速过程下的城市发展之路。其中，具有早期先发优势的节点城市先后经历了工业化的资本积累、物质要素的高效流通、人力资本的高度聚集以及知识创新要素的高速扩张。城市不仅是人类集中从事经济、社会、文化、政治活动的空间载体，还是经济增长的引擎、科技创新的源泉、文化发展的平台以及对外联系的节点。各大城市不仅在全球城市网络中具有枢纽功能，还在全球事务中具有重大影响力。目前，随着全球城市网络的演变受逆全球化等不确定因素的影响，一大批各具特色与潜力的新兴全球城市逐渐涌现，全球城市体系正在面临巨大的结构变革和空间重塑。

（四）深圳的城市基础与其成为全球城市的潜力

深圳是中国改革开放进程中的排头兵，是中国特色社会主义先行示范区，是城市自主发展创新的领跑者，具有极强的发展潜力。

首先，深圳地理区位优越，枢纽功能突出，在粤港澳大湾区发展中发挥着重要的"纽扣功能"。从国际经验来看，从城市化到城市群协同发展是放大城市优势的必经之路，深圳作为粤港澳大湾区的领跑城市，具有极强的先发优势。其次，深圳具有显著的产业优势，先进制造业和高技术制造业不仅促进了各类要素的聚集和流通，更放大了深圳在全球贸易体系和物流航运中的优势。再次，深圳的人力资本与创新优势显著，拥有城市长久持续发展的核心内动力。改革开放以来，深圳打破壁垒、"筑巢引凤"，吸引了大量高层次人才，形成了创新创业的肥沃土壤，在专利发表、论文合作方面均有亮眼表现。最后，高水平的公共管理效率将政策优势转化为竞争优势，进一步提高了深圳在全球城市体系中的竞争力，为其实现建设"全球标杆城市"的目标打下了良好基础。

在目前的全球城市评价体系中，深圳表现了其鲜明的优势特征和强大的综合潜力。根据 GaWC 2020 世界城市排名，深圳分属 Alpha 等级，与广州等城市共同位列第一梯队。在 2021 年科尔尼全球城市指数报告中，深圳的全球城市排名较 2020 年攀升了 15 位，表现亮眼。以"孔雀计划"为代表的引才政策为深圳吸引了大量优质人才，不仅提高了深圳的创新创业指数，更为其他全球城市指出了未来发展方向。值得注意的是，在排名上升 10 位以上的 8 个城市中，有 5 个是中国城市，即广州（上升 20 位）、上海（上升 15 位）、深圳（上升 15 位）、重庆（上升 12 位）和苏州（上升 10 位），中国城市整体快速发展。在全球城市实验室发布的 2021 年

《全球城市 500 强报告》中，深圳位列全球第 34 名，并且在城市品牌价值、人才吸引力等方面表现优异。在由中国社会科学院和联合国人居署共同发布的《全球城市竞争力报告 2020—2021》中，深圳在"当地要素"（包括融资便利度、学术论文指数、青年人才指数等子指标）和"全球联系度"（包括航空联系度、网络热度、科研人员联系度、航运联系度等子指标）指标上均进入全球前 20 位，表现亮眼，展现了深圳在交通、物流、创新、科研等领域极强的全球影响力。在由深圳市社科院发布的《世界湾区发展指数研究报告（2021）》中，深圳被评估为快速发展型湾区城市，与粤港澳大湾区其他城市形成了优势互补、合作发展的组团式多中心发展态势。

总的来说，全球城市的诞生与发展既植根于外部机遇的支持，更离不开自身优势的滋养。一方面，深圳凭借其在经济发展及资源配置等方面的"硬实力"，在全球城市竞争中展现了强劲的发展势头；另一方面，实现全球城市的发展目标不仅是深圳使命，更是国家战略，深圳作为改革开放的排头兵，在愈发激烈的全球城市竞争中崭露头角，不仅承载着对国家富强的向往，也有着对人民福祉的价值诉求。然而，全球城市目标的实现，不仅需要经济基础的支撑，更需要深入挖掘自身特色、逐步建立城市品牌、进一步提高国际声誉，从而更加深入地参与全球治理、承担大国责任。回顾典型全球城市的发展路径和经验，深圳应积极把握时代机遇、积累城市发展基础，更要尽早挖掘自身特色和文化特质，放大其在城市品牌价值、人才吸引力、科技创新等方面的既有"长板"，补充其在文化旅游、城市声誉等"软实力"领域的"短板"，从而实现成为全球标杆城市的愿景。

三　新全球化背景下深圳建设全球城市路径的建议

全球城市是一类功能独特的城市。对于发展中国家的后发城市而言，全球城市建设应着重"拉长板"，而不是追求"补短板"的全面发展，应集中资源在"长板"领域突出其特色和优势，从而在较短的时间周期内提升其全球影响力和竞争力。综合上述考虑，本文建议深圳从以下几方面确定全球城市发展路径。

（一）建设包容性、创新型全球城市，强化城市持续竞争力

城市总体战略定位对于全球城市建设而言不可或缺，应着重于城市最突出的优势和特色进行高度归纳。经过几十年的积累，科技创新已成为深圳鲜明的城市名片，在各项城市评价中，科技创新通常都是深圳表现最为亮眼的维度。从区域看，粤港澳大湾区也以"科技创新湾区"闻名于世界，而深圳是大湾区的核心创新引擎。因此，为进一步提升深圳的全球城市能级，应集中各方资源延续和强化深圳的科技创新能力，尤其是提升基础科研和源头创新能力，打造全链条的全球创新之都。

然而，很多全球城市都注重创新发展，但仅"创新"这一个标签仍然不能充分概括深圳的全球城市定位。建议将包容和创新作为深圳建设全球城市的两大定位，打造具有全球影响力的包容性、创新型全球城市，进一步丰富全球城市精神内涵。一方面，在新全球化模式下，世界各国越来越重视平等、共赢的国际贸易与合作理念，包容性的全球城市对于推进新全球化至关重要。深圳应积极响应和参与"一带一路"倡议，倡导包容性全球化理念以及贸易与沟通协商机制，力争成为中国与世界各国尤其是发展中国家沟通的窗口。深圳应与香港强强联合，发挥和强化与香港的"超级联系人"角色，共同做好新全球化的"超级联系人"。

另一方面，深圳的成长离不开其作为"移民"城市的优势，多样性和包容性城市社会文化是深圳隐藏的宝贵财富，一直以来都是深圳不断吸引外来人口和优质人才的重要动力。然而，近些年来，由于高房价和人才引入政策调整等，深圳对优质人才的吸引力降低，这为深圳未来的高质量和可持续发展带来了潜在风险。深圳应从人才引入和支持政策、住房保障、城市社会文化营造等方面进一步巩固和强调城市包容性。

（二）重视城市"软实力"研究与宣传，提升国际影响力和认可度

全球城市概念具有丰富内涵。在传统视角下，全球城市研究和实践主要关注城市经济产业要素和硬件基础设施等"硬实力"。近些年来，城市"软实力"逐渐得到关注，不仅能够与城市"硬实力"相互补充，还具有城市"硬实力""放大器"的重要作用。"软实力"一词起源于国际关系研究，因此城市"软实力"对于全球城市而言具有天然的亲和性。上海在2021年6月发布了《中共上海市委关于厚植城市精神彰显城市品格全面提升上海城市软实力的意见》，明确强调了"软实力"与建设全球城市的深刻联系。未来，城市"软实力"必将成为全球城市竞争的重要战场。

为培育深厚的全球城市底蕴，深圳应重视城市"软实力"的研究与宣传，尤其是着眼于全球城市高度的"软实力"要素。深圳应聚焦"敢闯敢试、开放包容、务实尚法、追求卓越"的新时代深圳精神，坚持和深化市场化、法治化和国际化的发展模式，建设具有全球影响力的全球城市文化品牌。

打造具有国际影响力的城市文化设施是在短期内提升城市形象、扩大国际影响力的有效方式，深圳市应加快推进"新时代十大文化设施"工程，充分展示深圳在推进城市文化建设方面的决心。与此同时，还需打造活力多元的文化活动，加强国际化文化交流、展示和推广，举办各类国际性文化、艺术、体育等领域展览、论坛或赛事活动，策划具有深圳特色的城市文化节和"深圳论坛"。加大人文社科领域的研究与咨询服务投入力度，充分调动政府、企业、社会组织、研究机构和居民等不同主体的智慧，确立体现深圳特色的全球城市形象，建设深圳独有的全球城市文化品牌。

宜居的优质生活圈、宜业的良好就业环境以及宜游的活力城市生活是吸引人才的重要因素，也是提升全球城市竞争力的重要路径。一是要围绕人才服务，继续加快人才房和保障性住房建设，完善可支付的公共住房体系，加快构建高质量的公共服务体系，着重提升针对国际移民和游客的城市宜居性。二是要着重优化城市营商环境，尤其是针对国际化市场的营商环境，为

企业和人才"引进来"和"走出去"提供便利。三是要提升面向国内外游客的城市形象，整合深圳的滨海旅游资源、社会活力、文化资源和创新元素，全方位多维度向世界展现"深圳魅力"。

（三）建立城市多层次治理体系，提升应对不确定风险的韧性

近年来全球范围内的不确定因素显著增加，极端天气、突发事件等各类传统风险和非传统风险相互交织，这对全球城市的韧性发展提出了全新的挑战。2021年，我国在"十四五"规划中明确提出要"建设宜居、创新、智慧、绿色、人文、韧性城市"。为实现这一愿景，深圳将"以人民为中心"作为韧性城市建设的首要目标，全维度加强城市抗风险能力。同时，韧性发展也是推进高质量城市发展的重要实现路径，提高经济韧性和城市综合韧性对于实现深圳"高质量发展高地"的目标至关重要。深圳应抓住机遇并进一步巩固优势，加强对城市治理理念和方法的总结讨论，优化城市多层次治理体系，将此打造为深圳在未来不确定性世界中保持竞争力的一张王牌。

对标各大顶级全球城市，韧性城市的发展大多起源于城市防灾减灾体系，即韧性城市的发展与城市治理体系的建设存在一定的同源性，但又各有侧重。对于深圳而言，不仅要继续加强以防灾减灾、应急管理为主的实践探索，还应对标纽约、伦敦等全球城市积极构建结合深圳特色的广义韧性城市发展系统，建设覆盖生态、社会、经济、基础设施等领域的韧性城市体系，并将其落实到具体规划部署与执行体系，从而形成多主体参与、全方位协调的综合韧性发展方案。

（四）紧抓全球城市发展理念热点，打造全球城市样板，实现弯道超车

综观全球城市体系发展和深圳自身独特优势，将深圳打造为"中国特色社会主义全球标杆城市"不仅是国家战略中的重要环节，更是深圳不可错失的历史使命。当前，以伦敦、纽约为代表的部分老牌全球城市逐渐展现

了一定程度的不可持续性，具体表现在生态脆弱、城市收缩、发展降速等方面。作为发展之基稳固、成长态势蓬勃的新兴全球城市代表，深圳正处于黄金发展期，应在全球城市竞争中彰显中国特色社会主义的本质特征，抓紧时代机遇，为世界城市发展提供可持续性的、可借鉴的"中国方案"。

"绿水青山就是金山银山"，建设生态文明、推动绿色低碳发展不仅是关乎中华民族永续发展的根本大计，更是提升全球城市核心竞争力的重要抓手。在应对全球气候变化的浪潮中，抓住绿色低碳发展机遇、占领低碳经济制高点、把握低碳政治话语权是进一步提升全球城市竞争力的关键路径。根据《2021中国城市绿色竞争力指数报告》，深圳的城市绿色竞争力在全国289个城市中排名第一，可持续发展动能强劲。在"双碳"背景下，深圳应进一步深化在能源、工业、交通、建筑等领域的绿色低碳发展，争取以先行示范标准实现碳达峰碳中和目标，打造具有示范意义和借鉴价值的全球城市样板。

全球城市的可持续发展不仅植根于良好的生态环境，更依托于高品质城市空间发展。对于深圳而言，紧凑的土地和空间对于高效的、有机的城市更新提出了更高的要求。从《深圳城中村（旧村）改造暂行规定》到《深圳市城市更新办法》《深圳经济特区城市更新条例》，深圳在数十年里的高速城市化背景中积累了宝贵的有机更新经验，也为其他面临城市存量发展困境的全球城市提供了参考。深圳在愈发激烈的全球城市竞争中彰显了具有自身特色的竞争力，并以特色优势抢占竞争赛道，实现城市发展"弯道超车"。

参考文献

丁焕峰、谭一帆、孙小哲：《粤港澳大湾区世界级城市群治理体系的建构讨论》，《城市发展研究》2022年第8期。

陈荣、杨代友：《粤港澳大湾区城市制造业高质量发展比较研究》，《城市观察》2022年第4期。

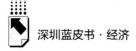

苏海洋、陈朝隆：《联系与竞合：粤港澳大湾区城市群旅游共生空间若干问题研究》，《人文地理》2022 年第 4 期。

贾点点：《世界城市理论脉络、评价体系和未来展望》，《全球城市研究》（中英文）2021 年第 4 期。

Pilka Martin E., Sluka Nicolai A., Szymańska Daniela, "The World's Largest Foreign TNCs in U. S. Global Cities: Observations in Studying Industrial Composition", *Cities*, 2021.

姜炎鹏、陈囿桦、马仁锋：《全球城市的研究脉络、理论论争与前沿领域》，《人文地理》2021 年第 5 期。

宋帅邦：《先行示范区建设背景下深圳高质量发展探讨》，《商业经济研究》2021 年第 12 期。

焦美琪、杜德斌、桂钦昌、侯纯光：《"一带一路"视角下城市技术合作网络演化特征与影响因素研究》，《地理研究》2021 年第 4 期。

许士密：《"逆全球化"的生成逻辑与治理策略》，《探索》2021 年第 2 期。

汤伟：《模仿和超越：对发展中国家"全球城市"形成路径的反思》，《南京社会科学》2021 年第 2 期。

刘建江、李诗：《新冠疫情冲击下美国再工业化战略举措及前景研究》，《广西师范大学学报》（哲学社会科学版）2021 年第 6 期。

王京生：《世界四大湾区要素流动指数研究——基于纽约、旧金山、圣何塞、东京、香港和深圳的比较分析》，《深圳社会科学》2021 年第 6 期。

黄佳金、谷金：《全球城市制造业发展经验及对上海的启示》，《科学发展》2020 年第 10 期。

陈庭翰、谢志岿《产业结构高级化演进的国际比较与深圳经验》，《深圳社会科学》2020 年第 5 期。

苏宁、屠启宇：《全球城市吸引力、竞争力、创造力的内涵与互动特点》，《同济大学学报》（社会科学版）2018 年第 5 期。

何国勇：《深圳建设国际科技、产业创新中心研究——硅谷的经验与启示》，《城市观察》2018 年第 2 期。

斯国新：《杭州打造世界名城的评价体系研究》，《中共杭州市委党校学报》2018 年第 2 期。

RenéBelderbos, Helen S. Du, Anthony Goerzen, "Global Cities, Connectivity, and the Location Choice of MNC Regional Headquarters", *Journal of Management Studies*, 2017 (8).

武前波、马海涛：《长三角全球城市区域二级城市的产业功能与发展战略》，《世界地理研究》2016 年第 1 期。

杨俊宴、陈雯、孙伟等：《上海全球城市形态、空间结构及大都市圈建设研究》，《科学发展》2015 年第 11 期。

陆伟芳、余志乔：《从世界城市、全球城市到世界名城———一种理论的视角》，《城市观察》2014年第1期。

孙越雯：《中国全球城市的发展格局研究》，硕士学位论文，东北师范大学，2012。

王乘鹏：《纽约市生产服务业的发展与其全球城市地位：二十世纪九十年代以来》，硕士学位论文，东北师范大学，2010。

庄德林、陈信康：《国际大都市软实力评价研究》，《城市发展研究》2009年第10期。

李健：《从全球生产网络到大都市区生产空间组织》，博士学位论文，华东师范大学，2008。

徐毅松：《迈向全球城市的规划思考》，博士学位论文，同济大学，2006。

赵庆伟、甄永红：《中国国际性大都市的功能定位》，《经济论坛》2004年第14期。

冯文权、张华莉：《建设武汉国际性大都市的目标模式及其生成战略》，《学习与实践》1998年第3期。

Sassen, S., *The Global City*: *New York*, *London*, *Tokyo*, Princeton University Press, 2013.

B.19
深圳打造国际消费中心城市战略思路

朱东山*

摘　要： 近年来，深圳大力推进国际消费中心城市建设，取得明显成效。但 2021 年 7 月，商务部发布公告，明确在上海市、北京市、广州市、天津市、重庆市率先开展国际消费中心城市培育建设。深圳作为一线城市意外落选，这引发了深圳如何加快培育建设国际消费中心城市的思考。本文对深圳的消费基本情况进行简要概述，分析制约深圳居民消费的主要因素，并提出将深圳打造为国际消费中心城市战略思路。

关键词： 深圳　消费能力　旅游消费　人口结构

2022 年，北京、上海、广州、深圳的 GDP 总量分别为 4.16 万亿元、4.47 万亿元、2.88 万亿元和 3.24 万亿元，其中深圳位列第 3，对比广州的优势进一步扩大，具备打造国际消费中心城市的经济基础。2022 年 2 月，深圳印发《深圳市关于加快建设国际消费中心城市的若干措施》，明确围绕建设全球重要商贸中心战略定位，加快培育建设国际消费中心城市。

一　基本情况

近年来，深圳出台系列促销费政策，聚焦全市放心消费环境建设和消费

---

* 朱东山，经济学博士，主要研究方向为产业、区域、低碳经济。

者满意度提升，努力建设国际消费中心城市。2022 年，全市社会消费品零售总额达 9708.28 亿元，同比增长 2.2%，比前三季度提高 0.5 个百分点。分消费类型看，商品零售增长 4.2%，餐饮收入下降 12.9%。基本生活类商品销售良好，其中，限额以上单位粮油食品类、饮料类零售额同比分别增长 18.1%、25.4%。消费升级类商品保持较快增长，其中，限额以上单位通信器材类、汽车类零售额同比分别增长 40.3%、13.5%。网上零售持续快速增长，限额以上单位通过互联网实现的商品零售额同比增长 20.9%。

二 制约深圳居民消费的主要因素

人口结构导致"重储蓄轻消费"。一方面，年龄结构偏年轻，居民储蓄意愿较强。根据第七次全国人口普查数据，通过对包括直辖市、计划单列市、人口超 500 万的省会城市以及 GDP 过万亿的普通地级市、制造业大市东莞在内的 35 个城市的人口结构进行对比，发现深圳人口结构最年轻。其中，15~59 岁的人口占比高达 79.53%，60 岁及以上人口占比仅为 5.36%。根据生命周期假说，居民一生中消费的规律大体是：工作时期进行储蓄，为退休后消费准备资金，退休后则有负储蓄。因深圳人口结构偏年轻，居民整体储蓄倾向较强，消费支出相对较少。另一方面，外来务工人员较多，消费意愿较弱。《深圳市 2021 年国民经济和社会发展统计公报》显示，2021 年底，深圳市常住人口 1768.16 万人，其中，常住户籍人口 556.39 万人，占常住人口的比重为 31.5%。可见，深圳近七成的人口为非户籍人口，当中不少为外来务工人员，其需留存收入给老家的亲人，消费意愿较弱。

住房成本高，削弱消费能力。一方面，购房成本高。房价收入比是指住房价格与城市居民家庭年收入之比，是衡量居民住房支付能力、房价水平是否处于合理区间的一个重要标准。贝壳公司发布的 2022 年百城房价收入比显示，深圳的房价收入比为全国最高，达到 36.5。即深圳居民需要积攒 36.5 年的可支配收入才能购入一套平均价格的房子。因此，深圳居民需要将更多的收入投入到购房，挤压了消费的空间。另一方面，租房成本高。房租收入比是指个人租房租金费用与个人可支配收入的比值，这一指标直观地反映居民租房压力。根据58同城和安居客发布的《2023节后返城租房调查报告》，目前我国以深圳、上海、北京三个城市为核心，形成三个租房压力圈。这三个城市的房租收入比分别是深圳30.2%、上海28.6%、北京27.4%。可见，深圳的房租占居民收入比例最高，居民收入的近1/3用于租房。

线下消费场景相对单一，难以形成特色。一方面，缺少多业态融合的消费场景。目前，深圳的线下消费场景主要为大型商业综合体和沿街商铺，"旅游+消费""休闲+消费""文化+消费"的场景较少。如目前深圳有1300余个公园，但是公园内因用地属性限制，并未灵活布局商业，类似欢乐港湾、欢乐海岸等消费场景非常有限。另一方面，综合体内业态较为雷同。现有商业综合体内的商业大部分为大众连锁品牌，缺少差异化特色业态。如餐饮商铺，基本都入驻麦当劳、农耕记等餐饮品牌，导致各商业综合体的差异不大。

旅游业发展不足，影响旅客消费。旅游业对带动消费有明显作用，但深圳旅游业发展乏力，特别是未充分利用好海洋资源，发展特色旅游业。一是海洋旅游资源挖掘不充分。深圳拥有1145平方公里的海域面积和260.5公里的海岸线，共有56个沙滩、51个岛屿，海洋资源丰富。但海洋资源利用不充分，未充分发展游轮、海岛旅游、游艇等海洋旅游业。二是海洋旅游项目布局不均衡。深圳的海洋旅游项目主要布局在大鹏、盐田等东部区域，但东部的空间、交通承载力有限，导致市民节假日进入大鹏半岛需提前预约，这不仅限制了人流量，也因交通拥堵影响了旅游体验。三是缺少现代大型主题乐园。目前深圳的主题乐园只有20世纪90年代建成的世界之窗、欢乐谷等，与上海迪士尼、北京环球影城等新建主题乐园存在较大差距。

大型、高品质活动举办不足。一方面，世界级盛事举办少。北京曾举办夏季和冬季奥运会、上海曾举办世博会，而深圳至今未举办世界级盛会，城市在世界范围内的知名度较低，难以吸引外国友人来深活动消费。另一方面，品牌文化活动少。与北京相比，深圳的高端文艺演出活动相比偏少。与旁边的香港相比，演唱会等容易聚集人气的活动也举办偏少。

缺乏龙头电商平台，导致线上消费数据外流。当前，深圳虽有腾讯等互联网龙头企业，但是缺少龙头电商平台。前瞻产业研究院发布的报告显示，2021年淘宝系、京东、拼多多为我国零售电商市场份额前三强，份额占比分别为52%、20%、15%。其中淘宝系企业主要注册在杭州，京东注册在北京、拼多多注册在上海。网购的消费数据纳统由电商平台决定，受地方政府影响，平台一般将更多的数据纳统在注册地，因此，深圳的不少电商网购数据被分流。

三　政策建议

丰富消费场景。一是多点布局消费区域中心。大力推进罗湖全域、福田中心、后海—深圳湾、前海湾、大空港等世界级商圈建设，形成"多点开花"的商圈大格局。二是发力"夜间经济"。大力建设夜间经济示范街区，举办国际啤酒节、夜间时尚消费节等系列促销活动，激活市民消费热情。推出"夜游、夜购、夜娱、夜食、夜赏"等主题系列夜间消费活动，持续激发消费新动能。三是推动"线上线下"消费融合。利用VR技术、元宇宙场景，探索"线上购物+线下提货""线上体验，线下买单"等消费模式，推动线上消费在线下纳统。大力培育大型网络零售平台，将更多销售数据纳统在深圳。

做好消费内容文章。一是打造特色消费品。构建"深圳消费"品牌，将一揽子消费产品纳入品牌推广计划，并在全国范围、世界范围进行集中推广。依托帮扶地区特色农产品，精选部分单品，联合打造强势农产品消费品牌。二是挖掘本土文化消费潜力。深挖本土广府文化、深港文化、土蚝文化内涵，结合特色文化举办"永不落幕"的消费节，吸引外地游客来深圳消费。讲好深圳故事，将深圳改革开放发展历程演绎成电影、电视剧、文化墙、旅游景点，以故事促进游客消费。三是做大"首店经济"。加大知名品牌首店招引力度，吸引国内外知名品牌首店落户深圳。深入落实《关于扎

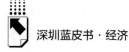

实推动经济稳定增长若干措施》，对在深圳新开设的国内外知名品牌亚洲首店、中国（内地）首店、深圳首店、旗舰店、新业态店给予补助。

多产业拉动消费。一是以展促消费。推进国际会展之都建设，提升高交会、海博会等展会国际影响力，高水平举办粤港澳国际汽车博览会、消费电子展、国际高性能医疗器械展、全球数字能源展会，争取举办世界博览会，拉动访客和居民消费。二是以旅游促消费。建设国际一流滨海旅游度假胜地，探索在深圳东部、西部分别打造一批旅游海岛，促进海岛旅游和海岛经济发展。将多业态商业引入部分公园，批量打造欢乐海岸形式的休闲消费场景。加快推进东部华侨城等景区升级改造，把深圳打造成为滨海休闲旅游、都市观光旅游、粤港澳联游的首选地。三是争取举办大型活动盛会。积极争取世界级、国际级体育赛事落地深圳，吸引观众来深圳观赛消费。支持国际国内知名文艺表演团队来深圳演出，形成高端文化消费氛围。鼓励当红歌手来深圳举办演唱会，促进大众文娱消费。

B.20
新时代深港金融合作创新的突破口

张润泽*

摘　要： 深港金融合作已取得积极进展，但还存在金融市场一体化水平有待提升、落实人民币国际化国家战略方面力度有限、直接竞争关系导致双方合作存芥蒂、在部分金融前沿领域合作潜力尚未充分挖掘等问题。而中央支持香港融入国家发展大局、"前海金融30条"政策等为新时代深港金融合作创新带来新机遇。本文建议深港立足现有合作基础，在双方共同关切的领域做大增量、实现突破。一是通过互联互通实现金融市场深度融合；二是在人民币国际化方面发挥枢纽作用；三是在共同优势领域形成全球影响力；四是共建虚拟资产高地，抢占全球话语权；五是共同打造金融数据枢纽，发挥数据要素功能；六是充当数字人民币跨境应用先锋，助力完善数字人民币生态。

关键词： 深港合作　金融市场　人民币国际化

　　党的二十大报告指出，巩固提升香港、澳门在国际金融、贸易、航运航空、创新科技、文化旅游等领域的地位；推进粤港澳大湾区建设，支持香港、澳门更好融入国家发展大局；促进香港、澳门长期繁荣稳定。深圳、香港山水相连、人文相亲、经济相融，通过金融合作密切了两地的经贸关系，带动了两地经济社会发展。香港新特首李家超在选举政纲中提出"巩固金

* 张润泽，深圳市金融稳定发展研究院高级研究员，主要研究方向为宏观金融、区域金融、金融开放。

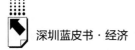
融中心、提升核心优势"九大举措,后续香港推出了金融改革创新系列举措,央行等 5 部门联合发布"前海金融 30 条"政策,为深港深化金融合作带来新机遇。因此,本文建议深港抓住契机,继续探索深港金融合作创新的突破口,推动深港共建全球性金融中心,共同服务国家经济社会发展大局。

一　深港金融合作的重要意义

金融是现代经济的核心,是实体经济的血脉,同时金融业是高附加值的行业,金融合作对深港两地意义重大。

(一)更好服务实体经济

深港两地都在推动产业转型升级,大力发展实体经济。实体经济的金融需求是多种多样的,深港两地在金融业方面各有优势,通过加强合作,可以更好满足实体经济的需求。金融业具有规模效应和集聚效应,深港金融合作,可以让两地的金融市场主体在更大范围内配置资源,提高资源配置效率,丰富金融服务供给,进而为实体经济提供更贴心的金融服务。

(二)探索金融开放经验

随着全球化的推进,各金融市场之间的联系日益紧密,金融创新、金融合作越来越和资本项目开放相关。金融的外部性较高,为了控制风险,我国还未完全实现资本项目开放,往往采取在局部试点然后全国推广的方式探索金融开放的稳健推进路径。深港是两个关税区,拥有两种货币、两种监管制度,金融体量相对适中,十分适合通过金融合作创新探索金融开放经验,为我国加快构建以国内大循环为主体、国内国际双循环相互促进的新发展格局探路。

(三)共同提升金融中心地位

香港拥有众多制度优势,包括高度开放和国际化的市场、稳健的基础设施配套、与国际接轨的监管制度、法治体系、大量金融人才和全面的金融产品，以及信息和资金自由流通等，这些优势是香港巩固金融中心地位的重要支撑。但香港本地市场狭小，容易受国际环境冲击，在国际金融中心的排名经常有起伏。深圳金融业体量虽稳居内地前三，但金融基础设施少、国际化程度低。深圳和香港单靠自身发展，难以继续提升其国际金融中心地位。深港金融业的互补性很强，通过合作，可以补足各自短板，共同做大做强，共同提升国际金融中心地位。

二 深港金融合作进展及存在的问题

改革开放以来，深港金融合作持续推动，目前已在机构互设、金融市场互联互通、金融监管合作、金融人才培养等领域取得积极进展，金融合作已从过去局部、微观的机构设立和业务技术层面的交流合作，逐步上升并拓宽至运行机制的衔接、金融市场的对接和资金流动的融合等深层次合作。但是两地金融合作也存在一些不足和障碍。

（一）金融市场一体化水平还有待提升

深港之间通过互设分支机构、并购等方式实现金融机构业务联系。港资银行等营业性机构已全面覆盖深圳，深圳本土法人金融机构也通过在香港设立"窗口公司"推动其国际化发展，但也存在部分中小金融机构无法达到开放门槛，外商独资私募证券投资基金管理机构（WFOE PFM）还未形成港资集聚效应等问题。受多种因素影响，合格境内投资者境外投资、跨境理财通等深港金融市场互联互通机制已用额度相比批复额度还有较大差距。深港银行市场的合作仅限于跨境支付、跨境缴费、代理见证开户等少数领域，银行之间还无法便利实现跨境调节余缺。深港通保持良好发展势头，已纳入 ETF 产品，但深港交易所还有债券、期权等品种有待连通，新股通还未实现。深港保险市场合作在跨境车险、跨境医疗险方面取得了突破，并正在推进粤港澳大湾区保险服务中心建设，目前跨境投保、理赔服务还存在诸多不便。深港澳联合推出了深港澳金融科技师专才计划，前海已支持具有港澳执业资格的港澳专业人士在前海试点备案执业，但金融从业人员两地执业还不够便利。

（二）人民币国际化程度有待提高

香港是全球最大的离岸人民币中心，人民币存款超过 1 万亿元，深圳人民币存贷款余额超过 18 万亿元，深港在人民币国际化方面合作潜力巨大，《中共中央　国务院关于支持深圳建设中国特色社会主义先行示范区的意见》也鼓励深圳在推进人民币国际化上先行先试。人民币国际化需要境外更多地区使用人民币，持有、投资以人民币计价的金融资产，目前深港之间通过贸易结算实现人民币双向流动已达一定规模（2022 年深圳跨境人民币结算量达到 3.2 万亿元，人民币是深港之间第一大跨境支付货币），在人民币计价金融资产跨境交易方面还有作为空间。香港投资深圳人民币金融资产和深圳人民币资金投向香港金融市场可通过深港通、债券通、基金互认、跨境理财通、RQFII/RQDII 等渠道实现，投资范围已覆盖股票、债券、基金、银行理财等多个品种，基本满足投资者的需求，但还存在部分机制已用额度与批复额度差距较大、交易不甚活跃的情况。香港已推出人民币货币期货、人民币金属期货、人民币货币期权等场内人民币金融衍生品，以及利率掉期（IRS）、不交收远期外汇合约（NDF）、交叉货币掉期（CCS）及外汇合约（DFX）等场外人民币金融衍生品，但受制于本地市场需求有限，部分交易品种交投不甚活跃，例如人民币金属期货月度交易量经常为 0，人民币货币期权每日交易量只有几十手。

（三）两地金融业务合作有待加强

深港同为粤港澳大湾区金融中心城市，虽然《粤港澳大湾区发展规划纲要》对深港的发展定位做了区分，但实际发展过程中，两地不可避免地在金融细分领域形成直接竞争关系。香港金融业起步较早，香港业界对深圳发展金融业存有防备心态，提出香港重点发展交易等高附加值金融前台业务，深圳重点发展数据中心、清算中心、银行卡中心、研发中心、呼叫中心、灾备中心等金融后台业务，以形成产业链配套。但深圳金融业已逐步发展成为涵盖货币、资本、外汇、证券、期货、保险、黄金等业务的多层次多功能的金融市场体系，深交所上市公司数量、上市公司市值、融资额均位于全球交易所前列，深圳也培育出平安集团、招商银行等世界500强金融机构，深圳的金融体量和金融市场发育程度已成为全球金融市场不可忽略的力量，深圳在全球金融中心的排名在第10名左右也是印证，一定程度上已与香港看重的金融前台业务形成竞争。部分港资金融机构反映，其同时受香港和内地金融监管部门的监管，若在深圳设立分支机构，容易获得内地金融监管部门的支持，但较难获得香港金融监管部门的支持。香港金融业以接轨国际见长，但本地市场体量较小，深圳金融业与产业联系紧密，但国际化程度不足，两地单靠自身能力难以参与国际竞争，而目前因为利益格局问题，两地合作不顺畅。绿色金融、金融科技、财富管理等领域都是深港两地发展重点，但未形成合力，存在各自为政的情况。

（四）在部分新兴领域的合作空间有待扩展

随着数字经济的蓬勃发展，虚拟资产、金融数据、数字人民币等成为金融创新的热点，有望引领未来金融业的发展，但深港两地在以上领域的合作要么还未破题，要么实质性进展有限。虚拟资产（Virtual Asset）是基于加密技术、分布式账户或相关技术，以数字形式存在的资产，根据用途可以分为虚拟货币（作为支付或交易媒介）、证券化代币（作为资金筹集的载体）及功能代币（在发行人平台交换服务、产品或其他利益）。虚拟资产是数字经济时代的产物，具有中心化、匿名性、无国界的特点，能满足一定的隐私性、货币信任和财富增值需求，有望成为一种新的资产类别。2022年10月，香港特区政府财经事务及库务局正式发布《有关香港虚拟资产发展的政策宣言》，提出加紧推出虚拟资产服务提供者发牌制度，对香港引入虚拟资产ETF、零售投资者买卖虚拟资产等持开放态度。出于风险考虑，内地目前对虚拟资产持禁止态度，但深圳作为先行示范区，可以和香港在虚拟资产这一前沿领域开展合作，为中国虚拟资产发展探索经验。随着数字经济的发展，数据作为生产要素的重要性越来越高，而且数据量越大、数据类型越丰富、数据的价值越高。金融市场的运行会产生大量的数据，而金融市场主体也依赖各种数据辅助决策，数据可以提高金融市场的资源配置效率。2022年12月，香港金融发展局发布研究报告《连接数据：将香港打造为跨境金融数据枢纽》，建议将香港发展成为大湾区金融数据枢纽。深圳已设立数据交易所，积极探索跨境数据交易，已落地全国首批跨境数据交易项目，深港在金融数据跨境流动方面还有很大合作空间。数字人民币生态已成熟，已在深圳实现多个场景应用；香港金管家联合央行数字货币研究所、国际清算银行（BIS）、泰国央行、阿联酋央行开展的"多种央行数码货币跨境网络"（M-Bridge）项目验证了数字人民币在跨境交易的可行性，深港可以在数字人民币跨境使用方面做更多探索。

三　新时代深港金融合作创新的突破口

历史经验表明，深港金融深化合作、相向而行，可以全面提升金融服务实体经济水平，维持香港长期繁荣稳定，推动深圳续写更多"春天故事"。但深港金融合作存在制度不一、利益分配不均、合作空白等问题，唯有立足现有合作基础，以国家战略为先导，顺应金融业发展趋势和实体经济金融需求，才能在双方共同关切的领域做大增量、实现突破。

（一）通过互联互通实现金融市场深度融合

深圳与香港通过深港通、基金互认、跨境理财通等实现了金融市场的初步连通，未来可以通过金融市场、金融机构的互联互通实现深度融合，共同做大金融市场。

一是加快推进金融市场全面互联互通。"前海金融30条"提出，到2025年，基本实现与香港金融市场高水平互联互通。因此，应当在现有互联互通机制的基础上，加快推动深港两地交易所建立更多互联互通机制，扩大互联互通覆盖范围和交易规模。加快建设粤港澳大湾区债券平台、粤港澳大湾区保险服务中心，促进深港两地债券市场、保险市场的深度合作。完善跨境理财通体制机制设计，适当降低内地投资者参与门槛，稳妥推进跨境远程开户。二是推动金融机构的互联互通。以"前海金融30条"为指导，支持金融机构在深港两地设立分支机构，密切深港两地金融机构业务联系。探索香港信托公司在粤港澳大湾区跨境开展业务试点。

（二）在人民币国际化方面发挥枢纽作用

为了推动人民币国际化，需要用好香港作为国际金融中心和离岸人民币市场的功能。一是扩大全球投资者持有人民币和相关产品的需求，不断丰富深港两地以人民币计价的产品，包括在两地交易所上市以人民币计价的股票，在两地发行以人民币计价的政府债券、企业债券以及金融衍生品等。二是构建便利的跨境交易清算机制和账户体系，积极探索商业银行开展离岸银行业务的路径，扩大基于离岸银行账户（OSA）的离岸业务范围，支持符合条件的非银行支付机构开展跨境支付业务，提高香港居民使用移动电子支付工具进行人民币支付的便利化程度。稳步开展本外币合一银行结算账户体系试点，积极对接人民币跨境支付系统（CIPS），促进深港两地支付、清算系统的互联互通。三是促进资本跨境流动，拓展跨境证券投资等业务，方便企业灵活开展跨境融资，探索监管额度内、特定领域内（科技、绿色金融等领域）的深港之间人民币自由兑换方式。

（三）在共同优势领域形成全球影响力

深圳金融高质量发展"十四五"规划提出打造全球创新资本形成中心、全球金融科技中心、全球可持续金融中心、国际财富管理中心，香港在绿色金融、金融科技、财富管理方面优势明显，深港可在这些领域深化合作，共同形成全球影响力。

一是共同打造国际绿色金融中心。深港两地通过绿色金融产品和服务创新，吸引全球资本投入节能减排领域，加快构建既符合国情又对标国际的绿色金融系列标准，联合做大做强环境影响评估、绿色项目审查与认证等专业服务。合作开发跨境碳金融投资产品，构建同时服务中国和全球的自愿减排市场体系，实现中国碳排放权交易市场与全球碳市场的互联互通；合作建设碳排放权交易路演中心和线上门户信息网站，打造全国乃至全球碳排放权交易及资讯中心。

二是共建全球金融科技中心。根据"前海金融30条"的要求，加快设立深港金融科技研究中心或实验室，推动深港金融科技产学研深度合作。鼓励香港高校与深圳金融机构和科技企业对接，联动香港打造深港数字金融新载体、新高地。支持香港院校在深圳设立驻深事业法人机构、产学研基地，在福田区河套地区共建重点实验室和研究中心。积极探索跨境监管创新，强化与香港金融"监管沙盒"的协同联动。加快金融科技安全体系建设。加快明确金融科技行业的准入和退出机制，制定金融科技安全方面的行业标准、准入门槛等，鼓励密码技术领域的发展，健全金融科技安全应急预案，从防范化解系统性金融风险的角度建设金融科技安全风险评估与应急体系。加快设立深港金融创新发展委员会，承办深港金融论坛，就金融科技合作等内容进行高水平研讨。深入推进深港澳金融科技师专才计划，共同培养金融科技国际化人才，并以此为契机，推动各项金融从业资格的互认，探索允许金融从业人员同时在深港两地执业的机制。

三是共创国际财富管理中心。鼓励香港财富管理机构通过合格境外有限合伙人渠道投资境内基金和企业，明确允许香港资本参与上市公司定向增发、可转债、REITs（信托投资基金）等国家政策鼓励的投资标的竞争，拓宽香港资本的投资渠道，为境内实体经济引入更多资金。推动合格境内投资企业（QDIE）审批的常态化，扩大QDIE的受益面，实现QDIE和香港财富管理机构的对接，方便境内资本通过QDIE渠道投资香港财富管理产品，助力香港财富管理做大做强；探索合格境内个人投资者（QDII2）试点，允许深圳合格个人投资者直接购买香港股票、债券、基金等金融资产，为香港金融市场引入"活水"。建设财富管理集聚区，在香蜜湖新金融中心、前海深港国际金融城等条件成熟的地区规划建设财富管理集聚区，提供与国际接轨的制度环境，吸引香港财富管理机构入驻，拓宽发展空间。

（四）共建虚拟资产高地，抢占全球话语权

香港将为虚拟资产交易建立牌照制度，推动虚拟资产交易的规范化，开创数字技术与文化创意融合发展的新局面。深圳科技产业和文化产业均比较发达，和虚拟资产交易有天然的结合点。建议鼓励深圳相关企业在香港设立实体，获得虚拟资产交易相关牌照，从事 NFT（非同质化代币）、虚拟资产交易、虚拟资产管理等业务，在金融前沿领域抢得先机。利用深圳先行先试政策优势，探索合资格人制度，允许深圳部分合资格的机构和个人参加香港虚拟资产交易试点，助力香港活跃虚拟资产市场。仿效 VIE（可变利益实体）结构，探索在香港交易的部分虚拟资产对应的底层资产或权益源自深圳，实现深港数字经济的联动，共同做大虚拟资产市场规模，抢占全球虚拟资产交易话语权。同时利用金融科技手段，严格监控相关金融风险。

（五）共同打造金融数据枢纽，发挥数据要素功能

一是提升深港两地金融数据存储、传输、计算能力。适度超前规划建设数据中心、跨境传输网络、超算中心，鼓励金融基础设施和金融机构在深港两地建设数据中心，提升深港两地金融数据承载和分析能力。二是制定深港数据资源产权、交易流通、跨境传输、信息权益和数据安全保护等基础制度和技术标准，并与国际接轨，为数据交易和跨境流动奠定基础。三是开展深港数据互认。针对政务类金融数据，推动深港之间流通交互，以满足人员、货物、资金等跨境流动和联合监管的需要；针对科研类金融数据，限定范围和使用人员，实现必要范围内的数据流动；针对个人数据和企业数据，在保证个人和企业知情权的前提下，本着可用不可见的原则，推出一批需求明确、交易高频和数据标准化程度高的金融数据资产交易产品，鼓励合理利用个人和企业的金融数据，实现金融数据价值。四是建设深港数据交易场所，探索可行的数据交易模式，有序推动金融数据跨境交易，发挥香港接轨国际的作用，推动全球的金融数据到深港交易和应用。

（六）充当数字人民币跨境应用先锋，助力完善数字人民币生态

充分利用中央对深圳开展数字货币研究和移动支付创新工作的政策支持，以及深圳在金融科技、区块链等方面的先发优势，探索区块链技术与法定数字货币在深港货币协同方面的应用情境，打造符合两地对数字货币和跨境支付需求的可复制推广模式，推动两地货币协同和人民币国际化的进程。通过多边央行数字货币桥项目实现与其他国家和地区央行数字货币系统、支付结算系统、金融交易系统的互联互通，建立"点对点"的分布式跨境支付网络，降低跨境支付资金成本和时间成本。在深港联合布局数字人民币发行、交易流通、清算结算、数据存储、后台监管等基础设施，为数字人民币大规模应用奠定基础。鼓励"一带一路"沿线主要国家和地区、非洲、RCEP成员国等与中国交好或毗邻的国家和地区率先接入新型跨境支付结算系统，在跨境业务领域率先使用数字人民币结算，构建境内外联网的数字人民币清算结算网络。在建设、推广新型跨境支付结算系统的同时，深港联合开发以数字人民币计价和交易的金融产品，包括债券、基金、理财、股票等，便利境外主体直接通过新型跨境支付结算系统进行投资，提升境外持有和使用人民币的意愿。

四 深港金融合作创新的制度保障

金融创新的外部性较高，如果操作不当，容易引发金融风险，需要积极稳妥推进，做好制度保障。

（一）加强组织协调

建议以国务院机构改革为契机，推动更多金融监管资源落户深圳，服务深港金融合作。例如央行在深圳设立南方总部，承担深港金融合作宏观协调、资本项目开放试点、数字人民币跨境使用、绿色金融国际合作等职能；新组建的国家金融监督管理总局在深圳设立服务深港银行业保险业融

合发展、跨境投资者权益保护的机构；证监会在深圳设立审批企业跨境上市的部门等。

（二）探索规则对接

在财税制度方面，深圳应借鉴香港财税制度，试点使用全球最具竞争力的税率体系。在会计准则方面，港深两地应在金融领域采用趋同的国际财务准则，逐步实现与国际主流市场的等效认可。在发行交易制度方面，深交所发行规则应逐渐与香港发行规则对接，不断优化制度设计和信息披露等配套制度安排。在评级制度方面，深圳与香港应开展债券评级结果互认。

（三）做好监管合作

构建更加顺畅的深港金融联席会议机制，逐步统一深港两地对同类机构、同类产品、同类服务的金融监管标准。加强深港两地金融管理部门人员交流，开展监管科技的研究与应用，探索开展相关试点项目。推动深港两地信用信息和基础信息共享以及跨境审计和跨境监管执法合作。

参考文献

工银亚洲：《香港虚拟资产业态发展展望》，2022。

刘平生、林居正、刘民等：《先行示范区金融创新发展研究》，中国金融出版社，2020。

刘平生、何杰：《深圳经济特区金融 40 年》，社会科学文献出版社，2022。

林居正、李凯、张润泽等：《深圳金融科技发展路径研究》，《特区实践与理论》2022 年第 1 期。

林居正等：《香港与深圳深化合作战略研究》，人民出版社，2022。

林居正、刘民、于明睿等：《中国企业债券国际化研究》，中国金融出版社，2021。

吴燕妮：《跨境金融监管的创新机制研究——以粤港澳大湾区建设为视角》，《深圳社会科学》2020 年第 6 期。

香港金融发展局：《连接数据：将香港打造为跨境金融数据枢纽》，2022。

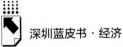
谢志岿、李卓：《深圳模式：世界潮流与中国特色——改革开放 40 年深圳现代化发展成就的理论阐释》，《深圳社会科学》2019 年第 3 期。

袁义才：《深圳经济特区 40 年发展的阶段性特征与经验》，《特区实践与理论》2020年第 6 期。

张燕、谢玮：《香港金融 25 年风雨　国际金融中心的含金量有多高?》，《中国经济周刊》2022 年第 12 期。

曾磊：《数据跨境流动法律规制的现状及其应对——以国际规则和我国〈数据安全法（草案）〉为视角》，《中国流通经济》2021 年第 6 期。

B.21
龙岗区深化深港合作路径探析

赖文龙*

摘　要： 深港合作是贯彻落实党中央推进粤港澳大湾区建设决策部署的重
要举措。本报告介绍了龙岗区深化深港合作的意义，回顾了龙岗
区近年来在政策体系支撑、重大平台建设、创新创业合作、社会
融合发展等深化深港合作的近况，以及在区位交通完善、平台能
级提升、资源禀赋挖掘、合作内容丰富等方面面临的挑战，在此基
础上，提出了谋划打通东部快速进港通道，探索打造大运深港科技
产业合作区、深圳国际医疗合作先行区、粤港澳国际教育示范区，
推动形成湾东人文交流中心等对策建议，拓展深港合作的纵深和腹
地，为深港合作大局提供有力支撑，助力粤港澳大湾区建设。

关键词： 粤港澳大湾区　深港合作　深圳龙岗区

党的二十大报告指出，推进粤港澳大湾区建设，支持香港、澳门更好融
入国家发展大局，为实现中华民族伟大复兴发挥作用。深圳毗邻香港，地域
相近、文脉相亲，两地交流频繁，是粤港澳大湾区在珠江东岸的两大核心，
深入挖掘大湾区建设的战略性合作机遇，将对整个大湾区的发展起到积极的
作用。而龙岗区作为深圳的行政大区、工业大区、人口大区，地处深圳都市
圈的几何中心，是深圳东部中心，也是深圳辐射粤东粤北地区的"桥头
堡"，龙岗区有条件、有能力，也有责任在促进深港合作中体现大区担当，

---

* 赖文龙，深圳市龙岗区发展和改革局价格管理科科长。

携手周边城区不断提升粤港澳大湾区各地之间的文化认同感，塑造湾区共同精神内涵，共建粤港澳大湾区。

一　背景意义

（一）贯彻党中央的决策部署

2019 年，中共中央、国务院印发《粤港澳大湾区发展规划纲要》，要求构建极点带动、轴带支撑网络化空间格局，发挥香港—深圳强强联合的引领带动作用，深化深港合作，提升整体实力和全球影响力，引领粤港澳大湾区深度参与国际合作。同年，中央公布 3 类共 16 项惠港新措施，内容包括支持香港居民在大湾区内地城市购房，进一步扩大建筑业专业人士资格互认范围以及支持深港科技创新合作区建设等，措施内容非常丰富，将进一步便利港人在大湾区内地城市发展、就业和居住，加强大湾区内的便捷流通。龙岗区正积极培育壮大建筑业，规划建设深圳建筑产业生态智谷，欲打造千亿元级建筑产业集群，该项目将作为粤港澳大湾区现代建筑产业集聚带的重要组成部分，联动周边城区深化建筑产业合作。目前，已引进以中建、中铁等八大央企和上海城建、特区铁工等地方国企为代表的大中型建筑企业区域总部，布局建筑科技企业孵化器与加速器、前瞻性技术研发中心和实验室等功能平台，推动"方舟壹号"空间智能开放实验室落地，助力大湾区建筑业高质量发展。

（二）推进湾区建设的内在要求

《广东省国民经济和社会发展第十四个五年规划和 2035 年远景目标纲要》指出，以规则衔接为重点推进粤港澳合作，推进跨境要素高效便捷流动和高标准市场规则体系加快建立，携手港澳打造国际一流湾区和世界级城市群，支持粤港澳合作办学，探索创新合作办学模式。深化实施"青年同心圆计划"，高标准建设港澳青年创新创业基地，吸引更多港澳青少年来内地学习、就业、生活，增进三地青少年交流交往。龙岗区与香港人文往来紧密，截至 2021 年 11 月，在龙岗区居住港人达 3.95 万人，[①] 目前全区已实现"一个街道有一个香港同乡会"的联谊架构，有 1.58 万的居港乡亲加入同乡会，并在 11 个街道设立了港人联谊会，会员达 2000 多人。[②] 增强香港同胞的凝聚力和认同感，两地深化经贸交流合作正当其时、大有可为。

（三）呼应特区政府的发展诉求

与香港合作成为粤港澳大湾区经济融合和发展融合的关键，在某种程度上决定了粤港澳大湾区建设的成效。[③] 2021 年 10 月 6 日，香港特区行政长官发表了《2021 年施政报告》，提出建设香港北部占地约 300 平方公里都会区，并同步公布《北部都会区发展策略》，该文件是在"一国两制"框架下首份由香港特区政府编制的文件，在空间观念及策略思维上跨越港深两地行政界线的策略和纲领，是从规划一体化的维度对深港合作、粤港合作等大湾区跨境合作的有益探索。《北部都会区发展策略》包括 10 个重点行动方向及 45 个行动项目，与龙岗区休戚相关的主要有 3 项，主要涉及交通、科教、产业等方面。如以香港各所大学在大湾区的校园、科研及医疗机构为策略性据点，构建生活便利及与香港联系方便的"学研产居"综合性多功能社区，让来自香港的学术人员、研究人员、学生和初创企业更愿意进驻，与大湾区的居民及同学共同工作、研究和学习。

（四）落实市委市政府的工作任务

2021 年，为进一步便利港澳居民特别是港澳青年在深圳学习、就业、创业、生活，深圳市委市政府出台了《关于进一步便利港澳居民在深发展若干措施》，从学习、就业、创业、生活 4 个方面推动港澳居民享有深圳"市民待遇"。2022 年 2 月 22 日，深圳市人民政府、香港中文大学和香港中

[①] 资料来源：《龙岗区网格事件月报》（2021 年 11 月）。

[②] 资料来源：《2022 年龙岗年鉴》。

[③] 彭芳梅：《粤港澳大湾区融合发展与深圳实践》，经济管理出版社，2019。

文大学（深圳）在香港签署《关于进一步深化合作的补充协议》，充分肯定香港中文大学（深圳）近 10 年来的发展成就。香港中文大学（深圳）自2014 年设立以来，充分发挥香港"一国两制"制度优势、合作办学体制机制优势及深圳区位优势，利用香港中文大学的学术、评价体系与科研能力，培养具有国际视野、中华传统和社会担当的创新型高层次人才，是深港高等教育合作的领跑者，是深港深化合作的成功样板，获得社会各界的广泛赞誉，成为我国合作办学高校的佼佼者，为国家实施教育强国战略探索成功路径。该补充协议就推动香港中文大学（深圳）扩大办学规模、拓展科研创新、促进深港合作等提出明确支持，为推动龙岗区与香港两地高校深化合作与高质量发展注入新动能，有利于深港两地建立大湾区人才高地。

二 合作近况

（一）政策体系支撑方面

近年来，龙岗区深入贯彻落实市委市政府工作部署，立足湾区视野，结合深圳所需，发挥龙岗所长，主动思考谋划加快深港融合发展的策略和举措。一是出台系列措施文件，印发实施了《龙岗区贯彻落实〈粤港澳大湾区发展规划纲要〉三年行动方案（2018—2022 年）》《龙岗区推动以规则衔接深化粤港澳大湾区合作发展试点行动方案》《龙岗区全面深化深港合作推进方案》等政策措施，充分挖掘龙岗区湾区腹地的资源禀赋，积极对接香港科学园、香港北部都会区建设，为打造深港"双城经济"提供有力支撑。二是积极向上呼吁提高发展能级，主动谋划大运深港国际科教城建设方案，推动大运深港国际科教城建设写入 2022 年省政府工作报告、市第七次党代会报告和深圳"十四五"规划，纳入粤港澳大湾区综合性国家科学中心框架范围；将"高水平建设深港合作办学试验区"等重要事项纳入《深圳市建设中国特色社会主义先行示范区的行动方案（2019—2025 年）》；"谋划建设大运深港科技产业合作区"获得市政府支持，纳入全市深港合作重点事项，为未来龙岗区获得全市战略资源支撑奠定基础，推动龙岗区深化深港合作行稳致远，走深走实走细。

（二）重大平台建设方面

龙岗区主动融入大湾区建设，重大合作平台特点突出，初步具备深化深港合作的基础条件。一是香港中文大学（深圳）。作为深港合作的亮点项目，香港中文大学（深圳）已在龙岗区深度扎根，双方加速在科技创新、重点产业、人才交流、教育、医疗、社会民生等领域开展创新性深度合作。截至 2022 年 12 月，学校已面向全球招聘引进了 520 余名国际知名优秀学者和研究人员，其中包括诺贝尔奖得主 5 名，图灵奖得主 2 名，菲尔兹奖 1 名，各国院士近 30 名。成立了多个由诺贝尔奖、图灵奖得主等国际顶尖人才领军的重点实验室和国际科技创新平台，香港中文大学（深圳）医院加快建设，附属学校加紧建设，城市地下空间及能源研究院、国家健康医疗大数据研究院、分子聚集体科学与工程研究院等科研平台项目即将落地。二是深港国际中心。作为深港合作的地标性建筑，"深圳露台"项目已开工建设，项目配套的国际学校已签约哈罗公学，该校也是龙岗区推进基础教育高质量发展、加快建设国际化学校的重点项目。此外，深港青年合作创业中心、深港国际会议展览中心及科技创新体验中心等一批集聚深港创新创意元素的重要平台载体正在加快建设。三是青年创新创业基地。"一中心五基地"的深港青年创新创业合作交流桥梁和平台载体已初步搭建，同时，成立深港澳青年创新创业服务中心，组建星河领创天下、大运软件小镇等 5 个深港澳青年创新创业基地，逐步吸引香港青年创新团队入驻。

（三）创新创业合作方面

近年来，龙岗区不断优化营商环境，不仅留住了优质港企，也在不断吸引着"港一代"的新生力量加入创业大军，并选择来龙岗"勇闯蓝海"。一是做优做好港人企业。龙岗区是工业大区，部分香港优质企业在龙岗开天辟地，创造了一个个港人在龙岗创业兴业的传奇，大芬油画村、信义玻璃、横岗眼镜产业、力嘉产业园都是港人在龙岗发展的印证。截至 2019 年，全区有港资企业 6293 家，其中规上企业 378 家、国高企业 107 家，港资二代青年在龙岗子承父业、兴办实业成为新趋势。二是推动深圳大运软件小镇作为深港澳青年创新创业基地。深圳大运软件小镇的占地面积达 14.5 万平方米，总建筑面积约 16 万平方米，定位为华南地区高端信息产业基地，总体产业方向为新一代信息技术，主要聚焦软件开发设计、"互联网+"、人工智能、服务外包等新兴产业。园区设有以香港中文大学（深圳）机器人与智能制造研究院、中科龙岗技术转移中心为代表的新型研发机构和创新支撑平台，先后培育了柔宇科技、云天励飞、怡丰停车机器人、兰丁医学、芯天下、英伦科技、长朗智能等行业领军企业。2021 年，大运软件小镇共有入驻企业 518 家，入园企业拥有的各类知识专利超 1 万件，累计实现产值超 550 亿元，纳税总额超 20 亿元。三是推动大运深港国际科教城科技体制机制创新改革，科研人员赋权改革取得进展，香港中文大学（深圳）设立技术转移部门，约定转化收益 75% 归完成人；深圳信息职业技术学院将科技成果转化作为绩效考评重要依据，约定转化收益 90% 归完成人。同时，优化科研平台支持方式，改变以往财政资金"全包"的科研平台支持方式，创新出由财政一次性支付部分资金，并引导社会资金共建的支持模式。

（四）社会融合发展方面

龙岗区与香港亲情乡情深厚，文化交流日益密切，形式多样的文化活动、频繁开展的交流互动，成为龙岗与香港两地交往的一道亮丽的风景线。一是用足用好侨乡资源。龙岗区拥有丰富的侨乡资源，与香港亲情乡情深厚，民间联系紧密，群众基础好，认同感强，目前全区已实现"一个街道有一个香港同乡会"的联谊架构。同时，深挖本地乡情文化特色，打造深港两地的乡情文化基地，促进深港基层群众全方位、多层次交流交融，如新生社区仙人岭德星堂麒麟队、龙城街道武馆"白眉馆"与香港社团建立常态化的交流联谊。二是举办跨境赛事活动。深圳大运中心连续举办了三届深港澳人工智能大赛暨 AI 科普嘉年华活动，赛事共吸引深港澳及周边地区近 500 支人工智能战队参赛,通过全新升级的赛事规模及体验内容,推动大湾区人工智能产业融合发展,促进深港澳三地青少年的深度交流与协作。三是共育优质生活圈,香港中文大学(深圳)作为香港高校在内地办学的一个样板,发展势头迅猛,已成为深港两地在教育、科研、人才等领域交流合作的重要载体。香港中文大学(深圳)医学院获批招生,附属医院加快筹建,不断探索深港合作办学、合作办医新体制、新机制,以及实践医学教育、医院管理新理念、新模式,致力于打造辐射粤港澳大湾区的高水平医疗中心。香港中文大学(深圳)基础教育集团成立,推动构建教学研培一体、大中小幼相融的高质量教育发展体系,不断提升龙岗区基础教育整体水平。

三 存在的问题

(一)区位交通有待完善

一是地理位置不占优,目前深港合作的重大平台大都布局在深港地理接壤地带,自西向东分别规划布局了前海深港现代服务业合作区、河套深港科技创新特别合作区、罗湖深港口岸经济带,而龙岗区地处湾区腹地,处于与深港合作范围的第二圈层,存在不临湾、不临港的区位发展短板,龙岗区积极主推的大运深港国际科教城的发展层级亟待加强。二是缺乏通港快速通道,在轨道交通层面,全市既有规划城际铁路及城市轨道布局"西密东疏",西部发展轴深港西部快轨已列入《北部都会区发展策略》,同时列入前海湾综合交通枢纽规划,并得到进一步落实;中部发展轴广深港高铁已全线通车,直插香港西九龙站;而东部发展轴仅可通过深惠、深大城际联系第二圈层地区,缺乏与第一圈层罗湖、福田乃至进港的快速联系通道,且整体轨道规划建设时序滞后,难以支撑各类要素资源快速便捷流通,严重制约东部地区发展。

（二）平台能级有待提升

一是港校特点不再。香港高校近年来纷纷北上进军内地布点，香港中文大学（深圳）的光环效应将逐渐褪去，如香港科技大学（广州），其占地面积达 1669 亩，特色之一是可招收港澳台学生和国际学生；香港大学深圳校区也将落户南山石壁龙片区，主要实施本科生和研究生学历教育，前期在理学、医学、法学、工程、建筑、智慧城市、生命科学、数据与智能、先进材料、金融科技等领域设立学科专业或研究机构，促进深圳产业链、创新链、人才链、教育链"四链"深度融合。二是标志性建筑难产。原本有望建造出深圳"第一高楼"的世茂深港国际中心，其规划设计高度从最初的 800米，降到 700 米，又降到 600 米，2021 年 10 月，住建部发布"限高令"，禁止建设 500 米以上的超高层建筑，其高度势必将进一步降低，后续又受到了国家限制房地产行业风险的"三条红线"融资政策影响，世茂集团这个总投资额约 500 亿元、曾被龙岗区寄予厚望的地标项目，将面临抱憾中止、如何盘活的发展困境。

（三）资源禀赋有待挖掘

一是港企面临转型升级。回顾龙岗与香港两地交往史，港人在龙岗投资兴业是其中浓墨重彩的一笔。改革开放初期，龙岗区以低成本的用地、用工营商环境以及宜居宜业的生态本底，吸引港商、港企纷至沓来，以"三来一补"为主要形式的港资企业在龙岗落地开花。随着粤港澳大湾区建设的纵深推进，龙岗区和香港都处于高质量发展的关键时期，而这些制造业处于转型升级的阵痛期，其传统优势逐步减弱，新的竞争优势尚未形成，新的竞争优势尚需大力挖掘。二是场馆资源亟须盘活利用。龙岗区坐拥全市规模最大体育场馆设施，深圳大运中心"一场两馆"总占地面积 52.05 万平方米，总建筑面积 29.00 万平方米，先后举办了 NBA 中国赛（深圳站）、法国超级杯足球赛、世界无人机锦标赛、北美冰球联赛、中国网球大奖赛、CBA 联赛、中超足球联赛等高端体育赛事，积累了丰富的办赛经验，但与港澳地区赛事联动方面互动较少，且自 2011 年落成至今已运行近 12 年，部分装修及设备已出现老化现象，设施设备陈旧，服务功能不足，已逐渐无法满足群众日益增长的健身需求和承办高水平大型专业体育赛事的需求，亟须改造升级，共同推进大湾区体育事业和体育产业发展，联合打造一批国际性、区域性品牌赛事。[①]

（四）合作内容有待丰富

目前粤港澳大湾区内部的人口和社会政策仍然严重限制大湾区经济社会的发展，成为未来大湾区进一步改革开放必须高度重视和解决的重大问题。[②] 一是合作层级需提高，龙岗区当前的深港合作主要以土地、人力资源等要素市场驱动，市场企业参与为主要表现形式的浅层次经济合作，政府的互动参与较少，新阶段的深港合作已经成为深圳全市全域的发展战略，随着大湾区内的规则衔接、制度对接、标准互通、资格互认日益推进，新阶段深港合作需要更加关注人的高效便捷流动，推动深港合作由之前的港企拓展到港人、港校、港府等"四港"主体共同参与的新阶段。二是合作壁垒需打通。受行政层面及制度堡垒影响，规则衔接政策事权不在区级，但这些正是港澳乃至国外人才和资源到龙岗区创新创业的关键点，如香港中文大学（深圳）以及部分研发企业反映部分用于教育、科研用途的设施、设备、科研资金受制于通关手续无法高效互通；受个人所得税差异影响，部分科研群体难于自由流动。

四　措施建议

（一）优化交通网络，谋划打通东部快速进港通道

香港北部都会区规划打造东部知识及科技走廊，而深圳东部发展轴上聚

---

① 谭刚：《粤港澳大湾区核心引擎的深圳实践》，中国社会科学出版社，2020。
② 张思平：《粤港澳大湾区：中国改革开放的新篇章》，中信出版集团，2019。

集了大梧桐新兴产业带、盐田河临港产业带、大运深港国际科教城、宝龙生物药创新先导区、坪山高新区、碧岭深港生命健康产业合作区等多个科技创新节点，宜结合深港两地城市未来发展战略与交通需求，进一步论证新增东部轨道快线的需求和必要性；谋划东部轨道快线，提出深河客专引入大运综合枢纽并延伸至莲塘口岸的可能性方案，力争线路纳入深圳市等相关上层规划，通过罗湖口岸辐射东部高新区，形成深港跨界交通"西进西出、东进东出、快进快出"的格局。新增东部快线将加强深港交通联系，实现轨道互联互通，有力地支撑深港"两城三圈"发展格局，支撑香港北部都会区与东部发展轴产业融合，带动两地产业交流与发展。

（二）重视成果转化，探索打造大运深港科技产业合作区

相比于南山、福田、罗湖等区，龙岗区在深化香港合作方面存在无地理接壤的短板，结合香港土地匮乏的需求，龙岗区宜争取自创流量，吸引香港的科创资源落户。一是借助莲塘口岸、东部过境及轨道 16 号线南延等交通优势，探索打造由大运深港国际科教城到香港科技园、香港中文大学沿线的深港科技合作东部轴带，与前海深港现代服务业合作区、河套深港科技创新合作区联动，共同服务好"双区"建设，打造深港"双城经济"，讲好"双城故事"。二是探索推动"大运深港科技产业合作区"建设。依托香港中文大学（深圳）等深圳国际大学园高教科教资源，谋划"大运深港科技产业合作区"，形成"飞地园区"模式；优先选址大运南、嶂背、园山、横岗等片区，围绕片区高教资源、创新平台、产业基础等优势，完善产学研深度融合创新创业体系，加强与香港北部片区的交通联系，夯实产业合作发展基础。谋划学习借鉴香港管理模式，建设一批新生代产业园区，引入港方专业服务机构，对接港方政策及国际规则，主动承接河套、前海等片区创新产业外溢，打造深港科技产业发展新引擎。三是支持龙岗企业深度参与北部都会区建设。加快深圳建筑产业生态智谷建设，争取在生态智谷范围内试点实施建筑资质审批制度改革，争取开展香港工程建设领域专业机构资质、专业人士资格等互认试点，加强深港建筑领域深度合作，支

持园区企业参与香港北部都会区开发建设，在具体项目上，可以考虑采用BT（Build-Transfer）方式，即"建设—移交"模式，在基建时期将项目的开发建设权交给内地基建企业，并采用香港的基础设施建设标准；建设完成后移交给香港特区政府进行运营和管理，发挥两地各自优势。

（三）提升医疗水准，打造深圳国际医疗合作先行区

一是高水平建设港中文（深圳）医学院、附属医院等项目，支持香港中文大学（深圳）附属医院等开展深港跨境医疗服务"三通"试点。二是强化香港中文大学（深圳）与龙岗区属医院合作，依托其医学院开展先进医疗服务和创新医学研究，建立神经科学、呼吸疾病、消化疾病等医学科研合作平台，成立国际医学中心及转化医学研究院，建设整合型智慧化医疗技术研发及转化平台，打造多学科联合实验室、国际标准的生物样本库、重大疾病实验动物模型及其关键研究技术平台，共建"医学院—医院—企业"的科研成果转化体系。三是支持香港医疗机构来龙岗区设置医疗中心，引进国内外高端医疗资源，利用园山自然风景区等生态本底较好的空间，引入港方先进医养结合机构，深化康养产业合作，打造深港康养合作示范点。

（四）集聚教育资源，打造粤港澳国际教育示范区

一是探索推进外籍（港澳）人员子女学校建设，加强面向港澳的优质教育服务供给，推动香港中文大学（深圳）附属学校（教育集团）高质量发展，谋划建设香港中文大学（深圳）附属高中，探索打造从幼儿园到大学的全学段国际化教育合作模式。二是推动国际化师资队伍建设，与香港等境外教育机构合作，吸引香港中青年人才和留学回国人才按规定申请教师资格证从事教育工作，并按相关政策给予住房支持。发挥教育支撑创新策源地的基础作用，支持香港中文大学（深圳）建设世界一流研究型大学，探索与国际接轨的办学模式和管理制度。发挥粤港澳高校联盟作用，推动深港两地高校在交换生安排、学分互认、课程互享等方面开展合作。三是加强深港职业院校人才培养方面的合作，推进深圳信息职业技术学

院、深圳技师学院等与香港有关院校在交流互访、聘请客座教授、培养技能人才方面开展合作，促进深圳高、中技能人才队伍提质增量。助力龙岗教育与世界接轨，推动打造港澳国际教育示范区。

（五）深挖文旅底蕴，推动形成湾东人文交流中心

一是依托深圳大运中心等国际一流体育场馆资源，争取上级支持深圳举办 2025 年第十五届全运会开幕闭幕式及重要国际赛事活动（广东、香港、澳门将于 2025 年联合承办第十五届全国运动会）；支持龙岗区举办更多具有港澳元素的文化交流活动，如电竞、冰球等特色化、年轻化、国际化的文体活动，吸引更多香港青少年和国际游客参与体验。二是依托国家级龙岗数字创意产业走廊，鼓励港澳居民创办数字创意企业，推动更多港澳数字创意项目落户，推动粤港澳大湾区内的影视后期制作企业集聚发展，推动龙岗打造粤港澳大湾区数字创意产业基地。三是活化利用平盐铁路打造网红火车题材文旅线路，主动对接香港北部都会区大鹏湾/印洲塘生态康乐旅游圈，通过改造沿铁路两侧消极景观，建设绿道、铁路公园、工业发展印迹等还绿于民，引入我国火车发展历史（如绿皮火车体验），形成火车题材文旅线路，将铁路变成游客的网红打卡地，串联起盐田深圳最美东部海滨栈道、龙岗园山、甘坑、平湖华南城、万达商业广场等文旅商贸节点，形成由点到线再到面的文旅线路，连接深圳东西海岸，探索打造火车题材文旅观光线路，以此连通陆海，同时可对接广深铁路，直达东莞、广州，吸引深圳市北部人群"绿色出行"至沿海区域消费。

数字经济篇

Digital Economy

B.22
深圳数字经济核心产业发展报告

董晓远　欧国良*

摘　要： 数字经济是继农业经济、工业经济之后的主要经济形态，其发展速度之快、辐射范围之广、影响程度之深前所未有，正逐步成为重组全球要素资源、重塑全球经济结构、改变全球竞争格局的关键力量。本报告依据国家统计局发布的《数字经济及其核心产业统计分类（2021）》标准，系统挖掘和分析了近五年深圳数字经济核心产业的企业数量、营业收入、营业利润、税收收入、研发费用等重点指标发展现状和走势情况，并在此基础上，提出了做优做强深圳数字经济核心产业的策略建议。

关键词： 深圳　数字经济核心产业　数字经济

---

* 董晓远，深圳市社会科学院经济研究所所长、研究员，主要研究方向为宏观经济、计量经济；欧国良，深圳职业技术学院房地产经营与管理专业主任、教授。

数字经济是指以数据资源作为关键生产要素、以现代信息网络作为重要载体、以信息通信技术的有效使用作为效率提升和经济结构优化的重要推动力的一系列活动。根据国家统计局发布的《数字经济及其核心产业统计分类（2021）》，数字经济产业划分为：数字产品制造业、数字产品服务业、数字技术应用业、数字要素驱动业、数字效率提升业5个大类。其中，数字经济核心产业包括数字产品制造业、数字产品服务业、数字技术应用业、数字要素驱动业；数字经济基础产业包括计算机通信和其他电子设备制造业、软件和信息技术服务业等。近年来，深圳市委市政府对发展数字经济高度重视，数字技术发展步伐加快，应用更加广泛。数据作为一种全新的生产要素对生产函数的改造愈发明显，与土地、劳动力和资本等传统生产要素不同，数据多次循环使用而不会被消耗，几乎没有总量约束，没有制度安排之外的排他性，数据产业化、商业化和市场化具有天然的时空优势，这些数字经济化特质与深圳开放、包容和市场化程度高等城市气质相得益彰，为深圳数字经济稳步发展奠定坚实基础，并汇聚成新时期经济发展的又一巨大动能。

一　数字经济成为高质量发展的新引擎

（一）数字经济具有显著的规模经济、范围经济以及网络效应

规模经济方面。在数字经济背景下，企业的生产成本呈高固定成本和低边际成本特征。其中，高固定成本主要来源于企业研发支出、基础设施建设以及对消费者的补贴；低边际成本则是指产品一旦生产出来，几乎可以零成本无限复制。由于低边际成本甚至零边际成本，厂商倾向于无限扩大生产规模，而生产规模的扩大会均摊高固定成本，降低长期平均成本，带来生产上的规模经济。

范围经济方面。传统的范围经济是通过供给两种或两种以上的产品以实现总成本的节约，进而提高经济效益。传统范围经济基于不同产品

在生产、销售等方面的相关性而得以实现，可以说企业产品的相关性程度直接关系到范围经济的实现程度。在数字经济时代，平台企业实现范围经济的条件由产品的相关性转向基于用户数量的规模经济。基于海量的用户资源，平台企业除了出售那些满足大众需求的大批量、单一品种的产品和服务，还出售那些满足"小众"需求的多品种、小批量产品和服务。

网络效应方面。规模经济与范围经济的基础与支撑是网络效应。根据梅特卡夫定律，网络具有强外部性和正反馈效应，网络的价值与联网用户数的平方成正比。随着连接到信息与通信网络的家庭数量的急剧扩展，ICT 的网络外部性逐渐显现。当网络用户数量超过特定临界点时，就会触发正反馈，网络价值呈爆发式增长态势。[①]

（二）数字经济已成为全球主要经济体的重要组成部分

当前，国际上关于数字经济的概念、范围和增加值测算方法，还处于探索过程中，尚未达成统一的意见和一致的方法，不同的机构和学者测算的数字经济增加值结果差异较大，但就目前国际组织、各国官方统计机构、研究机构、学者给出的数字经济对整体经济贡献程度的测度结果看，数字经济已然成为国民经济的重要组成部分和经济增长的"新引擎"。

从全球范围看，根据《2019 年数字经济报告》，全球数字经济总规模估计占全球 GDP 的比重为 4.5%~15.5%，并持续扩大，数字经济活动创造的财富增长迅速。世界经济论坛发布的《塑造数字经济的未来和创造新价值》估计，未来 10 年，数字化平台将为经济体创造 60%~70%的新价值。从国别范围看，美国核算了 2005~2018 年数字经济增加值，2018 年美国数字经济增加值为 18493 亿美元，占美国当年 GDP 的比重为 9.0%，比 2005 年的

---

① 丁志帆：《数字经济驱动经济高质量发展的机制研究：一个理论分析框架》，《现代经济探讨》2020 年第 1 期。

7.3%提高了1.7个百分点；2006～2018年美国数字经济增加值年均增速为6.8%，比GDP年均增速快5.1个百分点。① 英国经济与商业研究中心的最新统计显示，由媒体、互联网和电影、音乐、广告等创意产业所构成的数字经济成为英国最大的经济部门，占2018年英国GDP的14.4%。② 《中国数字经济发展白皮书》显示，在2015～2019年，我国数字经济增速每年均保持在15%以上，远高于国民经济增速；即便是在2020年，我国数字经济表现依然亮眼，增速高达9.7%，占GDP的比重为38.6%。

现有文献虽然有限，但已经表明数字化和创新可能影响生产力的增长。这一发现得到了新出现的经验证据的支持，这些证据强调了数字化对促进生产力的积极作用。例如，Bart Van Ark等发现，在美国，数字生产部门近年来继续对总生产率做出巨大贡献。2013～2017年，美国的劳动生产率增长仅为0.6%，但高达86%来自数字生产行业。《新加坡经济》完成的一项对包括新加坡在内的发达经济体的部门级劳动生产率增长的实证分析表明，通过电子商务、机器人化和研发实现的数字化和创新与更高的劳动生产率增长有关，更高的生产率增长，可帮助新加坡加速经济转型。

（三）数字经济成为全球竞相布局的重点产业方向

以数字技术为代表的新一轮科技革命与产业变革方兴未艾，全球经济面临深层次结构调整，数字化转型已经成为世界各国突破逆全球化困境、推进现代化进程、实现经济包容性增长的革命性力量。主要经济体国家纷纷出台数字经济战略，聚焦科技创新、数字基础设施建设、数字产业链重塑、数字化促进绿色化发展等领域，抢占数字经济发展的战略制高点，但它们的发展侧重点不同。

美国依靠持续的技术革新来加强其在世界范围内的竞争能力。从计算机、互联网到大数据、云计算、物联网，美国政府始终保持对技术变革的高

---

① 刘晓雪：《国际上数字经济的界定与核算》，《中国统计》2021年第4期。
② 陈志成：《上海数字经济发展策略》，《科学发展》2020年第7期。

度关注，推动新技术发展是其数字战略的重中之重。一方面，从国家战略高度实施了《网络与信息技术研发计划》等一系列关于技术发展的部署，始终保持着对数字技术未来发展方向的掌控。另一方面，通过连续实施针对性的政府项目，大力推动数字技术进步和广泛应用，形成了以技术领先为牵引、以推进数字技术应用为支持、公私部门合作、公众共同参与的战略路径。

欧盟加强对数字治理规则的探讨，努力构建一个统一的数字生态系统。一方面，欧盟十分注重数字经济领域平衡发展，防止大型数字平台形成垄断。2020 年 12 月欧盟委员会公布了《数字市场法案》和《数字服务法案》，通过制定全面新规则，促进数字市场的公平和开放。另一方面，欧盟注重推动数字单一市场的建设，实施数字单一市场战略，将 28 个国家的市场统一成单一化市场，消除国家间的管制壁垒。数据表明，通过相关立法，数字单一市场每年能够为欧盟创造 1770 亿欧元的经济贡献。

德国利用其强大的制造优势，为世界制造业实现数字化转型提供了一个标准。2020 年以来，德国加快"数字化"议题讨论。时任德国总理默克尔在 2020 年 5 月表示，欧盟应该把注意力集中在数字主权上，以降低对外部数字的依赖程度。2021 年 2 月，德法在共同制定新的《欧洲新工业战略》时强调，要深化内部市场改革，改善自由市场机制，加强工业和数字主权。同年 6 月，德国投资 35 亿欧元启动信息技术安全研发框架计划，资助信息技术安全领域的研发工作，扩大在该领域的技术主权。

中国立足市场优势，在消费互联网领域形成明显优势。我国依托国内超大规模市场，加快基础设施建设，强化科技创新，促进创新创业，在消费互联网领域形成明显优势。在需求端，2020 年电子商务网上销售收入实现 9.76 万亿元，同比增长 14.8%，在全国范围内的零售额达到 24.9%；手机支付业务共完成 1232.20 亿件，累计金额 432.16 万亿元，同比分别增长 21.48%、24.50%；网络教育、网络医疗、远程办公等新业务模式的需求量迅猛增长，到 2020 年末，已达到 3.42 亿人、2.15 亿人和 3.46 亿人的用户规模。

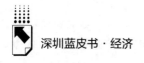

二 深圳数字经济核心产业的总体运行情况

（一）营业收入千万元以上的数字经济核心产业企业近1.5万家，已形成规模化集聚效应

2021年深圳营业收入超1000万元的数字经济核心产业企业有14401家，较2016年增加近4526家。从区域分布看，这1万多家企业主要集中在宝安、南山、龙华、龙岗、福田，5个区合计占全市的89.5%。其中，宝安4349家，占30.2%；南山3856家，占26.8%；龙华1723家，占12.0%；龙岗1564家，占10.9%；福田1397家，占9.7%。从行业分布看，这1万多家企业主要集中在数字产品制造业和数字技术应用业，是深圳在全国数字经济版图中的优势领域（见图1、图2）。

（二）数字经济核心产业企业营业收入呈"U"形增长态势

2021年，这14401家企业完成营业收入38567.1亿元，2016~2021年的名义平均增长率为16.4%，呈两头高、中间低的"U"形增长态势（见图3、图4）。

从不同区域看，2021年南山区营业收入超1000万元的数字经济核心产业企业共实现营业收入12888.8亿元，占总额的33.4%；龙岗区实现营业收入6161.0亿元，占总额的16.0%；宝安区实现营业收入5978.9亿元，占总额的15.5%；龙华区实现营业收入5001.7亿元，占总额的13.0%，福田区实现营业收入4638.5亿元，占总额的12.0%（见图5）。

从不同行业看，数字产品制造业和数字技术应用业实现的营业收入占总营收的89.0%，是深圳数字经济核心产业的绝对优势领域（见图6）。

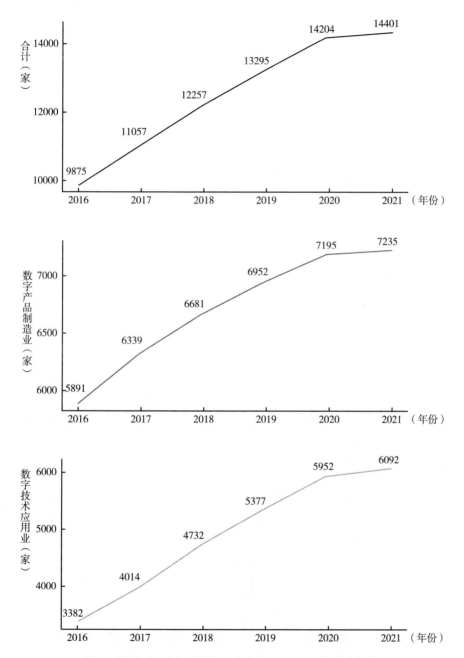

图1 2016~2021年深圳营业收入超1000万元的数字经济
核心产业企业数及其行业分布情况

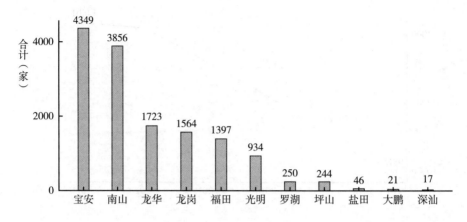

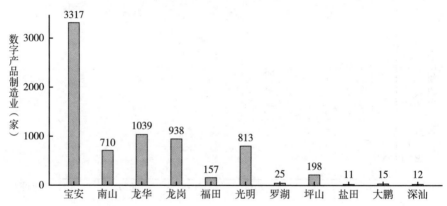

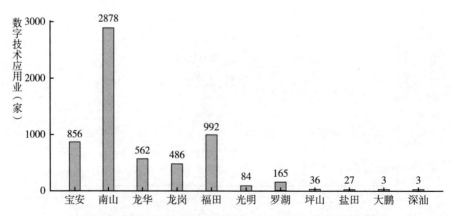

图2　2021年深圳营业收入超1000万元的数字经济核心产业企业的区域分布情况

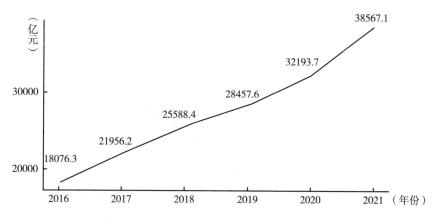

**图 3　2016~2021 年深圳营业收入超 1000 万元的数字经济
核心产业企业的营业收入情况**

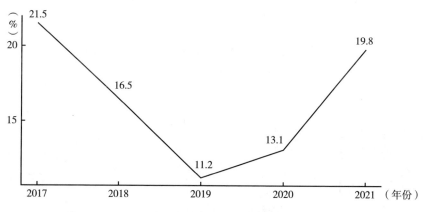

**图 4　2017~2021 年深圳营业收入超 1000 万元的数字经济
核心产业企业的营业收入增长率情况**

（三）数字经济核心产业企业营业利润波动幅度较大，整体盈利较快增长

2021 年，在深圳数字经济核心产业中，营业收入超 1000 万元的 14401 家企业共实现营业利润 2879.9 亿元，2016~2021 年，营业利润逐年提高（见图 7）。

241

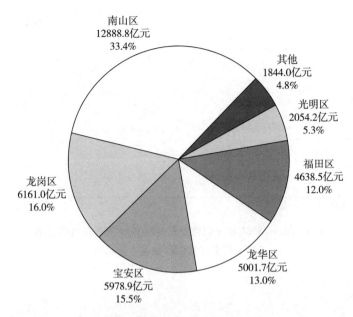

图5 **2021年深圳营业收入超1000万元的数字经济核心产业企业营业收入的区域分布情况**

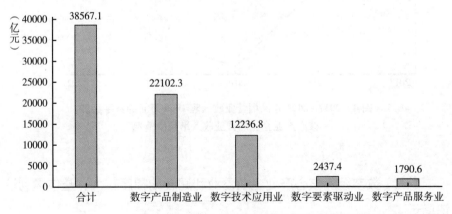

图6 **2021年深圳数字经济核心产业分大类营业收入情况**

从不同区域看，南山、龙岗两个区的营业利润占全市总额的67.8%。其中，南山区营业收入超1000万元的数字经济核心产业企业实现营业利润

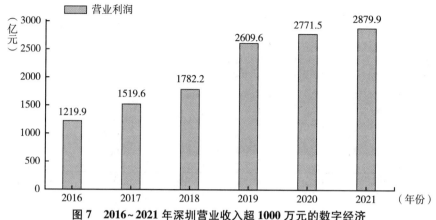

图7　2016～2021年深圳营业收入超1000万元的数字经济核心产业企业的营业利润情况

1196.2亿元，占41.5%；龙岗区营业收入超1000万元的数字经济核心产业企业实现营业利润756.5亿元，占26.3%（见图8）。

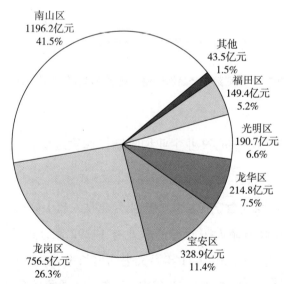

图8　深圳数字经济核心产业营业利润的区域分布（2021）

从不同行业看，数字产品制造业实现的盈利最多，数字技术应用业紧随其后，两个大类行业的营业利润合计占比达98.5%（见图9）。

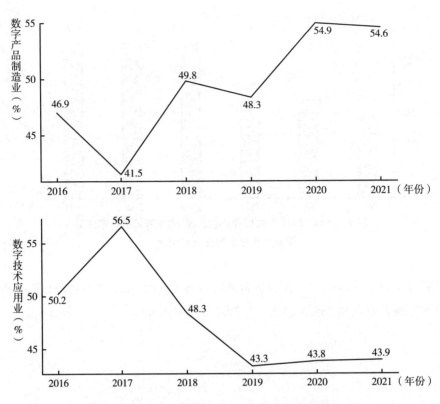

图9 2016~2021年深圳数字产品制造业与数字技术应用业的营业利润占比情况

（四）数字经济核心产业企业税收增长速度起伏较大，税收收入总体向好

2021年，在深圳数字经济核心产业营业收入超1000万元的14401家企业中，上缴税收金额大于0元的企业有14292家，这些企业实现税收共计1125.7亿元，2016~2021年名义平均增长率达10.0%，呈"U"形增长态势（见图10）。全市数字经济核心产业企业税收集中程度非常高，少数公司、区域和行业的税收占比较大。从纳税主体看，税收超过100亿元的企业有2家，超过10亿元的有12家，超过1亿元的有133家。从不同区域看，税收高度集中在南山区、龙岗区、宝安区，3个区缴纳的税

收合计占比为 77.2%（见图 11）。从行业分布看，税收收入主要集中在数字产品制造业、数字技术应用业，两个大类行业占全市税收总额的95.9%。

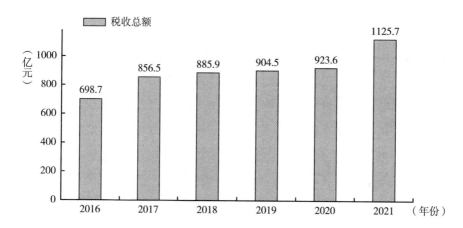

图 10　2016~2021 年深圳营业收入超 1000 万元的数字经济核心产业企业的税收总额情况

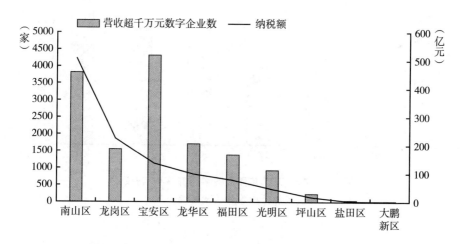

图 11　2021 年深圳营业收入超 1000 万元的数字经济核心产业企业的税收收入的区域分布情况

（五）数字经济核心产业的研发费用持续高位增长，已具备强劲的研发能力

2021 年，深圳数字经济核心产业的研发费用加计扣除约 1918.2 亿元，① 2017~2021 年研发费用加计扣除名义平均增长率高达 44.9%，整体波动和增长幅度较大（见图 12）。这一方面是由于研发加计扣除政策力度加大，另一方面由于研发投入的企业增加。从研发强度看，2021 年深圳数字经济核心产业研发投入强度达 5.0%。根据欧盟统计标准，超过 5% 以上属于高研发强度，说明深圳数字企业整体上具备了较强的研发能力。从行业分布看，几乎全部研发费用加计扣除都集中在数字产品制造业（69.5%）和数字技术应用业（30.0%）两个大类行业，两者合计达 99.5%（见图 13）。

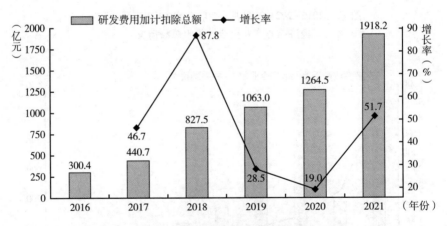

图 12　2016~2021 年深圳数字经济核心产业研发
费用加计扣除总额及其增长率

---

① 研发费用加计扣除是指企业为开发新技术、新产品、新工艺发生的研究开发费用，可以在计算应纳税所得额时，在实际发生支出数额的基础上，再加成一定比例，作为计算应纳税所得额时的扣除数额进行加计扣除。研发费用加计扣除政策是促进企业技术进步的一项重要税收优惠政策。

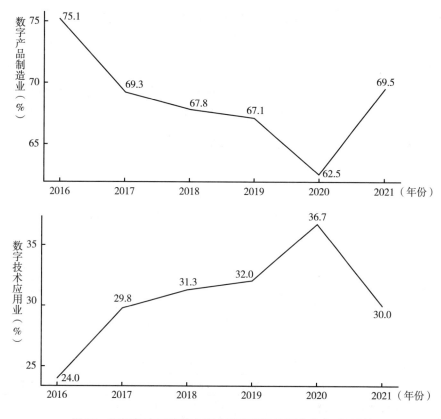

图 13　深圳数字经济核心产业研发费用的行业分布（2021）

三　深圳数字经济核心产业分领域的运行情况

从数字经济核心产业内部构成看，2021 年数字产品制造业、数字产品服务业、数字技术应用业和数字要素驱动业增加值分别为 5912.42 亿元、175.26 亿元、3052.61 亿元和 226.73 亿元，增速分别为 3.4%、11.8%、11.7% 和 12.1%，较 2020 年都有所加快，分别提升了 1.6 个、1.0 个、2.1 个和 2.9 个百分点，除数字产品制造业外都保持了两位数增长（见表 1）。数字产品制造业、数字产品服务业、数字技术应用业和数字要素驱动业比例结构为 63.1∶1.9∶32.6∶2.4，数字产品制造业规模最大，占比超过六成，为深圳数字产业化主体,对数字经济发展的作用举足轻重。数字产品服务业和数字要素驱动业占比不大,但增长潜力大,对数字经济核心产业的拉动力逐步提升。数字技术应用业占比超三成,且增速快,是带动数字经济核心产业持续扩张的关键动力。总的来看,以计算机、通信和其他电子设备制造为代表的数字产品制造业占比下降,以软件开发和信息技术服务为代表的数字技术应用业占比提升,显示了深圳数字经济向着更有利于数字技术深度开发和更快外溢的方向迈进了一步。

表1 2021年数字经济核心产业增加值及内部构成情况

单位:亿元,%

核心产业构成	2021年			2020年		
	增加值	占比	增速	增加值	占比	增速
数字产品制造业	5912.42	63.1	3.4	5565.68	65.9	1.8
数字产品服务业	175.26	1.9	11.8	144.31	1.7	10.8
数字技术应用业	3052.61	32.6	11.7	2541.75	30.1	9.6
数字要素驱动业	226.73	2.4	12.1	194.89	2.3	9.2
合计	9367.02	100	6.8	8446.63	100	4.2

注:增速按不变价格计算。

(一)数字产品制造业保持较快增长态势,是深圳数字经济核心产业发展的主引擎

数字产品制造业是深圳数字经济核心产业的主体部分,对全市数字经济发展具有举足轻重的作用。2016~2021年深圳数字产品制造业营业收入名义年均增长率达12.3%,总体保持较快增长趋势。具体来看,2021年深圳拥有营业收入超1000万元的数字产品制造企业7235家,营业收入总计达2.2万亿元。其中,电子元器件及设备制造、计算机制造、通信及雷达设备制造是深圳数字产品制造业的支柱行业。从增加值看,2020年数字产品制造业增加值约5566亿元,分别占同期全市制造业增加值和地区生产总值的

63.1%和20.1%。① 从税收贡献看，2021 年深圳数字产品制造业完成税收收入 571 亿元，占全市数字经济核心产业税收总额的 50.7%。从区域分布看，深圳数字产品制造业较为集中，2021 年龙岗、宝安、龙华和南山四个区共完成全市营业收入的 80.3%。得益于华为的贡献，龙岗区占全市数字产品制造业营业利润的 25.5%。

数字产品制造业的主体，是计算机制造、电子元器件及设备制造、智能设备制造等，一直是深圳制造业的优势行业，高技术制造、先进制造比例高，华为、TCL、荣耀、鸿海精密、中兴通讯等龙头企业抗风险能力相对较强，面对较为复杂的内外环境，展现了较强韧性，为经济平稳发展起到了稳定器作用。据统计，2021 年深圳数字产品制造业"四上"企业数量、资产、从业人员和主营业务收入分别较 2020 年增长了 18.4%、16.3%、1.9%和 4.4%，企业研发费用增长了 16.0%，从业人员增长显著低于企业资产和研发费用的增长，表明企业向数字化制造转型的倾向更为明显。

（二）数字技术应用业进入增长快车道，正加速成长为深圳数字经济核心产业的新引擎

数字技术应用业是深圳数字经济核心产业中增长速度最快的产业，是引领全市数字经济较快发展的生力军。2016~2021 年，深圳数字技术应用业营业收入名义年均增长率达 29.7%，扣除价格因素也显著高于全市规模以上服务业营业收入的增幅（5.9%），成为全市数字经济核心产业中增长最快、拉动作用最强的板块。具体来看，2021 年深圳拥有营业收入超 1000 万元的数字技术应用业相关企业 6093 家，这些企业的总营业收入近 1.2 万亿元。其中，信息技术服务和软件开发是深圳数字技术应用业的两大支柱行业。从增加值看，2020 年数字技术应用业增加值约 2542.0 亿元，分别占同期全市

---

① 资料来源：深圳市统计局。

服务业增加值和地区生产总值（GDP）的 14.8% 和 9.2%。① 从税收贡献看，2021 年深圳数字技术应用业完成税收收入 510.0 亿元，占全市数字经济核心产业税收总额的 45.3%。从区域分布看，深圳数字技术应用业高度集中，2021 年南山、福田两个区共完成全市同行业营业收入的 81.4%。其中，南山区一个区占全市数字技术应用业营业收入的 65.7% 和营业利润的 81.5%。

数字技术应用业的主体，是行业软件开发和信息技术服务业，它常被喻为"信息技术之魂、网络安全之盾、经济转型之擎、数字社会之基"，是关系国民经济和社会发展全局的基础性、战略性、先导性产业，将是深圳数字经济发力的重要方向，也是增长贡献的主要动力。据测算，2021 年数字技术应用业对深圳数字经济核心产业增长贡献率超过五成，这主要得益于深圳逐步形成了众多具有核心竞争力的生态主导型企业，如腾讯、平安科技、大疆创新等，推动了数字产业化创新发展，同时创造了新的市场空间。据统计，2021 年深圳数字技术应用业"四上"企业数量、资产、从业人员和主营业务收入分别较 2020 年增长了 9.9%、2.8%、18.8% 和 17.1%，企业研发费用增长了 25.0%，企业从业人员、主营业务收入和研发费用增长都达到两位数，高知识轻资产特点突出。

（三）数字产品服务业规模偏小但发展速度快，有望成为未来深圳数字经济发展的新蓝海

数字产品服务业以数字产品批发、零售、维修、租赁为主，数字要素驱动业以互联网批发零售、互联网平台及数据资源与产权交易为主，这两类核心产业规模相对较小，增速相对较快。据统计，与 2020 年相比，2021 年深圳数字产品服务业和数字要素驱动业"四上"企业数量分别增长了 22.4% 和 25.0%，企业资产分别增长了 33.2% 和 41.4%，从业人员分别增长了 6.9% 和 20.8%，主营业务收入分别增长了 34.9% 和 77.0%，企业研发费用分别增长了 6.1% 和 41.6%，显示这两类产业仍然处在快速发展的高成长阶段。

---

① 资料来源：深圳市统计局。

2016~2021 年深圳数字技术应用业营业收入名义年均增长率达 15.4%，扣除价格因素明显高于全市规模以上服务业营业收入的增幅（5.9%），对核心产业的拉动作用日趋增强。具体来看，2021 年深圳拥有营业收入超 1000 万元的数字产品服务业企业 474 家，营业收入为 1791 亿元。其中，数字产品批发是深圳数字产品服务业的主力行业。从增加值看，2020 年数字产品服务业增加值约 144.0 亿元，分别占同期全市服务业增加值和地区生产总值的 0.8% 和 0.5%。① 从税收贡献看，2021 年深圳数字产品服务业完成税收收入 12.0 亿元，占全市数字经济核心产业税收总额的 1.1%。从区域分布看，深圳数字产品服务业高度集中在福田和南山。

（四）数字要素驱动业尚未形成规模集聚效应，是未来深圳数字经济发展的可持续动力源泉

数字要素驱动业在深圳数字经济核心产业中的占比不大，但数据作为新型生产要素对生产方式变革具有重大影响，是数字经济发展的可持续动力源泉。2016~2021 年深圳数字要素驱动业营业收入名义年均增长率达 10.1%，高于全市规模以上服务业营业收入的增幅（5.9%），对核心产业增长也有一定的拉动作用。具体来看，2021 年深圳拥有营业收入超 1000 万元的数字要素驱动业企业 600 家，营业收入为 2437.0 亿元。其中，其他数字要素驱动业（如供应链管理服务等）、信息基础设施建设是深圳数字要素驱动业的主力行业。从增加值看，2020 年数字产品服务业增加值约 195 亿元，分别占同期全市服务业增加值和地区生产总值的 0.8% 和 0.7%。② 从税收贡献看，2021 年深圳数字产品服务业完成税收收入 32.9 亿元，占全市数字经济核心产业税收总额的 2.9%。从区域分布看，深圳数字产品服务业相对集中在南山区、福田区和宝安区。

---

① 资料来源：深圳市统计局。
② 资料来源：深圳市统计局。

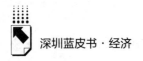
四 促进深圳数字经济高质量发展的策略建议

（一）发挥数字产品制造业长板优势，着力提升深圳数字经济的国际竞争力和影响力

一是加强对数字产品制造业关键技术关键部件的研发攻关，全面推进和落实好工业强基工程。全面研判美国《2022年芯片和科学法案》对深圳行业的影响，有针对性地加大对高端芯片、操作系统、核心算法与框架等数字领域关键核心技术的支持力度。积极鼓励数字经济领军企业发挥引领带动作用，支持领军企业牵头打造创新联合体，建立风险共担、利益共享的协同创新机制。鼓励央企、行业龙头企业、"小巨人"企业建设数字创新生态，支持先进制造业细分领军骨干企业创建创新促进中心、技术开源社区等新型合作平台建设。发挥国有企业在科技自立自强中的独特作用，充分调动民营企业参与工业强基工程的积极性。

二是分类施策促进软件和信息服务业各赛道高质量发展，持续发力补齐工业软件发展短板。软件和信息服务业是制造业数字化转型的突破口，要以应用软件开发为主导赛道、以信息技术咨询和信息系统集成为特色赛道规划布局软件和信息服务业，分类施策促进各个赛道高质量发展。重点补齐工业软件发展短板，坚持以应用为导向、以两业融合为抓手，在制造业数字化转型的过程中培育和发展国产化、自主化的工业软件集群，重点在半导体、电子元件、家用电器以及高端医疗器械制造领域形成一批工业软件的示范应用，打造若干从设备自动化到数据流全贯穿的一体化智能工厂。同时，高度重视工业软件测试和验证体系的建设，依托工业互联网创新中心等重要载体，通过深化与腾讯等头部数字企业合作，加快建设一批市级以上的工业软件适配验证平台。

三是用好国内国际两个市场两种资源，坚持在"引进来""走出去"过程中不断提升数字产品制造业的国际竞争力。一方面，要聚焦"促投资"，加大芯片、智能网联汽车、基础软件等产业链的专项招商吸引力度，引进更多固链、补链、强链的优质龙头企业。采取产业技术项目对接、定期会商、互派专家等方式推进先进科技成果在深圳转移转化，打造更多引领前沿技术和细分市场、把控行业关键配套环节的"隐形冠军"企业，进一步夯实深圳的先进制造长板优势。另一方面，发挥深圳数字产品制造长板优势，推动实施"走出去"升级战略，重点加强与东盟等地区在制造业方面的协作分工，鼓励深企承担更多的全球责任，在"走出去"的过程中进一步提升深圳制造业的全球竞争能级。此外，必须确保国际科技信息交流渠道畅通，主动谋划引进或新设国际科技产业组织和标准组织，积极参与科技产业国际标准制定，把深圳打造为粤港澳大湾区全球科技资讯中心。

（二）适时谋划布局"元宇宙"新赛道，抢占未来数字经济发展新高地

一是科学研判"元宇宙"可能带来的机会与挑战，把握好出台"元宇宙"专项政策的时机和力度。元宇宙被视为数字经济时代的新赛道，具有重新定义经济社会的潜力。要组织科技智库加强对"元宇宙"技术特征、行业特征、人才特征、生态培育等重点问题的预研究，提前规划和定义"元宇宙"及其潜在的影响，乃至重新构想"元宇宙"中的政务服务、公共服务新途径。要把握好出台"元宇宙"专项政策的时机，避免过早鼓励大量投资非理性涌入相关领域。现阶段，可结合"20+8"等产业政策继续支持宽带网络通信、智能终端、超高清视频显示、智能传感器等"元宇宙"相关重点行业，时机成熟后再制定一套更加全面系统、力度更大的"元宇宙"产业政策体系。

二是梳理发布"元宇宙"应用场景清单，率先推动一批应用场景落地。元宇宙已在娱乐、医疗保健、工程、房地产、零售、教育和协作工作等各种应用中展示了其创新潜力。应重点围绕新型消费、智能制造、数字文旅、智慧城市、教育培训等领域，加快梳理一批"元宇宙"应用场景清单。积极开展以无人机配送、车联网、飞联网、智慧港航等典型应用场景的试点，鼓

励有条件的企业和机构参与场景建设。借鉴数字孪生系统"虚拟新加坡"（Virtual Singapore）经验做法，融合深圳现有数字"天眼"、行业风险监控预警平台，以城市人口信息、地理信息模型为基础，综合运用虚拟现实、生物特征识别、云端数据融合等技术，实现重大风险预警、虚拟演练，打造城市可视化数字管理新系统。

三是以包容审慎态度对待数字经济创新，积极为"元宇宙"健康发展保驾护航。要充分认识元宇宙早期阶段的重要性，在早期阶段拟定好建立核心的安全原则和适用于"元宇宙"世界的数据保护框架，增强用户对"元宇宙"体验的信任和信心。要支持企业、科研院所和高校等多元主体联合组建"元宇宙"行业联盟，加强行业自律。要发挥深圳金融业态完善、创新金融产品丰富的优势，着重通过"元宇宙+产业基金""元宇宙+母基金""元宇宙+知识产权证券化"等项目落地，撬动更多社会资本流向元宇宙初创企业和重大项目，真正做到金融为实体经济"保驾护航"。

（三）打造国际一流人才发展环境，加快探索全球数字人才引进新路径

一是精心塑造"未来之城""科技之城""设计之都"等城市品牌，打造富有国际竞争力吸引力的一流人才发展环境。精心打造西丽湖国际科教城、光明科学城和河套深港科技创新合作区塑造的科技创新IP，全面提升深圳科技创新品牌美誉度，并通过现代化的传播媒介进行全球推广。充分契合人才对美好生活的向往与追求，在城市发展过程中广泛集聚未来元素、科技元素、设计元素，尤其注重尝试各类高新科技的推广应用，努力彰显科学城的"未来之城""科技之城""设计之都"全球城市形象。借鉴美国奥斯汀西南偏南音乐节（SXSW）的成功经验，举办"国际电子音乐节"，推动"科技+潮流文化"协同发展，营造拥抱创新的多元文化氛围。把完善城市功能和提高宜居性放在更优先位置，结合"人无我有、人有我优、人优我精"的政策"组合拳"，全方位营造更具温度的一流数字人才发展环境。

二是把握全球人才竞争新态势，加快探索吸引全球数字人才到深圳

创新创业的新路径。支持香港北部都会区加大开发建设力度，倡导粤港两地联合向国家争取重大科技基础设施布局、重大项目支持和重大政策倾斜，将香港北部都会区和深港口岸经济带打造为国际一流的人才集聚地。瞄准世界科技前沿，鼓励本地有条件的企业或研究机构在全球创新领先城市或地区设立海外—离岸创新创业平台，有效利用当地科研资源与人力资源。完善远程工作技术解决方案，便利人才特别是境外人才远程沟通和协作，汇聚一批远程工作人才。借鉴新加坡国立大学企业机构成功模式，支持高校设立海外学院和孵化器，鼓励定期推出面向海外华侨子弟的实习项目。

三是积极争取国家层面人才要素市场化改革授权，增强全球数字人才竞争力。深圳应发挥其作为全国人才管理改革试验区的先行先试作用，率先探索突破人才身份、职级等人为限制，以市场配置、众筹共享、合法规范、互联互通、简易便捷的理念，建立多渠道、开放式的人才自由流动模式。修订《深圳市户籍迁入若干规定》，根据实际需要适当放宽年龄条件限制。根据深圳市实行聘任制公务员制度的特点，探索实行党政机关与企事业单位"旋转门"机制，鼓励党政机关与企事业单位人才双向挂职、定期轮岗等，推动政府决策需求与智库资源对接，打通各种身份人才的职业通道。积极争取国家综合改革授权，放宽外国专业人才（B类）在华工作的年龄限制（可放宽至65岁），放宽外国人到粤港澳大湾区工作证件有效期的限制，只要是用人单位认定的急需的国外专业人才，都可根据聘用合同年限发放相应有效期的工作许可证件，进一步提高深圳吸引国际数字人才的竞争力。

（四）统筹完善数字新基建、数据治理机制、协同监管机制，提高数字经济治理体系和治理能力现代化水平

一是在持续推动数字新基建的同时，提升数字基础设施服务效率。根据深圳基础设施高质量发展试点情况，进一步梳理数字基础设施建设和数字技术公共服务平台建设需求。加快大数据、人工智能、区块链、工业互联网等智能技术的发展，并与电力、通信、交通等基础设施领域结合，催生一批以

技术融合创新为特征的新型基础设施建设项目。鼓励按照需求导向推动数据中心向云计算中心转变，改变重数据存储轻数据计算、重设备租赁轻增值服务的格局，进一步提升数据中心使用效率。支持央企和本地国有企业积极参与数字新基建，可从发展条件好、改造难度小的基础设施领域切入，逐步铺开对电网、管道、水利设施、交通设施、市政设施等传统基础设施智能化、数字化升级。

二是统筹域内、涉外两重治理机制，采取多元路径完善粤港澳大湾区跨境数据流动机制。在现有《深圳经济特区数据条例》的立法基础上，进一步依托特区立法权，创制数据跨境流动规则。例如，以"数据分级分类保护"制度为基础，进一步统筹协调相关部门，对跨境流动数据的分类目录进行细化。通过监管沙盒等创新机制，为建设符合国际标准的大湾区数据流通环境提供有力支持。借鉴香港较为先进细化的制度体系，进一步完善大湾区内部数据互助体系。例如，由深圳牵头推进粤港澳大湾区数据平台及数字经济理事会建设，专司协助建立湾区内统一的数据分类审核制度，规范对流动性数据要素的审核要求及监管标准；处理较为紧急棘手的问题，避免因规则衔接不畅而导致融合工作无法推进。

三是积极助力我国深度参与全球数字经济规则与治理体系建设。从国内各个地区弥合数字发展差异的角度来看，深圳可以利用自身在数字经济发展中的优势，加快推进信息化、系统化和标准化的新型数字基础设施建设，为国内其他城市不断提升数字治理水平做示范；从促进区域和双边层面的合作来看，深圳处在数字治理尤其是数据贸易前沿，最早面临涉及贸易的数字确权、数字流动、数字跨境等棘手问题，应充分及时反馈总结贸易中出现的问题；从促进在多边和诸边层面数字贸易协作的角度看，我国已正式提出申请加入《数字经济伙伴关系协定》（DEPA），提出和各方共同促进亚太地区乃至全球数字经济的开放融合，深圳应积极回应，发挥自身优势，不断增强我国参与 DEPA 谈判的主导权。深圳也要积极承担数字时代的责任，通过向第三世界国家城市提供数字基础设施援助，成为在 RCEP 等贸易机制下连接各国的桥梁，帮助发展中国家消除"数字鸿沟"，提高我国在对外贸易中的话语权。

参考文献

康铁祥：《中国数字经济规模测算研究》，《当代财经》2008年第3期。

刘伟、范欣：《中国发展仍处于重要战略机遇期：中国潜在经济增长率与增长跨越》，《管理世界》2019年第1期。

汤铎铎、刘学良、倪红福等：《全球经济大变局、中国潜在增长率与后疫情时期高质量发展》，《经济研究》2020年第8期。

腾讯研究院：《数字经济产业的规模、增长与结构：基于2005～2020年数据的实证分析》，《企鹅经济学》，2021。

许宪春、张美慧：《中国数字经济规模测算研究：基于国际比较的视角》，《中国工业经济》2020年第5期。

中国信息通信研究院：《中国数字经济发展白皮书（2021年）》，2021。

BEA, *GDP and the Digital Economy：Keeping up with the Changes*, https：//www. bea. gov/sites/default/files/2018-05/gdp-and-the-digital-economy. pdf, 2018.

BEA, *Defining and Measuring the Digital Economy*, https：//www. bea. gov/sites/default/files/papers/defining-and-measuring-the-digital-economy. pdf.

BEA, *New Digital Economy Estimates*, https：//www. bea. gov/system/files/2020-08/New-Digital-Economy-Estimates-August-2020. pdf, 2020.

BEA, *Updated Digital Economy Estimates*, https：//www. bea. gov/system/files/2021-06/DE%20June%202021%20update%20for%20web%20v3. pdf, 2021.

B.23
深圳市数字经济高质量发展报告

李 璐*

摘　要： 数字经济是城市未来竞争力比拼的重要内容。近年来，深圳数字
经济发展规模持续扩大，发展环境不断优化，企业和产业竞争力
不断增强，但也存在一些明显问题。本报告经过系统分析深圳数
字经济发展的现状和问题，提出持续提升深圳数字经济发展质
量，提升数字经济科技产业创新能力，加快推进产业数字化进
程，构建良好的数字经济发展环境的建议。

关键词： 数字经济　产业数字化　深圳

　　数字经济是城市未来竞争力比拼的重要内容，是以使用数字化的知识和
信息作为关键生产要素、以现代信息网络作为重要载体、以信息通信技术的
有效使用作为效率提升和经济结构优化的重要推动力的一系列经济活动。近
年来，深圳市积极推动数字经济产业创新发展，以数字产业化和产业数字化
为主线，大力培育数字经济产业新技术新业态新模式，着力提升数字经济产
业发展能级，加快打造数字经济创新发展试验区的成效显著，但与国际数字
经济领先城市相比还存在较大差距。因此，深圳要进一步完善强化数字经济
发展战略，加强重点领域创新能力建设，壮大数字经济产业和企业，推动数
字经济高质量发展。

---

　　* 李璐，经济学博士，中共龙华区委党校教师，主要研究方向为产业投资和数字经济。

一 深圳市数字经济发展现状及特点

（一）产业发展规模大、质量优

产业规模国内领先，2021 年深圳市数字经济核心产业增加值同比增长 6.8%，超过 9000 亿元，[1] 高于北京（8918 亿元）[2] 和上海（约 5500 亿元），占全市 GDP 的比重为 30.5%，也高于北京（22%）和上海（12%）。电子信息制造业增加值 5260 亿元，同比增长 2.3%，占全市 GDP 的 17.2%，信息传输、软件和信息技术服务业增加值 3512 亿元，同比增长 10.7%，占全市 GDP 的比重为 11.5%。部分重点领域数字化转型质量不断提升，工业企业的数字化研发设计工具普及率超过 88%，[3] MES、CAM 普及率超过 30%；华为 FusionPlant、富士康 Fii Cloud、腾讯 WeMake、华润润联 Resolink 入选工信部双跨平台；9 个工业互联网平台入选工信部试点示范，10 家企业入围 2021 工业互联网解决方案提供商 TOP50。产业发展基础较为扎实，5G 新一代高速信息网络建设全国领先，基站数达到 6.45 万个，每万人 5G 基站数达到 36.8 个；入选国家 IPv6 技术创新和融合应用综合试点城市，千兆光网全覆盖，城市家庭千兆光纤网络覆盖率达 264%，建成 10G-PON 端口 27.59 万个。[4]

---

① 《全国首个"数据要素全生态产业园"揭牌　深圳福田打造"六新"数字经济发展格局》，2022 年 11 月 16 日，http：//stock. 10jqka. com. cn/20221116/c642984916. shtml。

② 《北京数字经济"晒"出漂亮成绩单　近 3 年核心产业年均新设 1 万家企业》，北京市人民政府，2022 年 7 月 31 日，http：//www. beijing. gov. cn/ywdt/gzdt/202207/t20220731_ 278 2983. html。

③ 深圳市工业和信息化局：《深圳市工业互联网发展白皮书（2019 年）》，2020 年 1 月 14 日，http：//sieia. cn/index/index/details. html？ id＝524。

④ 深圳市工业和信息化局：《深圳市工业和信息化局深圳市通信管理局关于征集通信网络质量待提升点位的公告》，2022 年 12 月 23 日，http：//www. sz. gov. cn/cn/xxgk/zfxxgj/tzgg/content/post_ 10355449. html。

（二）产业发展重大载体体系不断完善

深圳数据交易所于 2022 年正式持牌运行，实现交易金额超 12 亿元,①开展国内首批跨境数据交易；成立深圳数据要素发展协会，形成与交易所紧密互动的数据要素市场全生态、全链条产业园。平台载体增添新引擎，获批组建国家 5G 中高频器件创新中心、国家第三代半导体技术创新中心等多个科研创新平台。构建"深圳湾创新中心+华为研发中心+各区分中心+重点行业信创攻关基地+实验室"鲲鹏创新平台体系，成功孵化鲲鹏生态合作伙伴 432 家。鹏城云脑Ⅲ纳入国家重大科技基础设施建设规划，深圳超算二期 E 级超级计算机启动建设。

（三）重点业态和企业蓬勃发展

新业态加快发展，高端软件、人工智能、大数据、云计算、金融科技、电子商务、数字创意等业态发展亮点突出。企业创新动能持续提升，全市 PCT 国际专利申请量全国 18 连冠，其中，华为 2017~2021 年连续 5 年登上全球企业 PCT 专利申请量榜首。龙头企业示范引领性强，中兴通讯、腾讯、平安科技等企业对数字经济生态主导能力强，22 家企业入选 2021 年中国电子信息竞争力百强企业，总量居全国第 1 位；10 家企业入选 2021 年度软件和信息技术服务竞争力百强企业，总量居全国第 2 位；6 家企业入选 2021 年中国互联网企业综合实力百强企业，总量居全国第 4 位。优质企业加快引进落地，中国电子、安谋科技、维沃移动、小米信息、中软国际、今日头条、京东、美团等一批数字经济企业加速落地，产业发展后劲进一步增强。

（四）产业发展环境持续优化

立法保障持续加强，出台《深圳经济特区数据条例》《深圳经济特区数

---

① 《深圳数据交易所累计交易规模突破 12 亿元》，中国新闻网，2023 年 1 月 4 日，https：//baijiahao. baidu. com/s？id=1754100930164777378&wfr=spider&for=pc。

字经济产业促进条例》《深圳经济特区人工智能产业促进条例》《深圳经济特区智能网联汽车管理条例》，加快起草《深圳市数据交易管理暂行办法》《数据商和数据流通交易第三方服务机构管理暂行办法》《深圳市数据产权登记管理暂行办法》。规划引领持续强化，出台《深圳市数字经济产业创新发展实施方案（2021—2023 年）》，明确发展目标、重点领域和重点任务。出台《深圳市数字政府和智慧城市"十四五"发展规划》，加快产业数字化进程。结合 20 个重点区域建设，系统规划"20+8"产业发展，围绕电子信息制造、"5G+"、智能网联汽车、区块链、元宇宙、工业互联网等数字经济集群，推动数字经济产业创新集聚发展。政策支持持续加强，出台《关于发展壮大战略性新兴产业集群和培育发展未来产业的意见》，围绕网络与通信、半导体与集成电路、超高清视频显示、智能终端、软件与信息服务、智能传感器、智能网联汽车、数字创意等数字经济领域重点产业，出台系列行动计划及扶持政策，形成全方位、多层次、系统性的政策体系。配套体系持续完善，深圳市信息技术应用创新联盟、工业互联网联盟、区块链产业联盟、鲲鹏产业联盟、大湾区数字经济科技产业发展联盟等相继成立。中国电子信息博览会、中国国际高新技术成果交易会、中国国际数字经济大会等重大会议论坛影响力逐渐增强。

二 产业发展存在的问题

（一）发展战略定位有待进一步提升

数字经济是一项复杂的系统工程。目前深圳高度强调"制造业立市"，将提升制造业竞争力作为重中之重，这有利于提升数字经济发展硬件基础，但将数字经济放在优先突出位置发展的共识尚未形成，纵观国外纽约、东京、首尔、新加坡和国内北京、杭州等数字经济快速发展区域，都将数字经济作为城市发展重要战略来抓，开展了城市数字经济发展的"顶层设计"。产业发展战略定位不高会影响企业发展资源获取，产业发展成本过高则制约产业发展速度。

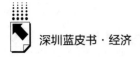

（二）基础创新能力有待进一步加强

福布斯全球数字经济百强企业榜中，深圳仅2家企业入选，数量低于何塞圣、东京、北京、首尔。从算力技术看，深圳超算能力排在北京、上海和广州之后，深圳企业自动驾驶算力低于英伟达、地平线、特斯拉和英特尔等。从硬件看，"卡脖子"现象严峻，高端芯片、射频器件等仍受制于人，智能网联汽车芯片自足率不到5%；软件方面，华为迅速崛起但难以撼动微软、谷歌、苹果操作系统垄断地位，难以超越微软、AWS、甲骨文、谷歌、IBM数据库软件五强地位。

（三）产业数字化进程待进一步提速

2021年第一季度，北京、上海数字化转型指数分别为深圳的2.0倍和1.5倍。[①] 大型企业有较好的信息化基础，但大部分企业尚未真正实现全流程、全产业链的数字化互联互通。调研显示，中小企业数字化转型水平参差不齐，部分中小企业数字化转型存在"不懂、不会、不敢"的问题，深圳仅有20%的中小企业开展数字化转型，远低于纽约（54%）、东京（35%）。工业领域协同研发设计、远程设备操控、柔性生产制造、机器视觉质检、设备故障诊断、智能监测巡检等典型应用场景未充分开发。深圳工业机器人密度约为每万人200台，远低于韩国（每万人932台）和新加坡（每万人605台）。[②]

（四）产业发展环境需进一步优化

产业政策的力度和系统性不够，各细分领域没有全面领先的政策部署。数字经济智库的决策服务能力不足，没有专门针对数字经济发展的顶层顾问机制。"数据壁垒"和"数据孤岛"问题还比较突出，特别是在公共数据开

---

① 资料来源：《数字化转型指数报告2021》。
② 国际机器人联合会（IFR）：《2022年世界机器人报告》。

放共享方面，各单位的意愿不强，资源共享壁垒难以打破，数据权威性、规范性和质量不高。在推进工业数据共享过程中，企业存在泄露商业机密和失去对底层数据控制权的顾虑，这对数字经济产业发展形成制约。

三 推进深圳数字经济高质量发展建议

（一）提升深圳数字经济发展质量

一是全面提升对数字经济重要性的认识。高位推进、高规格推进，提升各级部门关于数字经济发展对深圳城市未来竞争力、重新定义未来生产力和生产关系意义重大的认识，果断将数字经济确定为全市头号战略工程，并通过经济特区立法方式予以明确，持续发力、步步为营。二是研究制定数字经济发展政策体系。以落实战略定位为导向，重新研究制定数字经济高质量发展规划，为全面前瞻、系统布局产业发展提供规划引领，针对5G、算法算力、区块链、大数据、工业互联网、人工智能、数字金融、数字治理等影响未来生产力和生产关系的重点领域制定专项政策，明确各领域目标定位、重点任务和产业政策等。三是建立高效的数字经济沟通协调机制。成立市主要领导任组长的深圳市数字经济发展工作领导小组，结合机构改革建立数字经济发展部门，引进和组建一批高素质、懂技术的数字经济专业人才队伍，统筹推进深圳市数字经济发展战略、规划和政策实施，加强与国家部委的沟通汇报，推动重点领域先行先试，争取国家级重大科技平台和项目在深圳布局。

（二）提升数字经济科技产业创新能力

一是全面提升科技创新发展能力。完善"基础研究+技术攻关+成果产业化+科技金融+人才支撑"全过程创新生态链，加快突破一批制约企业发展的核心技术，加快培育壮大网络和通信、半导体与集成电路、超高清视频显示、软件和信息服务、数字创意等数字经济核心产业。二是推动重大科技基础设施高水平建设运营。围绕加强源头创新能力，加快鹏城实验室、国家5G中高频器件创新中心、国家第三代半导体技术创新中心、深圳国际工业与应用数学中心建设，支持广东省工业边缘智能创新中心高标准建设运营，争创工业互联网领域的国家制造业创新中心。三是前瞻布局一批数字基础设施。超前研究布局6G网络、下一代WIFI、立体宽带互联网等，率先构建"高性能计算+人工智能+边缘计算+云计算+隐私计算"的算例网络；加快智能人机交互、脑机结构、虚拟数字人等核心技术攻关，着力突破低时延快速渲染、虚拟仿真引擎等技术。优化数据中心空间布局，形成枢纽型数据中心集群、城市数据中心集聚区、边缘数据中心梯次布局，推动数据清洗、数据分析等先导性软件发展。加强工业互联基础设施建设，鼓励工业智能领域攻关。四是培育数字经济创新发展支撑服务平台。加快打造一批工业互联网技术公共服务平台，支持建设开源平台、开源社区、代码托管及开发测试平台、数字化转型应用创新平台、软件测试验证中心、信创适配认证中心等新型公共服务平台。

（三）加快推进产业数字化进程

一是推动工业互联网加快发展。大力支持企业通过技改实现传统制造装备联网、关键工具数字自动化，推广网络化协同、智能化制造、个性化定制和柔性生产，推动工业互联网双跨平台、行业级平台、企业级平台及公共服务平台协同发展，协助企业申请工业互联网专用无线电频率，鼓励全市规模以上工业企业积极应用工业互联网。二是促进物流企业数字化转型。建设智慧机场、智慧港口、智慧仓储、智慧物流，培育壮大一批具有国际竞争力的物流企业，大力发展在线展览展示、生鲜电商零售、"无接触"配送，打造智慧智能化、一体化高效能的现代流通体系。三是大力发展数字贸易。培育一批数字服务出口提供商，积极扩大软件开发、动漫游戏和大数据服务等数字服务出口规模，畅通跨境电商物流渠道，优化跨境电商通关模式，大力支持企业布局海外仓网络，对数字贸易企业和相关服务平台企业进行奖励。四是培育服务业数字化新业态。大力发展数字消费，培育移动出行、在线教育、在线医疗新业态，推进商业、文旅、体育等民生服务数字化发展。促进数字金融发展，推动金融科技和传统金融深度融合，打造金融科技服务平台；拓展数字人民币创新应用场景。

（四）构建良好的数字经济发展环境

一是持续完善数字经济发展制度，探索通用数据立法，避免数据权属争议，降低数字经济发展的制度性交易成本，加快建立公共数据开放制度，推动更多数据接入"城市大脑"，保障公共数据合法有效流通，支持开发与城市运行和治理相关的产品服务。二是加快培育数据要素市场，依托数据交易所，促进公共数据资源流通、交易和开发利用，规范数据要素市场化行为，在提升数据质量基础上，加快开发数据生产要素应用场景。三是加强数据要素安全保障能力建设，强化网络平台治理、网络信息安全治理，不断完善安全管理制度和技术措施；结合数据分级对数据进行加密，建立数据访问管理规则，设置管控权限。四是营造数据经济发展氛围。承办数字经济领域国际级别会议，定期举办数字经济发展峰会，与顶级研究咨询机构建立合作关系，引进数字经济领域高端人才和产业资源。

B.24
探索构建有序有效的数字经济规则

——以数据跨境流动为视角

吴燕妮　李欣圆*

摘　要： 数字经济加速发展引发数据跨境流动风险，带来更多挑战。对数据跨境流动中涉及信息保护、数据安全等问题进行法律规制是全球共识，需要在全球范围内深化数字治理的合作。目前，主要发达经济体已经在多边和双边国际贸易规则中制定专门的数据跨境流动条款。我国应借鉴数据全球治理先进经验，推动数据治理能力和跨境流动水平不断提升。

关键词： 数据跨境流动　全球治理　国际贸易规则

一　数字经济加速发展引发数据跨境流动风险

世界百年未有之大变局加速演进，国际形势不确定性不断增加，随着新一轮科技革命不断勃兴，数字经济进一步凸显其经济发展稳定器、加速器特征。特别是数据要素，日益体现其作为基础性战略资源和生产要素的重要性，不断加速人类社会的发展。一方面，数字经济为全球经济复苏提供重要支撑，其中，发达国家领先优势明显。2021年，中国信息通信研究院测算

---

* 吴燕妮，深圳社会科学院经济所研究员，中国社会科学院博士后，主要研究方向为金融法、国际法；李欣圆，主要研究方向为货币金融学、数据跨境治理等。

47 个国家①数字经济增加值规模达到 38.1 万亿美元，同比名义增长 15.6%，其中发达国家数字经济增加值规模达到 27.6 万亿美元，占据 47 国总量的 72.5%（见图 1）；发达国家数字经济占 GDP 的比重高达 55.7%，发展中国家则为 29.8%（见图 2）。另一方面，中国和美国的数字经济发展全球领先。2021 年美国继续保持其数字经济发展领先优势，总规模高达 15.3 万亿美元，中国总规模为 7.1 万亿美元，虽然位居第 2，但是不足美国一半，德国位居第 3，总规模为 2.9 万亿美元。超过 1 万亿美元的国家还包括日本、英国、法国等（见图 3）。②

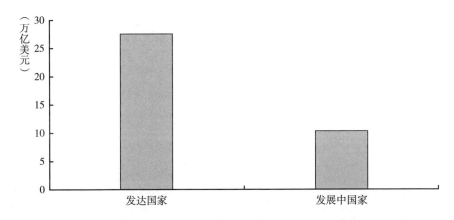

图 1 不同经济发展水平国家数字经济规模

资料来源：中国信息通信研究院，《全球数字经济白皮书 2022 年》。

经过互联网络的传输，数据跨越边境进行流动，"数据跨境流动"的问题也随之产生，个人及商业数据的跨境传输、存储及使用问题逐渐成为各国关注的焦点。尽管数据跨境流动进一步加速了跨产业以及跨区域的创新协

---

① 分别是爱尔兰、爱沙尼亚、奥地利、澳大利亚、巴西、保加利亚、比利时、波兰、丹麦、俄罗斯、法国、德国、芬兰、韩国、荷兰、加拿大、捷克、克罗地亚、拉脱维亚、立陶宛、卢森堡、罗马尼亚、马来西亚、美国、墨西哥、南非、挪威、葡萄牙、日本、瑞典、瑞士、塞浦路斯、斯洛伐克、斯洛文尼亚、泰国、土耳其、西班牙、希腊、新加坡、新西兰、匈牙利、意大利、印度、印度尼西亚、英国、越南、中国。

② 资料来源：中国信息通信研究院，《全球数字经济白皮书 2022 年》。

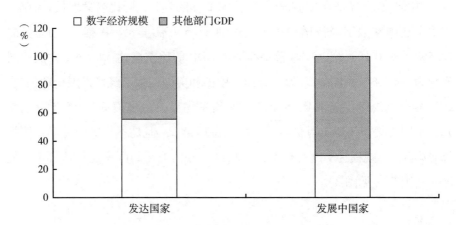

图 2 不同经济发展水平国家数字经济占比

资料来源：中国信息通信研究院，《全球数字经济白皮书 2022 年》。

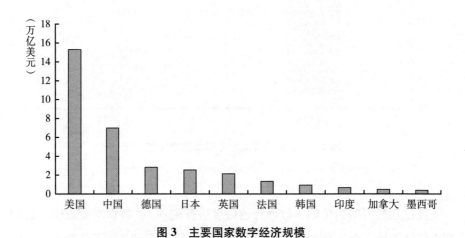

图 3 主要国家数字经济规模

资料来源：中国信息通信研究院，《全球数字经济白皮书 2022 年》。

同，推动了全球协作，但同时也加剧了各国网络空间和数据资源的战略竞争。① 数据跨境流动既可以是基于交易的流动，也可以是基于非交易的流

① 朱扬勇：《数据自治》，人民邮电出版社，2020。

动（企业集团内部信息的共享），包括公共数据、个人数据和其他数据的流动。[①] 一方面，数据跨境流动的主体是可以被识别的数据；另一方面，数据跨境流动意味着数据对地理边界的突破以及国境外的可访问性。同时，数据跨境流动也意味着对数据进行超越地理国界的收集、读取、存储和处理等操作。

对数据跨境流动问题的研究始于 20 世纪 70 年代兴起的全球对于跨国公司的关注。经济合作与发展组织（OECD）在 1980 年通过了《关于隐私保护与个人数据流动指南》（*Guidelines on the Protection of Privacy and Transborder Flows of Personal Data*），作为首个在国际社会上提出的个人数据跨境流动标准型文件，其主要目的是减少因各国立法不一致出现的数据跨境流通障碍，促进经济可持续发展。1985 年，OECD 进一步发布了《跨境数据流动宣言》，[②] 呼吁各国对数据跨境流动采取更加开放和便利的态度。该宣言提出要进一步提高数据和信息的获取和使用，保证数据和信息的透明和一致，以及形成一致的解决方案等。该宣言还指出，保护隐私是解决数据跨境流动的前提，应重视不同国家在有关数据跨境流动方面的规则差异。正是由于这一问题涉及各国主权和经济发展水平等多个维度，迄今为止并未形成统一的规则。

亚太经合组织（APEC）于 2005 年发布《APEC 隐私框架》，这是亚太地区较早涉及数据跨境自由流动的文件。此外，WTO 也较早关注减免数字产品关税、推动数据跨境自由流动等相关议题。值得一提的是，2016 年的 G20 峰会上，与会国家在杭州共同发起《二十国集团数字经济发展与合作倡议》，倡导各成员国抓住数字机遇，推动全球经济实现包容性发展。

二 各国针对数据跨境流动风险的治理方式

随着全球化进程不断加深，数据在国际范围内的流动变得越来越频繁，

---

① 王中美：《跨境数据流动的全球治理框架：分歧与妥协》，《国际经贸探索》2021 年第 4 期。
② 刘宏松、程海烨：《跨境数据流动的全球治理》，《国际展望》2020 年第 6 期。

如何有效地管理这些数据跨境流动是各国面临的较大挑战。在数字化时代，数据作为生产要素之一，越来越成为全世界关注的焦点，也日渐成为全球经济发展新的动力和增长点。因此，数据跨境流动问题也逐渐成为国际经济规则所关注的重要方面。然而，由于各国在立场和安全观念等方面存在差异，它们对数据跨境流动的限制也各不相同。在数字治理领域，如何进一步平衡发达国家和发展中国家在数据流动和保护之间的利益冲突，也是各国面临的挑战。

跨国跨境协同缺乏明确规则指引。各国对数据跨境流动的安全顾虑日益上升，限制性政策不断增多，2019 年全球限制性政策数量超过 200 条，数据保护主义态势日趋明显，造成了全球数字治理体系碎片化程度的不断加剧。同时，数据的跨境流动方向也并不对称，发达国家是数据的主要流入国，例如美国数据流通范围涵盖全球 46 个国家，流通量占据全球总数据流量的 7.2%，进一步导致不同国家数据管理政策出现冲突。数字平台的崛起引发了各国对市场垄断、税收侵蚀和数据安全等问题的担忧。相比传统公司超过 20% 的高税率，数字企业或数字平台的税率极低，这也带来了垄断和避税的潜在风险。此外，由于不同国家和地区之间仍然存在较大的数字鸿沟，不同国家在数据保存、平台管理等数字治理问题上的原本就较为突出的分歧也日渐突出。①

面对数据跨境流动带来的风险，深化全球数字治理合作，在多边和双边国际贸易规则中规定专门的数据跨境流动条款成为新的趋势。针对数据跨境流动的规制主要表现为两种模式：一种是美国模式，反对计算设施和数据本地化要求，支持数据自由跨境流动；另一种是欧盟模式，强调数据隐私保护、视听产品例外和消费者保护。

美国和欧盟为了进一步扩大其在数字经济和数字治理领域的全球话语权，不断拓展数字贸易规则在国际社会的渗透和覆盖面。例如，《跨太平洋

---

① 曲鹏飞：《全球数字治理的中国方案：背景、内涵及路径》，《中国井冈山干部学院学报》2021 年第 4 期。

伙伴关系协定》（TPP）和《美墨加协定》（USMCA）提出了数字贸易的重要性，呼吁建立全球数字市场，强调贸易便利化、数据跨境自由流动、免收数字关税等多项内容，试图增强美国企业在全球的影响力。美国作为数字基础设施和数字产业发展规模较大的国家，其政策倾向于数字贸易自由化和便利化。尽管目前还没有专门规制数据跨境流动的法律，但美国尤其关注通过外国产品或服务收集、获取美国敏感数据的风险，对来自个人、政府以及商业行为中产生的敏感或重要数据都实施了较为严格的控制。[①] 特别是在USMCA 中还针对非市场经济国家提出了"毒丸条款"，要求进一步加强数字市场的开放。这些规则无疑从某种程度上拉大了其与发展中国家在数字领域的差距。目前多边贸易体系中都有出台针对数字贸易的相应条款。《全面与进步跨太平洋伙伴关系协定》（CPTPP），要求成员国允许包括个人数据在内的数据跨境传输；也要求各个成员国不得加诸本地存储要求。在例外条款中，CPTPP 也明确要求对于关键设施规划或社会安全信息等，存储在本地服务器，也就是说 CPTPP 仍然保留了一些例外条款，也为各个主权国家加入该规则提供一定国别空间。

美国签署的 FTA 反映了其在数字贸易和数字产业中的优势。该协定规定，各国不得要求数据本地存储，且应允许数据跨境流动。[②] 美国互联网公司可以在全球范围内提供服务和收集数据，这意味着它们需要遵守各种国家和地区的数据保护法规。然而，数据的存储和使用可能涉及国家安全问题，因此不同国家对于数据主权的态度存在巨大差异。

为了在尊重各国数据主权的前提下，以温和的方式处理数据跨境流动问

---

① 例如，特朗普政府在执政期间以国家安全为由，通过行政令等方式意图驱逐或封杀 TikTok，施压其母公司字节跳动放弃对 TikTok 的所有权。拜登上台后通过颁布一系列针对信息及通信技术和服务供应链审查规则（ICTS 规则）的行政令，进一步强化了对跨国科技企业的安全审查。

② CLOUD 法案规定，美国人的数据以及在美国境内的其他个人数据，无论存储于何地，外国政府要调取均应当通过司法协助渠道，即必须经过美国国内的司法程序，只有在符合CLOUD 法案罗列的一系列严格条件下外国政府才能向美国服务提供者直接调取美国以外的非美国人的信息。

题，欧盟试图将数据保护标准和贸易谈判问题分离。① 欧盟的数据跨境流动政策实际包含了对内与对外两个层面。在对内层面，欧盟主张建立数字单一市场，在欧盟数字法规的规范下，数据在欧盟内部实现自由流动；在对外层面，欧盟积极开展与国际合作伙伴的对话，促进在世界范围内构建完善的数据保护标准体系，同时促进数字贸易在全球的快速健康发展。欧盟提出，强制数据本地存储的规定从某种程度上可能会造成事实上对跨境服务提供者的区别对待，因此应当避免以此作为本地业务开展的前提。

从这一角度来说，数字经济正在成为全球各国发展的重点领域。然而，不同国家对于数据的认知程度不同，由此产生了不同的数据治理理念。在发展中国家，如巴西、印度，更多关注本地主义，并强调人权和主权的数据保护。比如，部分发展中国家要求跨国企业的数据中心应当建立在本地，数据存储和服务器都应满足本地化规定。但是，在部分发达国家，则更多强调国际化和开放性，更加重视数据在跨境流动方面提供的商业价值，以及在促进国际合作和跨国服务中的实践价值等。

三　欧盟针对数据全球治理的政策立场及其产生的影响

如前所述，在包括数据跨境流动在内的数据全球治理问题上，欧盟采取了相对温和的态度，有利于为其自身积极参与数字全球治理体系，推进数字治理的"欧盟路径"提供更广泛空间。

欧盟的数字化转型旨在利用数字技术的优势来推进经济增长、社会进步和环境可持续发展。欧盟认为，数字化转型必须以人为本，以确保数字技术的发展符合社会和道德原则。欧盟在数字化转型方面的努力不仅是为了保持自身在全球数字经济和数字治理中竞争的领先地位或优势，更是希望将其基于欧洲价值观和技术标准的数字经济模式推广到国际舞台，成为全球数字治

---

① See *EU Provisions on Cross-border Data Flows and Protection of Personal Data and Privacy in the Digital Trade Title of EU Trade Agreements*, https：//trade. Ec. Europa. eu/doclib/docs/2018/july/tradoc 157129. pdf.

理的重要参与者。为此，在《塑造欧洲的数字未来》文件中，欧盟提出了环球数字合作战略，计划与更多的伙伴联盟合作，向所有认同其"以人为中心"的数字变革愿景的国家开放并共同发展。同时，欧盟还通过"数字为发展中心"项目和欧盟—美国贸易和技术委员会等倡议，影响全球数字治理。在未来十年内，欧盟将成为引领全球数字治理的领袖，为全新数字世界的转型做出贡献，这将对推动全球数字治理体系的构建和完善产生重要影响。

（一）欧盟在全球治理规则的话语权不断提高

欧盟近年来在数据保护和技术标准等方面积极发展，推动全球数字治理规则的制定和完善，并逐渐形成"布鲁塞尔效应"。欧盟采用"引领""挂钩"等方式，根据各国情况制定了不同的数据保护规则，对其他国家产生了约束和引导作用。其中，"欧式模板"在数据保护方面已经被越来越多的国家认可和效仿。欧盟还通过与日本和韩国的"充分性认定"谈判，在数据保护方面实现了高度的一致。此外，为促进数字经济利益的最大化，欧盟可以在承认不同参与方在数据保护水平存在差异的前提下，实现数据跨境合作。目前，欧盟的隐私保护立法在国际社会上产生了广泛的影响且发挥了示范作用，并将在未来一段时期持续产生全球影响。

（二）欧盟在全球数字经济格局中的塑造力不断提高

欧盟数字单一市场计划于 2015 年提出，目的是通过为个人和企业提供数字机遇，加强欧盟在数字经济领域的全球领导地位。这一计划有望为欧盟带来 4150 亿欧元的巨额红利，并创造数十万个新的就业机会。由于欧盟统一大市场拥有超过 5 亿人口的红利，现有企业也将从中受益。数字单一市场的出现，使得欧盟委员会获得了制定本土数字经济市场准入条件的决策权，从而规范数字经济市场。同时，欧盟也将以统一立法形式提高对非本土科技企业进入欧盟市场的准入门槛和监管标准。这一举措的目的是增强跨境数字经济合作，促进全球数字经济的发展。此外，欧盟为跨境数

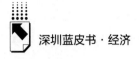

字经济合作制定了一系列严格的规范性要求，这无疑将对全球数字经济格局产生重要影响。

（三）"消费者主权"新兴概念的重要性日渐凸显

传统的网络主权观念以民族国家为中心，但在当今数字化时代，"消费者主权"作为新兴概念，得到了平台和用户的广泛关注。特别是"消费者主权"重视用户的自主权和选择权，强调保护个人隐私，这使得平台和服务提供商不再是绝对的支配者。虽然"消费者主权"看似遵循一种去政治化逻辑，但其背后实则隐含着一种政治实质，可能进一步产生对原有网络主权观念的冲击和影响。从欧盟的角度看，"消费者主权"是具有实际可操作性的政治理念，如果进一步扩展成为数字化转型的常态化原则，也将对其他国家和地区产生影响。同时，如果"消费者主权"得到广泛推广，可能会引发全球数字治理模式的进一步重塑。

四 借鉴全球数据治理先进经验推动我国数据治理能力和跨境流动水平不断提升

（一）数据跨境流动的全球治理规则仍由美欧主导，我国实际与之有较大差异

从上述分析来看，目前数据跨境流动问题并未形成一套固定的全球性规制体系。国际机制缺乏效力，难以在数据保护和自由流动之间寻求平衡，且受制于各国技术发展的因素过多，难以保持自身独立性，很难实现令人满意的治理成效。更为重要的是，数据跨境流动的规范化治理体系构建目前仅在欧盟和美国得到初步启动，这也与其各自长期负有绝对优势的数字治理经验息息相关。总体来看，当前全球数据跨境治理规则呈"俱乐部化"特征。①即美国组建了跨境隐私规则体系（CBPR），试图把个人数据传输规则从

---

① 刘宏松、程海烨：《跨境数据流动的全球治理》，《国际展望》2020 年第 6 期。

APEC 中剥离出来，在原有 CBPR 基础上，重建一个新的"全球 CBPR"体系。欧盟则通过通用数据保护条例（GDPR）建立"白名单"制度，试图进一步扩大其在全球竞争中的话语权和影响力。

改革开放以来，我国一直致力于深度嵌入全球供应链，同时也因全球供应链而获益。根据 IDC 发布的《数字化世界——从边缘到核心》和《2025 年中国将拥有全球最大的数据圈》，从 2018 年到 2025 年，我国数据总量年均增速有望达到 30%，即 2018 年，我国共产生 7.6ZB（1ZB = 10 亿 TB = 1 万亿GB）数据，按照前述增长率，2025 年这一数据总量将达到 48.6ZB。[①]但是在数字治理领域，我国存在大量风险挑战，包括与现行国际规则不兼容；针对隐私权等领域数据保护与国际普遍通行规则差异较大；域内规制和监管体系看似完善但是灵活性较差，容易破坏贸易自由；缺乏独立清晰的数据跨境流动规则体系从而产生数据产业发展需求与治理要求无法契合等。

具体而言，我国针对数据跨境流动的主要原则是：坚持重要数据的本地存储，以及对必要的数据跨境流动采取安全评估措施。但是这种分类分级标准没有更加细致的规范，因此信息分类分级的系统性、科学性和必要性就显得尤为重要。针对分歧较大的数据跨境领域问题，我国的主张是：不得要求本国企业将境外产生、获取的数据存储在本地；通过司法协助解决数据跨境调取问题；认可企业遵守所在国法律；要求全球信息技术产品和服务的供应链开放、安全、稳定，同时要求平等对待所有人。此外，为了确保信息技术得到合理使用，应当采取措施制止大规模监控和非法采集他国公民的个人信息。与此同时，企业也需要承担数据安全责任，以确保用户数据不被泄露和滥用。在考虑数据跨境流动问题时，应当将个人信息安全和国家安全作为基本考虑因素，确保数据流动不会对国家安全和公民权益造成损害。不过，目前我国尚未针对税收、反垄断和数据权利保护等问题做出明确界定。

长远来看，国际上具有普遍性的治理规则将极大限度地影响全球治理格局。无论是多边贸易规则中的数字条款，还是专门着眼于数字经济的多边协

---

① 张茉楠：《跨境数据流动：全球态势与中国对策》，《开放导报》2020 年第 2 期。

议，均为全球数字治理难题的破解提供了新契机。针对数字鸿沟、数据伦理、网络安全等社会经济安全问题，有望通过建立以人为本的人工智能框架、在电子商务领域实行替代性争端解决机制、设定网络安全条款缓解全球数字治理"碎片化"问题。上述规则机制彼此促进，将持续推动各国在数字领域的广泛合作，未来有望在数字贸易规则领域形成覆盖面广、接受度高的全球体系。然而，以美国和欧盟为代表的发达经济体也不会放弃其在数据跨境流动规则体系谈判中坚持的固有立场，和我国国内法规定相差甚远的美国模式，值得关注。

（二）在保护数据主权的前提下充分探索可行规则体系为数字经济发展提供保障

未来，我们应避免和国际通行规则差异过大而被迫形成"数据孤岛"，①应在多边层面积极谈判和制定规则。

一方面，对接先进规则，推动我国数据治理和跨境流动水平不断提升。针对隐私保护、数据安全、数据确权、数字税收等问题，加强交流合作，以期让数据流动更好促进技术进步和数字经济发展。在以美国为代表的少数国家具有技术优势和垄断能力的背景下，应充分发挥数据对经济发展的促进作用，确保数据在主体间的共享。避免在"本地存储"等核心问题上进行"一刀切"，更清晰地界定分级分类标准。为了促进数据跨境自由流动与共享，应采取有针对性的数据管理措施，以明确数据跨境流动的范围和标准，从而减少经济贸易障碍，并确保国家安全和个人信息安全。这些措施可包括建立跨部门和跨行业的数据标准和规范，制定数据安全管理机制和应急预案等。同时需要鼓励和支持企业与组织共同参与数据共享和协作，以促进数据价值的最大化和创新。只有通过这些措施的共同努力，才能实现数据跨境自由流动和共享，并在数字经济时代取得成功。② 经过借鉴欧盟方案，可以建

---

① 王中美：《跨境数据流动的全球治理框架：分歧与妥协》，《国际经贸探索》2021年第4期。
② 王婷婷：《跨境数据流动法律问题研究》，硕士学位论文，郑州大学，2020。

立一个可信任体系的"白名单制度",以此保护个人信息及数据跨境流动。同时也可以采取对等措施,扩大数据跨境自由流动的"朋友圈"。

另一方面,探索反映广大发展中国家利益诉求的合作路径,减少"数据垄断"和"数字鸿沟"现象。数据流动规则体系应鼓励发展中国家积极融入数字经济合作格局而不是置身事外,应构建不同发展水平国家之间的规则协调机制,通过发挥我国在数据全球治理体系中的重要作用形成数字经济发展全球共享的机制。为了确保国家安全不被滥用,有必要进一步提高数据采购、披露和限制的透明度,以确保政府在使用这些数据时不会出现滥用的情况。除此之外,各国还需要加强在反垄断执法方面的合作和协助,以打造更具活力和竞争性的数据生态,提高各国在经济和科技领域竞争的公平性和透明度。当数据生态更加多元化和活跃时,人们就可以更好地利用数据资源,从而推动社会的发展和进步。

B.25
福田区数字经济高质量发展报告

庞 勤 刘 慎 成明峰 王 腊*

摘 要: 数字经济是福田区"三大新引擎"未来承载的产业大方向、未来发展的创新大方向,也是城区战略中决胜的核心领域。近两年,福田区数字经济核心产业增加值高速增长,年均增长率超14%,数字新基建、数字新科技、数字新智造、数字新金融、数字新文化、数字新商贸六大领域优势凸显,但仍存在龙头企业缺乏且结构不平衡、融合渗透深度不够、数字技术基础研究较弱的问题。未来福田区应加快建设数字经济集群链、加大数字投资力度、抢占数据交易先机等,不断推进数字经济和实体经济相融合。

关键词: 福田区 数字经济 高质量发展

一 发展背景

数字经济是世界科技革命和产业变革的先机,是新一轮国际竞争重点领域。国内和国际发展经验表明,数字经济在促进经济转型升级、提升城区竞争力方面具有非凡意义。根据国务院印发的《"十四五"数字经济发展规划》,数字经济是继农业经济、工业经济之后的主要经济形态,是以

---

* 庞勤,深圳市福田区发展和改革局局长;刘慎,深圳市福田区发展和改革局二级调研员;成明峰,深圳市福田区发展和改革局产业发展科(双区建设科)科长;王腊,福田高质量创新中心产业研究员,主要研究方向为产业规划、区域经济、数字经济。

数据资源为关键要素，以现代信息网络为主要载体，以信息通信技术融合应用、全要素数字化转型为重要推动力，促进公平与效率更加统一的新经济形态。

国家统计局进一步明确了数字经济统计范围，《数字经济及其核心产业统计分类（2021）》将数字经济产业范围定义为数字产品制造业、数字产品服务业、数字技术应用业、数字要素驱动业、数字化效率提升业 5 个大类。其中前 4 类为数字产业化部分，第 5 类为产业数字化部分。

2021 年，全国数字经济核心产业规模约 8.35 万亿元，占 GDP 的比重约为 7.3%。《"十四五"数字经济发展规划》提出到 2025 年全国数字经济核心产业增加值占 GDP 的比重达到 10% 的目标。深圳市数字经济核心产业增加值为 9395.71 亿元，占全市 GDP 的比重为 30.6%，深圳市第七次党代会报告中提出到 2025 年数字经济核心产业增加值占 GDP 的比重达 31%以上。

二 福田区数字经济发展现状分析

（一）福田区数字经济顶层设计

福田区出台了《福田区数字经济发展"十四五"规划》，构建数字经济"1+6+N"发展体系。即：以"打造数字经济先行示范区"为目标，重点发展数字新基建、数字新科技、数字新智造、数字新金融、数字新文化、数字新商贸，加快推进数字产业培育、数字应用示范、数字技术服务、数字产业基地建设等重点建设工程，全力推动"一切产业数字化、一切数字产业化"。

（二）数字经济核心产业规模壮大

2022 年，福田区数字经济核心产业增加值约为 678 亿元，占 GDP 的比重为 12.3%，同比增长 5.1%，近两年年均复合增长率超 14%；"四上"企业数量达 771 家，比 2020 年增长 202 家，市场主体不断壮大。

（三）数字经济核心产业企业品质提升

企业数量持续上涨，企业品质不断提高，福田区近两年新增 4 家上市企业，12 家总部企业（市区级总部），14 家国家级专精特新"小巨人"企业（见表1）。

表 1 2020~2022 年福田区数字经济核心产业企业相关数据

单位：家

项目	2020 年	2021 年	2022 年
上市企业	14	16	18
总部企业	40	48	52
国家级专精特新"小巨人"企业	1	4	15

（四）福田区数字经济重点领域优势突出

1. 数字新基建底座有根基

通信算力基础设施提质赋能。福田区建成并开通 6500 余个 5G 基站，密度达 41.8 个/万人，成为全球首个 5G 独立组网全覆盖、5G 基站密度最大的中心城区；加快 IPv6 技术创新和融合应用，深圳证券交易所项目入选中央网信办等 12 部门联合印发的应用试点名单；湾区算力中心成为华南地区唯一在 8 位计算精度下 400P 算力、32 位计算精度下 100P 以上算力的大型超算集群。融合型基础设施多点应用。全球首个规模化应用行人重识别技术，途径画像和活动轨迹准确率超过 90%；建成全国领先的专属共享区域级 5G 医疗网络体系，并获批为全国基础教育首批"5G+智慧教育"应用试点单位；建成全市密度最大环境空气质量监测网络。

2. 数字新科技动能有活力

"动能谷"加速建设。"湾区芯谷"模拟 EDA 龙头企业华大九天等优质企业及意法半导体全球封测创新中心等重大平台，加快集成电路产业集聚；"量子谷"引进粤港澳大湾区量子科学中心，深圳国际量子研究院率先研发具有自主知识产权的 30kV 电子束曝光机，攻克"发射电子束光刻机"样机"卡脖子"技术，成功打破该领域国际长期垄断。科技产业加速应用。华为数字能源安托山基地运用综合智慧能源解决系统，年耗电量降低 50%、碳排量减超60%；华润数科润联 Resolink 工业互联网平台入选工信部双跨平台；港中大深港智慧医疗机器人开放创新平台已研制低成本、定制化手术辅助机器人。

3. 数字新智造空间有潜力

打造新智造园区范本。建设八卦岭中厨大厦德明利智能工厂，更新打造兄弟高登、八卦岭 3~1 小区智能制造产业园区项目，为智能制造化建设提供样板。数字化技术加速传统制造转型升级。赛意法凭借传统封装测试企业自动化转型经验获得 2021 年度"全国质量标杆"荣誉称号；智微智能的"智能制造""边缘网关""边缘控制器"三大产品线入选"2023 中国 AloT产业全景图"。集群效应充分发挥。以建设智能机器人、智能终端产业集群为抓手，自主吸引深圳超聚变技术有限公司、深圳扩博智能技术有限公司、复睿微电子（深圳）有限公司等一批优质项目落户。

4. 数字新金融高地有优势

金融科技融合生态初步形成。推动上市全国首只金融科技指数——香蜜湖金融科技指数，以湾区国际金融科技城、国际金融科技生态园打造"金科双园"联动发展格局，气候投融资机制改革入选国家首批试点。数字人民币综合示范区走在前列。落地全国首个数字人民币公积金缴存业务线下场景，进一步提升数字人民币的普惠性和可得性；大力推进全国第一个数字人民币金融适老化社区试点，整合交通卡、社保卡等硬件卡功能，改善社区老年人消费及生活方式。供应链金融创新发展。广东省供应链金融创新合规实验室搭建了全国首个定制化试点管理系统平台，实现全线上化的试点申请、评估到过程管理；打造全省首个法人数字空间金融场景应用，建设产融金融创新公共服务平台——"福田产融直通车"，推动"产业+金融"联合创新。

5. 数字新文化品牌有特色

文化资源数字化创新激活。推出全国首创深圳数字交互皮影剧《嬉戏》和 AR 多维皮影戏等非遗创新科技类项目；举办全市首个"云上"大型古典

"莲花山草地音乐节",线上直播观看人数近2000万人次。文化活动场景多领域数字应用。实现文体场馆"一网统管、一键预约",累计整合达183家;开展"全民AR寻宝"、丹青光影数字书画艺术展等数字文化活动;建立"沉浸式"体验数字文物博物馆,构建博物馆虚拟现实体验区;推出图书馆和文化馆的空间导览、机器人辅助导览功能,利用5G等技术对文化场馆进行数字化管理。

6. 数字新商贸场景有前景

推动数字化平台建设。创建全国首个数字人民币预付式消费平台,从源头上防范交易风险;推动卓悦中心迭代升级"卓悦中心+"运营平台,助力雅娜购等企业开设电商平台,支持汇洁、西部牛仔等传统零售企业开展直播带货业务。数字新零售业态加速发展。出台"电商发展支持"政策,大力发展线上消费、首店经济、网红经济,2022年线上网络零售额同比增长51%,引入首店55家,领跑全市。

三 存在的问题

(一)龙头企业缺乏且结构不平衡

福田区数字经济核心产业增加值占比为12.3%,与全市2025年目标(31%)仍有较大差距,主要是由于福田区电子信息制造业和软件服务业较弱,缺少如阿里、腾讯、美团、字节跳动等千亿元级规模、兼具国际竞争力和创新引领力的行业龙头企业或大型平台型企业。同时龙头企业结构不均衡,非技术类企业比重高,数字经济核心产业营业收入总额前20的企业中批发零售业高达10家,信息传输、软件和信息技术服务业6家,制造业4家。

(二)融合渗透深度不够

福田区作为中心城区,其数字化应用程度不高、规模不大;如作为市级七大商圈中的福田 CBD 商圈总体量位居前列，华强北商圈具有强大业务属性，但都面临转型升级问题，数字化应用还不够；智慧交通应用领域集中在智慧道路，中心区 5.3 平方公里范围内 35.5 公里城区级"聪明路"改造完成，但还缺乏应对新交通方式发展的智慧交通基础设施。

（三）数字技术基础研究较弱

福田区数字技术主要集中在金融科技应用、软件信息应用等方面，在区块链、云计算、物联网等方面的基础研究还不够，在一些高端芯片、工业控制软件等关键技术上还存在"卡脖子"风险。

四　政策建议

杭州、广州等数字经济先进城市主要通过重战略、建体系、促融合、做生态等措施把数字经济作为城市发展新引擎。福田区要做强做优做大数字经济，需完善福田数字经济体系，以推动数字技术与实体经济深度融合为主线，赋能传统产业转型升级，协同推进数字产业化和产业数字化。

（一）加快建设数字经济集群链

通过由北到南规划布局，形成特色鲜明、优势互补、相互融合的数字化产业园区集群链条，实现创新链、产业链、人才链深度协同，着力打造贯通南北、点面相连、一体化发展的数字经济集群链，总建筑面积约 200 万平方米。

打造"六新"产业集群。建设以"新一代产业园"为主的数字新智造集群，不断强化智能制造集群龙头企业的上下游链；建设以"湾区国际金融科技城"为主的数字新金融集群，充分发挥金科双园发展金融科技的"磁吸"效应；建设以"深科技城"为主的数字新要素集群，集聚数据新要素，打造数据要素全生态产业园；建设以"物美南方总部大厦"为主的数字新消费集群，着力培育中心区世界级商圈；建设以"深业泰然立城"为

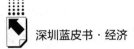

主的数字新文化集群，充分发挥上下沙片区的数字创意和时尚产业集聚效应；建设以"深港开放创新中心"为主的数字新科技集群，强化"湾区芯谷"等建设。

（二）加大数字投资力度

加大聚焦于数字产业和相关应用领域的固定资产投资以及适应城市社会各领域未来发展需要的数字化智能化相关投资的力度，以数字投资为引导促进大项目、多项目落地，推动数字经济与实体经济深度融合，建成高质量发展、高效率运行、高品质服务的数字经济先行示范区。

加强数字产业投资。加大对数字产业的财政资金支持力度，引导企业扩大数字化产能、增加创新性投入，深度挖掘数字产业化项目，提升数字经济核心产业增加值。

加强数字转型投资。对传统产业数字化转型提供专项政策支持，推动工业制造、商贸物流、金融服务等数字化增值赋能。

加强数字治理投资。加大城市治理、管理服务各领域的数字化转型和投资力度，不断拓展数字交通、数字教育、数字卫生等多种应用场景，着力使福田成为数字化智能化成功转型的典范城区。

（三）抢占数据交易先机

数据已成为数字经济时代的基础性战略资源和革命性关键生产要素，目前粤港澳大湾区大数据研究院和深圳数据交易所有限公司已在福田区运营，建议强力推动综改试点探索，用好用足优势。

加快数据跨境交易。充分发挥数字市场主体作用，引导市场主体积极开展数据交易，依托福田区雄厚的口岸经济基础，着重开展数据跨境交易；探索开展"数据海关"试点建设，依托粤港澳大湾区大数据研究院探索适应数据资源跨境的技术环境和监管体系，促进数据要素市场培育。

完善数据要素市场的生态体系。鼓励发展法律认证、数据集成、数据经纪、数据合规性评审、数据审计、数据公证、数据资产评估、交易定价服务、交易争议仲裁、人才培训等专业性中介服务机构，强化数据要素服务支撑；探索建立政务数据产品化和市场化流通的有效机制，积极推动政务数据以场内交易方式流通，鼓励政务数据结合隐私计算、区块链等技术在金融场景创新应用。

（四）打造湾区数字经济创新中心

创新是引领发展的第一动力。通过打造升级一批创新载体，集聚高科技研发前沿、应用，畅通资源信息共享渠道，碰撞思想新火花，建设湾区数字经济创新中心。

打造产业赋能平台。搭建产学研协同创新平台，鼓励高校科研资源、企业应用资源等相互共享，聚焦关键领域、共性基础技术等，合作打造产业创新载体，突破一批"卡脖子"技术；聚集各行各业数字化程度高、资源充足的相关龙头企业、机构，充分利用其示范引领优势，打造行业赋能平台，加快推动行业变革升级。

营造创新氛围。构建产业资源供需对接平台，及时发布数字经济场景建设需求服务方案清单，增强辖区企业产业黏度，强化产业链强度和韧性；鼓励省、市、区级的工程技术中心、重点实验室、企业技术中心做大做强，进一步升高规格，围绕前沿技术开展基础研究、应用研究等。

（五）强力推动"双招双引"

打造福田区数字经济专业楼宇，加强福田区数字经济营商环境宣传，各部门联动将数字服务商引进到专业楼宇，形成产业集聚，以市区联动、要素联动开展"双招双引"工作。

加强大商优商招引。绘制"六新"板块重点数字经济龙头企业招商图谱，实施精准招商工程，推进"六新"板块齐头并进；以优质楼宇招引数字经济龙头企业；依托荣耀、平安科技、华为数字能源、华润数科等数字经济龙头企业和总部企业推进产业链集聚，不断做大做强产业链；充分发挥区引导基金作用，建设数字经济产业园，利用孔雀谷"双创"基地等孵化器的招商效应，引进和培育成长性较高的数字经济中小企业。

实施人才引培工程。建立有效的激励机制，开展数字经济人才交流、职业技能培训，设立数字经济人才市场，开展福田数字经济专场招聘会，发布岗位需求清单，力争打造高端数字经济人才培育基地；探索与海外商会、协会、机构、研究团队等建立常态化联络机制，持续宣介优质环境，吸引海外人才集聚福田；充分发挥福田智库集聚优势，为数字经济发展提供智力支撑。

参考文献

《"十四五"数字经济发展规划》，中国政府网，2022 年 1 月 12 日，http：//www. gov. cn/zhengce/content/2022-01/12/content_ 5667817. htm。

《国务院关于数字经济发展情况的报告》，中国人大网，2022 年 11 月 14 日，http：//www. npc. gov. cn/npc/c30834/202211/dd847f6232c94c73a8b59526d61b4728. shtml。

《数字经济及其核心产业统计分类（2021）》，国家统计局网站，2021 年 6 月 3 日，http：//www. stats. gov. cn/sj/tjbz/gjtjbz/202302/t20230213_ 1902784. html。

《深圳市国民经济和社会发展第十四个五年规划和二〇三五年远景目标纲要》，深圳政府在线，2021 年 6 月 9 日，https：//www. baidu. com/link？url＝0v2J2y0pyqXSuRZGlsRFim_ M9dlKVqIjY4x0gdL-kC_ Gda9Jyb-v6XPYggMqKYyszHBpUrNHvGO1cYvdWsxb3f1HbJDNuSXbb2vrRAr5xIS&wd＝&eqid＝c6b42bf100023b6f00000002646b5e8d。

特区案例篇

Special Zone Cases

B.26

深圳市打造氢能产业创新发展高地路径分析

——以盐田区为例

何 吉*

摘 要： 氢能具有绿色无污染、能量密度高、原料易获取和应用范围广等特点，是当前全球范围内具有发展潜力的清洁能源之一。发展氢能等绿色能源已成为全球推动能源低碳转型发展的必然选择。我国从中央到地方高度重视氢能产业发展，氢能产业发展迈入战略机遇期和发展关键期。本文通过系统梳理详细分析深圳市盐田区氢能产业基础、核心技术阶段以及氢源和配套设施情况，布局盐田区氢能产业发展路径。同时，针对氢能产业存在的成本高、规模聚集效应不明显、区域产业布局同质化、土地资源紧张等问题，通过借鉴先进做法，提出若干建设性措施建议，以期为盐田

---

* 何吉，博士，现任深圳市盐田区发展和改革局综合规划科科长。

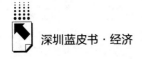

区加快打造粤港澳大湾区氢能创新发展高地提供参考和决策依据。

关键词： 碳排放　氢能产业　盐田区

一　研究背景和现实意义

（一）氢能成为我国实现碳中和的重要途径

2020年9月，习近平总书记在联合国75周年大会、G20领导人峰会、气候雄心峰会等国际重要场合，多次强调中国将采取更有力的政策和举措，实现"2030年前碳达峰、2060年前碳中和"目标承诺。氢能作为一种清洁能源，是推动传统化石能源清洁高效利用和支撑可再生能源大规模发展的理想互联媒介，是实现碳中和的有效途径。

氢能自16世纪被首次发现以来，因具备来源广泛、燃烧效率高、绿色清洁、存储便利、应用多样等优点，被视为传统化石能源的有力替代者之一，受到了广泛关注与重视，产业迎来发展"窗口期"。我国从中央到地方高度重视氢能产业发展。2021年3月，《中华人民共和国国民经济和社会发展第十四个五年规划和2035年远景目标纲要》发布，氢能进入国家"十四五"规划，成为前瞻谋划的六大未来产业之一。同年，《关于做好碳达峰碳中和工作的意见》和《2030年前碳达峰行动方案》均对氢能产业发展做出明确部署。国内多个省（区、市）积极响应国家政策，将氢能产业纳入发展重点，北京、上海、广东、山东、江苏等60多个省（区、市）先后出台促进氢能产业发展的规划及政策性文件。

（二）氢能产业发展具有丰富的现实意义

气候变化问题是当前人类社会面临的最为严峻的挑战之一。政府间气候变化专门委员会（IPCC）第六次报告显示，全球升温或在未来 20 年达到甚至超过 1.5℃临界值，给自然生态系统和人类社会带来不可逆转的损失。随着全球应对气候变化压力增大及能源安全保障需求迫切程度提高，氢能作为一种来源广泛、清洁无碳、灵活高效、应用场景丰富的二次能源，发展氢能产业已成为全球共识，也是人类应对能源危机的重大举措。

二　氢能产业国内外发展现状

（一）国际氢能产业发展现状

当前全球已经有近 30 个国家和地区发布了氢能发展战略。目前全球加氢站建成数量超过 750 座，各类氢燃料电池车数量接近 5 万辆，2021 年全球电解水制氢装机容量超 290MW。在交通、工业、建筑、储能等多个领域，多个国家和地区已开展一系列实践探索，氢能已成为其能源战略的重要组成部分。

国外一些国家早就明确氢能产业发展战略，并制定相应的产业支持政策，如：美国、日本、韩国、欧盟等国家和地区。通过持续研发氢燃料电池技术、推进氢燃料电池试点示范及多领域应用、结合其资源禀赋特征确立制氢技术路线等措施，这些国家已在燃料电池汽车技术研发、产业链构建及加氢站建设方面取得优势。

（二）国内氢能产业概况

中国氢能产业处于发展初期，2021 年我国氢能产量达 3300 万吨，同比增长 32%。与此同时，以燃料电池为代表的下游需求强势增长，带动氢能市场规模快速扩张。根据中国氢能联盟数据，2020 年中国氢能行业市场规模为 3000 亿元，预计到 2025 年和 2035 年，氢能行业产值将分别达 1 万亿元和 5 万亿元规模。截至 2022 年，全国已推广使用超过 8600 辆以商用车为主的氢燃料电池车，建设超过 200 座加氢站，同时各大能源、化工、钢铁及装备等领域头部企业陆续开展燃料电池分布式热电联供、可再生能源与氢储耦合一体化、绿氢应用等示范项目。多个省份发布氢能及燃料电池产业发展规划，加速氢能产业化进程，氢能产业链体系加快建立，初步形成京津冀、长三角、珠三角、中部地区等产业集群。

（三）深圳市氢能产业概况

作为全国科技创新、低碳发展、新能源汽车推广的先锋地区，深圳市现有超过百家氢能与燃料电池产业相关创新企业，已具备完整产业链条，涵盖整车、系统、电堆、膜电极、双极板、催化剂、碳纸等关键核心零部件及高端装备制造等环节。同时，深圳市作为创新之都，氢能企业的研发与创新能力雄厚，示范应用开拓及市场占有率全国领先。深圳作为国家低碳试点城市，氢能应用示范场景丰富。

三 盐田区氢能产业概况

（一）盐田区氢能产业基础梳理

1.相关政策支持

2021年10月，盐田区政府发布《深圳市盐田区国民经济和社会发展第十四个五年规划和二〇三五年远景目标纲要》，其中指出要进一步优化港区能源结构，加快氢燃料电池等新能源拖车试验示范运行，推动落实港口碳达峰工作，打造国际一流绿色港口。2022年1月，《盐田区创建全球海洋中心城市核心区实施方案（2022—2025年）》提出优化港区能源结构，加快氢燃料电池等新能源、清洁能源拖车示范运行。2022年3月发布的《盐田区构建现代产业体系促进经济高质量发展扶持办法》中指出，将对在盐田区内开展符合市节能低碳发展方向、包括氢能在内的清洁能源推广应用项目的企业进行扶持。

2.氢能产业基础

目前，盐田港已陆续推进包括氢燃料电池半挂牵引车在内的运营测试，计划到 2025 年底，盐田区有望通过氢能在交通领域的推广，累计减排二氧化碳超过 5 万吨，推动盐田区绿色低碳发展，全力创建全球海洋中心城市核心区。2022 年 4 月，盐田区发改局与中广核资本控股有限公司签署战略合作协议，双方聚焦"双碳"目标，将氢能产业作为实现能源脱碳乃至"零碳"的核心关键，带动综合能源、海洋经济产业发展。2022 年 10 月 9 日，深圳市首个国际氢能产业园在盐田区正式揭牌运营，标志着盐田区在构建绿色低碳产业体系，打造产业转型升级新增长点的高质量发展道路上迈出关键一步。盐田国际氢能产业园已有 13 家氢能企业进驻，将打造集研发、生产、示范为一体的氢能产业基地，配套完善氢能产业用氢测试等设施，并依托"湾区零碳科技产业基金"，聚焦燃料电池系统、燃料电堆及关键零部件等领域，吸引一批头部企业落地，同时持续引进并孵化科技含量高、具有核心竞争力的氢能企业，争取 5 年内培育 2~3 家氢能上市企业。

同时，盐田区致力于推动氢能全产业链布局和招商工作，逐步形成氢能产业细分领域比较优势，围绕氢能产业链上下游和应用场景进行延伸，规划聚集一批技术领先、自主化程度高、产业带动能力强的氢能领域企业，依托氢能产业园平台，鼓励行业相关企业在此平台开展技术和产品的研发工作，实现核心装备自主国产化，并鼓励建设中试基地或中试生产线，将氢能打造成盐田区核心的绿色、零碳产业。

（二）盐田区氢能产业应用场景

氢燃料电池汽车适用于中长途、高载重、固定路线货运等场景，盐田区具有丰富的氢能与燃料电池汽车推广应用场景，如绿色智慧港口、城际物流、城市物流、市政环卫等领域，通过场景化应用、商业模式创新、财政资金支持等一系列措施，盐田区将在交通领域率先探索出一条氢能产业高效、经济、安全的商业化示范应用路径。

结合氢能应用技术优势与示范效应，盐田区氢能交通应以重载运输车、原材料输送转运车、冷链物流车、工程车、摆渡车为重点，优先替代高能耗、高污染、高排放车型，加快陆运燃料电池商用车、专用车、海上船舶、

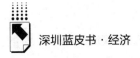

高空无人机的推广应用。

结合盐田区大型公共基础设施及旺盛的旅游业资源，充分发挥氢能发电和热电联供效率高、环保低碳、储存时间长、使用寿命长等技术优势，以"集中供热优先"和"宜气则气、宜电则电"为原则，面向盐田区新型基础建设、产业园区、港口区域、酒店和民宿等用电和热电联供需求，推广使用质子交换膜燃料电池应急备用电源、固体氧化物燃料电池分布式发电与热电联供、氢燃料电池与小型燃机联合循环分布式发电等。

盐田区拥有发达的旅游产业，可在大梅沙、小梅沙、滨海栈道开展热电联供、燃料电池观光车、观光船、两轮车等示范应用。同时依托现有油气补给站资源，可集约土地资源进行港口内存量改建或港口外扩建加氢站，并探索站内制氢加氢一体化建设。

（三）盐田区氢气供应基础

根据 2025 年盐田区规划氢能源车辆保有量 600 辆测算，2025 年盐田区预测耗氢量为 1530 吨/年，即日加氢需求为 4.19 吨。根据盐田区内氢源供应需求及《深圳市综合能源补给设施布局规划（2022—2025 年）》政策规划，区内目标建设加氢站 6 座，其中盐田港内 4 座（包括目前可改造的 3 座，以及未来港区的新规划 1 座），港外拟改建的综合能源补给站 2 座。根据深圳市加氢站建设规划，氢气供应模式以现场制氢加氢一体化为主。

四　氢能产业发展面临的挑战

目前我国部分氢能产业相关材料、核心零部件、装备仍需要依赖进口，如碳纸、加氢枪、氢流量计等，且国内常用催化剂使用的依然是铂碳催化剂，成本较高。此外，我国用户端氢气价格偏高且供应不足，尤其在广东地区，近期氢气供应量不足以支撑产业长期规模化发展。整体氢能产业各环节供应链、产品市场竞争力弱，需聚焦氢能应用关键技术突破，降低电解水制氢、规模化氢气运输、下游产品的产业化成本，推进加氢站建造进程，以解决氢能应用端成本问题。

（一）战略性新兴产业集聚效应仍不明显

广东省作为改革开放的先行区，在推动氢能产业的发展过程中，体制机制创新略显不足，产业链各环节具体的责任部门未明确，具体分工不明晰，工作推进机制不完备，导致产业链各环节间的壁垒尚未被完全打通，制约广东省氢能产业的商业化发展。

盐田区产业创新的步伐滞后于深圳市平均水平，亟须加快战略性新兴产业布局。深圳市是国家高新技术产业集聚区，而盐田的高新技术产业基础却较为薄弱。截至2020年，盐田高技术产品制造业企业实现产值101.45亿元，占规模以上工业企业总产值的18.3%，远低于深圳市约66.6%的平均水平。深圳市拥有具有全球影响力的国际科技创新中心，而盐田区以生命健康和人工智能为代表的创新型企业数量少且规模偏小，还需要较长的培育期，产业规模集聚效应还不明显。截至2020年，盐田战略性新兴产业增加值占地区生产总值的比重约为18.1%，低于深圳约37.7%的平均水平。

（二）区域同质化发展问题影响产业高效协同

在政策、市场推动下，全国各地相继出台各类规划和奖补政策，在产业快速发展、竞争日趋激烈的窗口期，为避免产业布局同质化、产业供需失衡、重复投资等问题出现，需要地方重视区域间产业协同，因地制宜进行前瞻性科学布局，加快以燃料电池汽车示范应用城市群为基础的氢能产业应用示范进程。盐田区产业起步较晚，当前创新基础相对薄弱，现阶段聚集能力和带动效应不足，产业效益显现还需要保持一定战略耐心，因此，应通过构建完整的产业创新生态，提升创新型产业的核心竞争力，尽快出台氢能产业发展方案。加快重点应用场景的构建和落地等，推动氢能在深圳市内跨区域、全产业的高效协同发展。

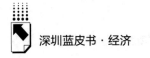

（三）盐田区空间限制产业发展

盐田区依山傍海，土地资源的紧缺与加快产业发展的紧迫性之间的矛盾较为突出。盐田区目前现有的空间和产业资源并不足以支撑盐田氢能产业的快速发展，因此，应加快落实产业定位、空间规划、重点场景与配套链条，提高产业发展效率。

五　盐田区氢能产业发展措施建议

为抢抓氢能产业发展，培育绿色经济增长新动能，加快构建以盐田港区多场景应用示范为引领、产业创新发展的粤港澳大湾区氢能高地，盐田区将从如下几个方面发力，探寻氢能高质量发展路径。

（一）科学布局，强化政策引导

目前，氢能产业正处于商业化初期，为牢牢抓住产业发展机遇，盐田区将从产业链关键技术、核心材料、产业应用重点领域，科学布局产业发展中心，依托自身区内场景优势，挖掘空间布局潜力，开拓下游应用市场，带动产业链聚集发展，打造盐田氢能产业示范样板和品牌。

研究完善盐田区氢能产业发展奖补政策，设立氢能产业发展专项扶持资金，用于引进及扶持区内从事氢能产业科技创新、加氢站建设和运营、氢燃料电池车辆购置和运营的企业和机构，加大对氢能产业及其上下游产业链的制造业企业、研发机构的政策引导和支持力度。结合气候融资、绿色产业、产业集群等政策，鼓励金融机构对氢能与燃料电池产业项目提供资金、担保等支持，推动政产学研的相互融合与赋能。

（二）聚焦核心，引进龙头企业和高端人才团队

围绕重点环节，定向引进一批具有行业竞争力的氢能领域龙头企业和核心人才团队，开展技术研发，进行成果转化；通过国家、省、市级重大

科技项目计划，重点引进高端专业人才，加强与国内外知名高校和研究机构开展氢能相关合作，培育一批专精特新、龙头企业，强化能源、交通、制造业的融合，支持以氢能为核心的零碳产业发展。

一是引导和支持发展智慧低碳冷库。结合辖区冷链物流产业发展需求，大力帮扶深圳水源环保建设有限公司等市场主体，推广使用基于相变储能技术与光伏绿色能源一体化集成的智慧低碳冷库新产品，在峰谷电价差红利之下，通过相变材料的充放冷循环完成冷能的"时间转移"，同时结合光伏太阳能等清洁能源，大幅度提高能源利用效率，降低能耗和冷库运营成本。二是大力推广使用零碳储能式冷藏集装箱。依托全球海洋中心城市核心区和盐田港国际航运枢纽，推广运用零碳储能式冷藏集装箱，创新性采用国际领先的相变储能技术，利用低谷电或清洁能源电力为冷藏箱体顶部的储冷模块充冷，并应用于公铁联运、城市间运输、短途配送领域。三是加快绿色低碳新技术新产品应用推广。协调辖区电视电话网络通信运营商，对网络设备、通信机房、营业场所办公设施等开展"双降"工作，为全国5G基站"沉睡"资源的再利用提供可复制、可推广的经验。

（三）因地制宜，保障产业氢能安全供应

按照相关加氢站建设审批流程，制定区级加氢站建设运营补贴及管理办法，明确相关部门职责、协助机制和监管体系。因地制宜布局加氢站设施，在保障安全的前提下，节约集约利用土地资源，结合市综合能源一体站规划，鼓励利用现有的加油加气设施基础改建加氢站，探索站内制氢、储氢和加氢站一体化的加氢站新模式。参与制定氢能和燃料电池汽车领域的相关标准，掌握新能源产业发展的话语权。同时强化氢气在全产业链的安全管理和制度建设，以保障产业安全有序发展。

（四）紧跟浪潮，抢占创新先机

一是将盐田打造成氢能技术研发高地。加强前沿重大理论研究和能源储

运等关键技术攻坚，打造氢能产业技术策源地，率先抢占全球科技发展的制高点。二是将盐田打造成氢能高科技产业高地。建设先进制造集聚高地，打造集研发、生产、示范作用为一体的氢能产业基地，以及集氢气制、储、运、加、用于一体的产业体系，把氢能零碳产业开发为盐田新的经济增长极，形成具有国际影响力、竞争力的氢能零碳产业生态体系。三是将盐田打造成氢能示范应用高地。促进科技成果转化，加大行业推广应用力度，实现氢能商业化应用落地，率先建设多场景的绿色低碳能源应用示范基地。四是聚焦港口物流业推广氢能商业化应用。探索在港口码头、拖车运输、特种装备如仓储叉车、堆场吊机等领域推广氢能动力，在盐田港公务船、港作船、国际集装箱班轮、中转驳船等试行氢能船舶，打造氢能源示范港。五是聚焦旅游服务业推广氢能商业化应用。探索旅游巴士、旅游观光游船、游轮等交通工具使用氢能动力，在沙头角合作区建设中推广使用氢能动力。六是聚焦绿色建筑领域推广氢能商业化应用。探索氢能与建筑大楼和供气供热供能系统的创新融合，把氢能系统性安全运用到绿色建筑、零碳建筑等新兴领域。

（五）营造氛围，加大氢能科普宣传力度

政府相关部门牵头，依托科研机构、行业协会、媒体等平台制定科普宣传计划，开展并加强氢能相关发展政策、建设进程、产业环境的宣传，推广国内外重点示范项目及经验，提高公众对氢能的认知度和接受度，营造产业发展良好氛围，推动示范运营项目顺利实施，助力盐田区氢能产业健康发展。

参考文献

IPCC, *IPCC Sixth Assessment Report：Impacts，Adaptation and Vulnerability*，https：//www.ipcc.ch/re-port/ar6/wg2/，2022.

张晓兰、黄伟熔：《我国氢能产业发展形势、存在问题与政策建议》，《中国国情国力》2023年第1期。

何雅玲、李印实：《氢能技术科技前沿与挑战》，《科学通报》2022 年第 19 期。

李燕燕、田文中、宋恒钰等：《浅谈氢能源业务未来发展前景分析》，《上海煤气》2023 年第 1 期。

王子缘、赵吉诗、龚娟等：《广东省氢能与燃料电池汽车产业发展现状分析》，《广东科技》2022 年第 6 期。

张雄化：《"双碳"目标下深圳新能源产业发展的路径与对策》，《特区经济》2022 年第 8 期。

B.27
工业企业数字化转型发展情况及相关建议

李杰 张猛*

摘　要： 党的二十大报告指出，促进数字经济和实体经济深度融合，打造具有国际竞争力的数字产业集群。近年来，全国各地都在加快出台企业数字化转型政策，我国数字产业发展量质齐升，取得了优异的转型成绩。但我国工业企业数字化转型也暴露出不少需要改进的问题。本文结合工业企业数字化转型的相关理论与研究现状，选取华为、TCL、欣旺达、长盈精密等企业进行案例分析，总结经验，并从企业战略路径、资金、管理决策、技术发展四方面提出建议。

关键词： 工业企业　数字化转型　数字产业

一　工业企业数字化转型的现状

第一，多项政策全面支持企业数字化转型。当前，数字化越来越成为我国经济社会发展的主要特征。工信部、国资委等部门相继发布政策推动数字化转型。2022年12月，中共中央、国务院印发《扩大内需战略规划纲要（2022—2035年）》，明确指出要加快传统线下业态数字化改造和转型升级。北京、上海、深圳等地相继出台相关政策及激励机制，全面支持企业数字化

---

* 李杰，博士，主要研究方向为区域经济、产业经济；张猛，经济学博士，哈尔滨工业大学（深圳）经济管理学院副教授，哈尔滨工业大学粤港澳大湾区高质量发展联合研究中心主任，主要研究方向为经济与社会发展。

发展。

第二，企业数字化转型成为新旧动能转化的重要方式。当前新一轮科技革命和产业变革奔涌向前，"创新"成为引领发展的第一动力。工信部选取了305项"智能制造"示范工程，数据显示，数字技术的应用使与之相关联的企业的生产效率和能源利用率分别平均提高了37.6%和16.1%。① 数字技术对经济发展具有放大作用，利用互联网对传统产业进行改造对推动全要素生产率提升具有重要作用。

第三，科技进步为工业企业数字化转型提供便利。技术革新是数字化转型的重要基础和支撑，比如新 IT 赋能经济，能够深化实体经济与服务业的融合，革新生产组织形式，实现全产业链、全价值链、全场景的数字化。② 科学技术的进步为企业进行数字化转型创造了可能性，逐渐成为数字世界的基础。

第四，企业数字转型过程中面临潜在的问题与挑战。我国企业数字化转型总体基本处于初级阶段，成功转型需要一个很漫长的过程，在这个过程中难免会遇到一些磕碰挑战，例如对数字化概念认识不精准、产业基础薄弱等，这些问题阻碍着企业转型的步伐，企业转型前景不明朗。因此，通过对工业企业数字化转型现状以及问题的研究，探究这个过程中可能存在的问题与挑战，并提出针对性建议，可以预防性地为企业进行数字化转型保驾护航，尽可能避免企业转型过程"走弯路"。

第五，存在数字化转型成功的企业，可为我国全面实现工业企业数字化转型提供经验借鉴。史宇鹏等指出，目前我国多数企业的数字化转型仍处于计划或者初级阶段，核心技术不足、人才储备匮乏、转型成本过高等各类问题普遍存在。③ 但是，工信部也遴选出不少智能制造示范项目，可为其他企

---

① 李颖：《以数字化转型助力高质量发展》，《江苏经济报》2021 年 11 月 20 日。
② 李春发、李冬冬、周驰：《数字经济驱动制造业转型升级的作用机理——基于产业链视角的分析》2021 年第 2 期。
③ 史宇鹏、王阳、张文韬：《我国企业数字化转型：现状，问题与展望》，《经济学家》2021 年第 12 期。

业转型提供参考。通过分析成功转型企业案例，总结成功经验，可以为全面实现工业企业数字化转型提供经验借鉴。

二 工业企业数字化发展的理论基础及研究现状

（一）理论基础

从理论上看，数字化转型有助于提升工业企业的生产效率，帮助企业在越发复杂的外部环境中获取和维持竞争优势，促进产业间相互渗透和融合，建立依存合作关系，进而优化产业集群结构。

一是动态能力理论。动态能力理论来源于资源基础观理论，资源基础观阐释了企业如何通过异质性资源获取竞争优势。[1] 蔡莉等研究发现数字化时代，数据等资源具有海量性、共享性、可分配性和高度流动性的特点，这使得异质性资源对企业的贡献度下降，阻碍企业发展。[2] 在资源基础观理论研究的基础上，Teece D. 等提出了动态能力理论，把企业的动态能力定义为企业通过构建、整合和重新配置其内部和外部各项资源来获得竞争优势的能力。[3] Warner 等对动态能力理论进行研究，认为动态能力允许企业灵活地组合不同的数字化资源和其他业务资源，并通过产品、服务和渠道的创新来维持其竞争地位。[4]

二是产业融合理论。美国学者认为在不同的产业中应用同一类技术会产生新的、独立的、专业化的机械工具，这一过程就是技术融合。[5] 技术融合

---

① Barney J. , "Firm Resources and Sustained Competitive Advantage", *Journal of Management*, 1991, 17（1）.

② 蔡莉、张玉利、蔡义茹、杨亚倩：《创新驱动创业：新时期创新创业研究的核心学术构念》，《南开管理评论》2021 年第 4 期。

③ Teece D. , "The Dynamic Capabilities of Firms：An Introduction", *Industrial and Corporate*, 1994, 3（3）.

④ Warner, K. S. , Wäger, M. , "Building Dynamic Capabilities for Digital Transformation：An Ongoing Process of Strategic Renewal", *Long Range Planning*, 2019, 52（3）.

⑤ 那丹丹：《中国家具制造业数字化转型绩效评价与驱动因素研究》，博士学位论文，东北林业大学，2022。

也解释了原本各自独立的产业因逐渐应用了相同的生产技术而变得更加紧密的现象。随后，John Sculley 提出若产业发展出现数字技术产业融合模式，将直接导致各产业之间边界模糊甚至消失。[①]

三是协同理论。德国物理学家哈肯在对复杂系统进行研究的过程中发现，各子系统之间通过相互作用会产生推动整个复杂系统结构发生有序演化的效应，称其为协同效应，并把研究协同效应是如何导致系统结构有序演化的组织行为称为协同理论。[②] 研究人员认为协同理论能解释制造业数字化转型的作用，认为在外来数字能量的作用下，协同效应能使系统在数字要素的加持下达到临界点进而发生质变，产生稳定结构。[③]

四是战略转型理论。Shaheen 认为战略是整个组织在价值、形态、态度、技巧及行为上的转变，这样可以使组织获得应对环境变化的能力。[④] 国内很多学者对战略转型的理解带有本土特点，这样能够给我国企业战略转型的实践提供丰富的理论支持。邓少军等主张战略转型从根本上改变了原有束缚企业发展与变革的思维与模式，使企业适应市场变化。[⑤] 从数字化战略角度看，企业可以依靠大数据技术来降低成本提高效率，还可以依靠大数据的分析来给企业做决策。

（二）研究现状

企业数字化转型影响因素方面，刘宁等从政策环境外部原因和企业管理战略等内部视角分析了影响企业数字化转型的重要因素，认为技术革新

---

① 黄速建：《实施中国制造 2025 战略是我国的必然选择》，《人民政协报》2015 年 7 月 14 日。
② 陈劲、阳银娟：《协同创新的驱动机理》，《技术经济》2012 年第 8 期。
③ 那丹丹：《中国家具制造业数字化转型绩效评价与驱动因素研究》，博士学位论文，东北林业大学，2022。
④ Meyer, J. W., Rowan, B., "Institutionalized Organizations Formal Structure as Myth and Cere Mony", *American Journal of Sociology*, 1977, 83.
⑤ 邓少军、焦豪等：《复杂动态环境下企业战略转型的过程机制研究》，《科研管理》2011 年第 1 期。

是转型的重要基础和支撑、企业战略是推动转型的重要保证。[①] 数字化转型存在的问题方面，时晓晖等指出企业数字化转型面临数字化转型动力不足、技术基础薄弱、资金缺乏、人才紧缺等问题。[②] 企业数字化转型发展路径方面，李冰通过对企业数字化转型背景、发展困境的分析，提出企业应采取创新管理机制、适应用户习惯、发挥传统优势、推进媒体融合等转型措施。[③]

三 工业企业数字化转型现状

（一）我国工业企业数字化转型现状

一是我国工业企业数字化转型总体基本处于起步阶段。目前，仍有接近40%的工业企业还没有任何数字化转型计划，超八成工业企业尚未完全实现业务综合集成。[④] 我国工业企业数字化转型向中高级阶段发展的基础不断夯实，但仍有超过80%的工业企业未突破综合集成，数字化转型发展尚处于中级及以下阶段。[⑤]

二是工业企业数字化转型通常需要较长时间。哈佛商业评论的一项研究显示，那些在数字化转型方面获得显著成果的工业企业中，有60%的工业企业至少已经在该领域深耕了五年。可见，数字化转型并非一蹴而就，而是需要持续地努力。

三是工业互联网的使用是制造业数字化转型的重要途径。在当前的全球

---

① 刘宁、于梦鑫、彭飞凡：《企业数字化转型的影响因素及作用研究》，《生产力研究》2022年第2期。

② 时晓晖、时晓虹、吴雷：《企业数字化转型面临的困境与对策研究》，《投资与创业》2022年第4期。

③ 李冰：《企业数字化转型发展路径探究》，《现代商业》2022年第24期。

④ 李君、邱君降、成雨：《工业企业数字化转型过程中的业务综合集成现状及发展对策》，《中国科技论坛》2019年第7期。

⑤ 李君、邱君降、成雨：《工业企业数字化转型过程中的业务综合集成现状及发展对策》，《中国科技论坛》2019年第7期。

经济环境下，产业链、供应链的韧性和弹性非常重要，在这一过程中工业互联网扮演着举足轻重的角色。工业互联网促进制造业进行发展质量、效率和动力变革，是制造业数字化转型的重要依托。

（二）工业企业数字化转型过程存在的问题

一是不同行业企业数字化转型的重点路径差异较大，数字化转型标准难以建立。数字化转型是一个长期的、逐步的过程，在不同行业、不同类型的企业之间，数字化转型的侧重点和路径都存在着很大的差别。比如，以钢铁业为代表的装备制造业数字化转型的核心是以生产控制为抓手的智能化生产系统。对于以机械工业为代表的装备行业来说，其数字化转型的核心就是要实现产品的智能化和服务化转型，也就是智能服务。在这样的背景下，数字化转型标准难以建立，难以推动整个行业大规模转型。

二是部分国企工业企业存在管理考核机制不够优化的问题。国有企业改革难以从局部切入，难以实现系统化、体系化全局转型。数字化与科技创新、国企改革的结合还不够紧密，无法有效地利用数字领域的创新来推动传统行业的优化。比如顶层统筹力度不足、多要素之间的相互配合不够紧密、转型与体制改革的融合程度有所欠缺等。

三是部分头部民营工业企业转型动力不足，战略目标不清晰。一方面，未来市场前景趋势不确定，数字化转型从投入到产生收益存在着一定时滞，造成了企业缺乏发展的动力；另一方面，尽管大部分企业都已经意识到数字化转型的重要性，但是其在转型战略制定方面却很保守，还没有建立起数字化转型的目标。

四是中小企业"不敢转、不愿转"。为最大限度地降低企业的试错成本，中小企业有必要建立一套科学的、系统的方法体系。与此同时，受经济增长预期转弱的制约，很多中小微企业能够用于数字化转型的资金并不充足，因此，其发展积极性不高。

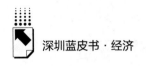
四 工业企业数字化转型典型案例分析

（一）华为通过"1234方法"全面数字化转型

华为作为全球领先的 ICT（信息与通信）基础设施和智能终端提供商，在科创研发、推动数字化转型方面经验成熟。

在数字化过程中，华为形成了一套可操作的"1234 方法"。即坚持 1 个整体战略：将数字化转型定位为组织整体战略，统筹谋划；创造 2 个保障条件：通过组织机制转型激发组织活力，通过文化转型创造转型氛围；贯彻 3 个核心原则：战略与执行统筹、业务与技术双轮驱动、自主与合作并重，将核心原则贯穿转型全过程，确保转型始终沿着正确的轨道前行；推进 4 个关键行动：顶层设计、平台赋能、生态落地、持续迭代，通过 4 个关键行动掌控转型攻坚过程。

以"1234 方法"为指导，华为进行了各方面的数字化转型。华为超融合数据中心网络 CloudFabric3.0 解决了计算机算力不足的问题，大幅降低了网络时延，以智能管控系统与系列数据中心交换机为核心，实现数据中心网络全生命周期自动化运维，400GE 端口每比特功耗相比业界降低 22%。第三方机构 Tolly Group 最新测试结果表明，在集中式存储场景，华为基于全无损以太网的方案时延最高降低 49%；在高性能计算场景，华为全无损以太网对比 IB 网络，性能最高提升 17%、时延最高降低 95%。

（二）TCL 从集团层面推进数字化转型，在财务、制造等多领域成功实践

TCL 最初从事磁带的生产制造，目前成为全球范围内的智能科技产业集团，在智能终端、半导体材料、新能源光伏与半导体材料等核心产业领域均有布局。TCL 近两年营业收入、净利润的大幅增长主要来自数字化转型。

　　TCL 一直积极探索数字化道路，主要围绕以下几个方面进行数字化转型。一是集团整体的数字化转型，二是集团价值创造的全流程数字化转型，三是集团内部部门能力的数字化转型，四是通过数据的挖掘和分析来驱动业务的数字化转型。在组织结构上，TCL 成立了数字化转型部门，且每个产业都有各自的数字化转型部门；在集团层面，为了统筹和沟通，TCL 又成立了数字委员会，通过数字委员会的集中力量来进行信息上的协同、设计上的沟通，以及整体规划及分布建设。

　　在财务和资金领域，TCL 设立数字化财务共享系统。一方面，围绕核算业务进行财务共享，建立了全球统一的财务共享组织，并且搭建了平台来支持整个账务全模块的核算与共享，从而提高了工作质量及效率，同时在降低成本方面做出了贡献；另一方面，TCL 有专门的财资系统平台，实现了对资金的全面管理、资金池的统筹管理以及账户的统计管理，包括资金的可视、资金的直连，以及对资金的投融资、外汇风险等管理。

　　在制造领域，TCL 建设电视机柔性制造工厂。TCL 利用工业互联网平台深度结合 IT 与 OT，为企业内部提供智能制造服务的同时也为外部提供服务。TCL 通过与中国移动等公司合作，采用"5G+工业互联网"等技术建成了业内首家 5G 全连接彩电柔性制造工厂。2022 年，TCL 成功入选由工信部公布的新一代信息技术与制造业融合发展试点示范名单。

（三）欣旺达形成5G 应用工厂（车间）参考模型

　　欣旺达电子股份有限公司通过数字化转型形成了集 3C 消费类电池、智能硬件、汽车动力电池、储能系统与能源互联网、自动化与智能制造、第三方检测服务六大产业于一体的大型产业集群。

　　欣旺达通过工业互联网技术试验验证测试平台，形成了 5G 应用工厂（车间）参考模型。通过搭建 5G 的 MEC 机房、安装 5G 放射器、部署 5G 管道开展相关应用，探索了智能制造新模式。通过示范车间，并基于高速流通的数据，打破了各个不同平台之间的隔阂。同时，通过探索 5G 在智能工厂中的集成应用，打造个性化生产新模式，扩大生产规模，基于数据提升效益。通过应用高速率、高可靠性的 5G 技术，大大提升了设备数据采集传输能力，将制造执行系统和生产线自动化硬件进行连通，逐步实现数字化管理和生产，最终提升工厂的智能化水平。

欣旺达车间的数字化实现了业务质量的明显提升。其中，试产点产能提升 11%、交付周期缩短 17.1%、人员成本减少 0.7 人/线体、合格率提高 1.1%；设备异常停机时长减少 62.3%。

（四）长盈精密通过数字化生产实现智能手写笔关键零组件智能制造

深圳市长盈精密技术股份有限公司关注智能终端、智能穿戴、汽车电子零部件及组件的研发，通过数字化转型成功实现复杂生产流程的技术突破。

长盈精密实现智能手写笔量产。在生产苹果 iPhone 和 iPad 智能手写笔过程中，因苹果与众不同的产品设计以及高规格的产品要求，其涉及的两大核心工艺——激光切割及激光焊接面临极大的挑战，若按照传统的思维模式和加工方法，产品无法成形。为此，长盈精密开发了激光随行加工技术，将激光切割由平板式简单曲线加工升级到异形复杂曲面高精密切割，并成功攻克切割渣行业难题。在焊接方面，传统的工艺是由薄材往厚材方向进行平面焊接，而该零部件则实现了逆向焊接——由厚往薄焊，且为管内壁曲面焊。然而，生产加工的过程较长，涉及切割、冲压、超声波清洗、磁性抛光、焊接、激光雕刻等工序，对设备、场地、人力的要求较高，因此，长盈精密通过合理布局生产线及工艺路线、优化制程、简化 IE、采用智能机械手、二维码信息追踪等措施，最终顺利实现量产。

长盈精密实现了生产成本与生产能耗的大幅降低，以及生产效率的跨越式提升。生产线产能由原来的 450 万套提升到 1000 万套，提升了 122%，每条产线用工人数由 2600 人下降到 1250 人，共节约人工 1350 人，降幅达 51.92%，人均产量由 2100 套提升至 8000 套，产品良率从 87% 提升至 98%，单位产品生产能耗降幅达 41.67%。

（五）裕同科技建立了基于多批少量订单的柔性智能工厂

深圳市裕同包装科技股份有限公司主营包装整体解决方案，主要为客户提供多区域运营及服务解决方案等。

裕同科技通过数字化转型攻克了市场定制化要求高、产业链拓展困难等问题。裕同科技从 2018 年开始进行项目规划和建设，一方面，在 ERP 软件的基础上，通过业务系统全面导入，实现人、财、物等核心业务的集约化、标准化管理，贯彻集团一体化管控模式，提高企业的运营管理水平；另一方面，以 APS 为核心，通过与 MES 和 WMS 系统集成，并辅以数据采集、AGV 等技术，实现少量多批的敏捷交付能力。

通过项目建设，裕同科技实现了对各个节点的精准控制，业务质量明显提升。其中，公司存货周转率提升 22%，客户准交率提升至 97%，生产效率增长 30%，运营成本降低超 15%，整体利润率增长 17%。

（六）共进电子—坪山工业园数字化转型及能效管控数字化

深圳市共进电子股份有限公司的主营业务包括通信产品制造和先进移动通信设备及应用产品、智慧医疗产品等研发制造和销售。

依托物联网和云平台，共进电子搭建了全方位智慧工业园。伴随智能化、数字化的发展趋势，共进电子能源系统的改善需求非常迫切。同时，其系统功能已满足不了现状，人工采集和计算存在滞后问题。遵从打造可视、可知、可控、可测智能监管理念，共进电子着手建设"1+1+1+1+1"服务体系，包括：一张网（园区设施物联网）、一个平台（数据服务中台）、一张图（园区运营管理图）、一套标准（智能作业标准），以及一套机制（运营机制）。共进电子总部搭建了一个集团数字化运维中心，可对各生产基地资产运维管理、安全管理、能耗与碳排放进行远程集约化管控，实现了总部集中监管、设施智能监控、安全智能管控、能耗智能监测。共进电子—坪山工业园的数字化转型改善了公司的电子能源系统，实现了水、电、气能耗过程精细化管理及空调能效管控，每年可节省能耗157.5万度，节能收益约121.3万元，减少碳排放量1575吨。

五 推进工业企业数字化的建议

（一）解决企业战略路径问题：地方政府部门、行业协会、产业链主导企业推进产业园区建设及加强转型路径指导

工业企业数字化转型是长期复杂的系统性工程。鉴于当前部分国企、大多中小企业不愿转、不敢转的现状，首先可以通过推动产业园区数字化转型，形成协同效应，引导企业明确中长期战略路径，解决企业转型道路上存在的认识不够精准、缺乏科学引导、转型动力不足、难以制定出科学精准的转型战略等问题。建议产业链头部企业、政府部门和行业协会形成合力，加强行业技术指导及转型引导。可借鉴共进电子—坪山工业园经验，依托物联网、云平台，搭建一个集团数字化运维中心，实现总部集中监管、智能监控。通过产业园区数字化转型，促进整个产业链数字化战略制定与实施。

（二）解决企业资金问题：适当加大地方财税政策支持力度

为了解决企业数字化转型中的资金问题，建议地方财政充分发挥财税金融政策的现实性激励作用。一方面，建议各地方政府结合自身财政情况，出台财税政策，对产业互联网工具的创新和应用进行鼓励，比如根据数字化转型程度、技术改造进度提供地方政府权限范围内的财税优惠与资金补贴，鼓励企业转型；另一方面，建议出台数字化专项金融政策，协调地方金融机构，为与数字化转型相关的企业和相关项目提供信用贷款等金融支持。

（三）解决企业管理决策问题：企业内部创造组织机制和文化氛围

管理机制和企业文化是数字化转型决策顺利实施的重要保障。一方面，建议加强管理机制建设，特别是对于中小企业，要健全管理机制，确定转型

责任主体，制定合理的组织任务目标，并与考核和激励机制相匹配，优化组织之间的协作流程。对此，可借鉴 TCL 集团经验，从集团层面统筹和沟通，成立数字委员会，通过数字委员会的集中力量，进行信息上的协同、整体规划及分布建设。另一方面，建议培养转型文化理念，激发个体活力。特别是中大型企业，要通过文化建设为员工营造良好的转型氛围，推动员工成为数字化转型的力量之源。在工作中，加强数字化思考，加强数据决策、管理和创新。

（四）解决企业技术发展问题：企业坚持自主发展与合作并重，坚持业务与技术双驱动机制

技术发展是数字化转型实施的关键因素。一方面，建议通过自主与合作两种方式进行数字化转型。可借鉴华为转型经验，把数字化转型落实到具体的业务操作中，明确数字化转型需要的技术内容，寻找业务变化的技术支撑点；同时，适当对外合作，获得新技术，在技术探索上进行适度的超前投资，将新技术转化为可以实现的业务价值。另一方面，建议加强新技术的探索应用。欣旺达基于 5G 的智能工厂建设给相关企业提供了较好的启示，建议相关企业借鉴欣旺达经验，加强对 5G、大数据等技术的探索，并结合自身业务，加强数字化转型，提高企业生产制造过程中的效率。

B.28
外商投资企业发展问题及对策

——以深圳市宝安区为例

江玥 凌坤育*

摘 要： 宝安区诞生了全国首批"三来一补"企业，外资企业数量、外资制造业产值等居深圳市前列，是外向型经济的典型缩影。但在复杂严峻的国内外形势下，近年来宝安区面临不断增加的"稳外资"压力，需以更开阔视野、更开放心态、更创新思维开展外资企业服务工作，助力外资"扩增量、稳存量、提质量"。本文从宝安区外资企业发展的现状和存在的问题出发，系统分析了宝安区外资企业存在的产业类型过于传统、生产经营"两头在外"、原材料依赖进口、创新动力不足等问题，并结合新时代宝安区发展的新机遇，提出利用前海扩区，提升外资政策吸引力；优化外资结构，发挥区域带动作用；完善外商投促机制，提升引资质量；优化营商环境，坚定外资投资信心等对策建议。

关键词： 外商投资企业 深圳 宝安区

深圳是外商投资兴业的首选地，从1981年发出内地第一张外资企业营业执照，迄今累计设立外资企业超10万家，累计吸收合同外资超过

---
* 江玥，博士，深圳市宝安区发展研究中心经济师（知识产权师），主要研究方向为国际经贸规则、改革与制度创新；凌坤育，润城新产业（深圳）有限公司产业发展总监，主要从事产业园区、城市产业战略咨询相关工作。

3000 亿美元。宝安区是外向型经济的典型缩影，诞生了全国首批"三来一补"企业，外资（本文的"外资"含港澳台资）企业实际投资额连续多年保持正增长，外资企业数量、外资制造业产值等居全市前列。面对中美贸易摩擦、俄乌冲突、各地引资竞争加剧等复杂严峻的国内外形势，宝安区"稳外资"压力增加，需协调解决外资企业遇到的新困难，营造更加优化的政策环境，大力提振市场预期和信心，助力外资企业高质量发展。

一 宝安外商投资企业发展概况

1978 年，深圳轻工工艺品进出口支公司、石岩公社上屋大队加工厂、香港怡高实业公司三方共同签署了创办"上屋大队热线圈厂"的来料加工协议，于是全国第一批、深圳第一家"三来一补"企业在宝安诞生。正是改革开放初期的"三来一补"外资企业，锻造了宝安"产业大区、制造大区"的底色。历经 40 余年，外资企业伴随深圳和宝安经历了从起步到发展、壮大的过程，与地方经济发展"共生共荣"。

（一）宝安外资企业发展阶段

改革开放以来，宝安区新增外资企业数量保持增长态势。自 1978 年后，宝安开始试点探索外资企业（特别是出口加工业）；1992 年，在"邓小平南方谈话"和党的十四大推进改革开放的政策春风下，宝安年新增外资企业数量有较大幅度提升；2001 年随着我国"入世"，宝安外资企业进入了快速发展的新阶段。尽管经历了 2007 年、2011 年两次分区调整①，宝安外资企业数量仍然大幅增长，2000～2018 年复合增长率达到 8.87%，2018 年外资

---

① 应说明的是行政区划调整可能会对该组经济数据造成影响：1979 年宝安县被撤，升设为地级深圳市；1982 年复设宝安县，辖深圳经济特区之外的原宝安县地区；1992 年宝安撤县建区，分设为宝安、龙岗 2 个行政区；2007 年宝安分出光明新区；2011 年宝安分出龙华新区。

企业数量猛增 1388 家，达到历史最高值。

总体上，宝安外资企业发展经历了以下四个较为明显的阶段。

阶段一（1981~2000 年）：劳动密集型加工制造业主导。随着宝安各村大力推动"三来一补"，以"亚洲四小龙"为代表的低端加工贸易企业部分转移至宝安，投资来源地包括中国香港、新加坡、美国等国家和地区，其中港澳台资占八成以上。投资领域主要集中在橡胶和塑料制品、机械设备加工制造、金属制品、文教体育用品、皮革制品、纺织服装等领域，多属于高能耗、高污染、低附加值产业，产品单一、技术水平较低、对劳动力依赖程度高。

阶段二（2001~2011 年）：电子及通信制造外资加快涌入。2001 年美国互联网泡沫破灭，世界经济需要新的增长点，正值我国正式加入 WTO，大量资本借势涌入内地，宝安外资企业数量也随之快速增长。大量的计算机、通信和其他电子设备制造业、电气机械和器材制造业进入宝安的新安、西乡等区域。外商投资的领域也从以制造业为主逐步扩展至上下游配套，与生产相关联的批发零售、运输代理等服务业开始在周边聚集。该阶段进驻的外资企业整体规模较大，新增注册资本在 500 万元以上的企业约占 45%。

阶段三（2012~2018 年）：服务业外资成为"生力军"。党的十八大以来，国家实行更加积极主动的开放战略，内地迎来全面开放的新阶段。宝安的工业产能在数年间加速释放，涌现了大量贸易型企业。这一阶段新增的外资企业中，批发、零售、商务服务企业占新增总数的比例超过六成。原有制造业外资企业加快增资扩产，研究和试验发展、科技推广和应用服务业企业开始出现，整体上形成比较雄厚的电子信息制造业势能。

阶段四（2019~2022 年）：外资受国际形势变化影响。受国际形势变化影响，内地新增外资及存量外资遇到一定的冲击。宝安外资企业数量也在这一阶段出现波动，港澳台资企业依然占据外资企业超七成，美资企业有较大幅度减少，欧盟企业数量有所增加，意大利、德国等国家的企业在宝安设立电子设备销售贸易公司。但引进的外资企业整体规模相对较小，新增注册资本在 500 万元以上的企业不到 1/5。

（二）宝安外资企业发展的现状和特点

截至目前，宝安区现有外资企业 7329 家，占深圳全市（约 6 万家外资企业）的比重约为 12%。2022 年完成实际利用外资 6 亿美元，超额完成中央和深圳市下达的实际利用外资目标任务。相比于其他区域，宝安区外资企业发展呈现出 3 个特点。

一是制造业外资大区，外资对工业领域有卓越贡献。2021 年，宝安规模以上工业企业 4319 家，实现总产值 9026.79 亿元，比上年增长 14.1%。其中，港澳台及外商企业产值 3331.30 亿元，同比增长 6.4%，占比超 1/3，反映出宝安区外资经济贡献显著，在工业领域有重要地位。相比于外资服务业集聚的南山、福田、罗湖等区域，宝安区是深圳主要的制造业外资大区，有守住全市工业基本盘的作用。

二是外资来源较为单一，香港保持投资额首位。据公开数据，2021 年宝安累计合同外资（含港澳台资）12.58 亿美元，其中香港贡献了 71% 的新设企业和 96% 的合同外资。[①] 从宝安现有外资（含港澳台资）企业数量看，港资企业达 5055 家，占比近七成。除港资外，台湾、澳门投资占比超 8%，韩国、美国、新加坡、日本合计约 7%，而欧洲企业如英国、德国、法国等占比不足 0.5%。

三是外资中小企居多，大型外资集中在制造业。宝安外资"四上"企业共计 1016 家，占总数的比重不到 14%，外资仍以中小型企业为主。制造业大型外资企业占比相对较高，约占全区规上工业企业的 17%。但商贸业及服务业缺乏外资龙头企业和在国际上有影响力的大型企业，限上批零住餐、规上服务业企业占全区比重均不到 7%。

---

① 深圳市宝安区统计局：《深圳市宝安区 2021 年统计年鉴》，2022，第 224 页，http：//www.batj.gov.cn。

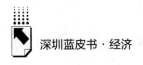

二 宝安外资企业发展面临的主要问题

（一）外资制造领域较为传统，产业亟待转型升级

一是老牌外资企业需要迭代更新。从注册时间来看，在宝安现有的7000多家企业中，成立20年以上的企业占总数的6%；成立10~20年的占33%；这些老牌企业，存在着设备陈旧、管理落后、信息渠道窄等问题制约其发展。二是传统低附加值制造面临淘汰。宝安区仍然存在大量的"三来一补"传统外贸型企业，以及承接早期港澳台"三资企业"外迁的劳动密集型、高污染产业，与正在进行的产业升级和城市更新存在矛盾。三是先进制造业和现代服务业较为匮乏。按照国民经济行业分类，宝安区外资企业中最多的是批发零售（占比36.5%）；其次为制造业（占比36%，多集中在电子、机械、玩具、仪器仪表、塑胶化工、模具等低端制造领域），然后是商务服务业和信息技术服务业（分别占约7%），而金融业（不到0.2%）等生产性高端服务外资发展不足。

（二）生产经营"两头在外"，研发销售高端环节缺失

一是外商投资所设企业无自主决策权。在外资企业走访调研中发现，外资建厂从核心设备、技术人才、质控到营销"一条龙"都由总部采购和委派，重大事项完全由总部控制，内地机构基本没有自主空间。某中日合资啤酒厂要求5万元以上的支出都需报总部审批。二是企业限于附加值最低的制造环节。在产业链"微笑曲线"中，附加值最高的是居于两端的研发设计、销售服务。而多数外资企业仍是传统 OEM 代工模式下的"国际民工"，两端掌握在总部，本地只管生产，赚取廉价的加工费。三是对拉动内需贡献较少。外资企业"两头在外"，往往是材料商品"大进大出"，特别是有不少企业客户100%在海外，这对于本地经济的关联和带动有限，在扩大内需方面的潜力尚待挖掘。

（三）对进口原材料依赖大，容易受国际供应链中断影响

一是不少企业上游原材料供应依赖进口。根据宝安区发展研究中心2023年第一季度对宝安各街道前20强外资企业的抽样调查，122家被抽样企业中，原材料70%以上依赖进口的企业占比近16%，这些企业主要生产电子设备、专用设备、高端器械，需进口集成电路、电子化学品、精密零部件。二是受国际供应链影响大。国际产业链合作格局动荡造成外资企业原材料供应不稳定。例如，俄乌冲突加剧，影响产业上游能源及原材料等供给；中美贸易摩擦持续，一些高端电子元器件、特定化学品等领域受到冲击，短期内仍然无法有效解决。

（四）外资总部及研发功能欠缺，创新动力不足

一是外资总部和研发中心数量较少。据报道，深圳已认定三批跨国公司总部企业合计43家，[①] 其中宝安企业仅3家。全国有近2000家外资研发中心，其中，集聚上海的约506家、北京约200家，而在深圳不到100家。二是研发止步于适应性创新。据宝安区发展研究中心的抽样调查，有约2/3的外资企业设立了内部研发部门，但大多只是针对国内市场和客户需求而开展产品迭代设计和技术"微创新"，关键核心技术研发创新极少。三是外资在本地创新动力不足。外资企业倾向于将高端技术研发集中在企业集团总部。部分外资企业反馈内地知识产权制度不够有竞争力，如一项发明专利自申请至授权需要3年左右，而国外可能仅需2~3个月。其间万一遭遇侵权，还需消耗人力、财力应对，影响投资经营，为此外资企业更倾向于将自主研发活动放在国外完成。

（五）各地招引外资竞争加剧，国内外比拼政策优势

一是各国特别是东南亚加大吸引外资力度。联合国贸发会议（UNCTD）

---

① 深圳市商务局：《多家深圳市跨国公司总部企业获颁牌》，深圳市商务局官网，http://commerce.sz.gov.cn/xxgk/qt/mtzs/content/post_10122150.html，最后访问日期：2023年3月13日。

《2022年世界投资报告》统计，2021年全球采取有利于促进外国投资的政策措施达55项，亚洲发展中国家（如越南、柬埔寨、菲律宾、泰国等）尤其活跃。东南亚相对廉价的人力和生产成本，对成本导向型的外资具有一定的吸引力，客观上加快了内地生产转移的效应。二是关税负担的差距加剧产业转移。例如越南出口零关税和低关税政策是吸引外资的重要砝码，加上美国政府对中国出口商品加征25%的关税，巨大的税负成本迫使外资企业向税收洼地转移。受冲击较大的领域如机械设备、电机电气设备、有机化学品等高端制造，有可能造成整条产业链外迁，值得警惕。三是内地各市加码招商引资，但"扎堆"出海也在一定程度上导致过度竞争，需把握区域、行业平衡。

三 推动宝安外资进一步"扩增量、稳存量、提质量"的建议

国家发改委、商务部等部门联合印发了《关于以制造业为重点促进外资扩增量稳存量提质量的若干政策措施》。宝安作为深圳极具特色的外资制造业大区，未来需要以更开阔视野、更开放心态、更创新思维开展外资企业服务工作，助力宝安外资"扩增量、稳存量、提质量"。

（一）充分利用前海扩区政策，提升宝安对外资的吸引力

2021年中央发布《全面深化前海深港现代服务业合作区改革开放方案》，支持宝安区82.75平方公里纳入前海合作区范围。2022年广东省政府批准宝安新扩区域纳入自贸试验区联动发展区。未来宝安应用足用好扩区的政策红利，争取吸引外资的更大优势。一是创造惠企政策最优的区域。2022年，前海实际使用外资占深圳的54%、广东的21%，实际使用港资56亿美元，是与香港关联度较高、合作较紧密的区域之一。十多年来，前海对港资外资推出了一系列具有竞争力的优惠政策，未来可能覆盖到宝安新扩区域。因此，可以结合宝安实际增加针对外资制造、科创、物流等方面的特色条

款，争取产生政策组合叠加效果。二是联动前海开展全球招商计划。前海正在积极招引细分领域全球前 50、国内前 20 的现代金融、商贸物流、信息服务等 8 类全球服务商，宝安可以参与联合招商，补齐生产性服务业的短板。三是依托自贸区联动发展区打造开放高地。自贸区拥有独特的开放政策和优惠条件，率先对接高标准国际经贸规则，如拥有比全国更优的外资准入清单、国际贸易"单一窗口"等。宝安可利用自贸区联动区的利好，推动外商投资特别是制造业引资政策先行落地。

（二）优化利用外资结构，发挥外资对当地经济的带动作用

宝安区 2022 年入选"广东省外贸转型升级基地"，且是本次深圳市唯一获评的项目。未来应积极引导外资转型升级，推动其向产业链"微笑曲线"两端延伸。一方面是"拓增量"，要密切联系宝安培育"17+2"现代产业集群等重大规划，引导外资从传统的低端制造业进入宝安的先进制造业、数字经济等行业，并且设立全球和区域总部、研发中心，以及采购中心、结算中心等功能性机构，与区域产业形成强关联。另一方面是"固存量"，要引导既有外资企业利润再投资，沿产业链上下游延伸布局，补足产业链供应链关键环节短板，鼓励其向研发、设计延伸和数字化升级。同时，促进国内优质供应商与外资企业匹配，从国产的包装、材料等低端配套向关键零部件等高端配套转变。

（三）优化外商投促工作机制，持续提升招商引资质量

针对"招什么商""如何招商"等问题，进一步完善外商投资促进服务，提升外资招商市场化运作水平。一是积极拓宽投资来源渠道。根据目前宝安外资分布情况，可采取"巩固港澳台，拓展东南亚，开拓欧美日韩"的招商引资策略，逐步促进外资来源多元化。特别是受俄乌冲突等因素影响，欧洲出现新一轮产业外迁，宝安可抓住机遇，围绕新能源汽车、机械设备、化工、生物科技等领域引进高端外资制造企业；充分享受 RCEP（区域全面经济伙伴关系协定）的开放红利，扩大与亚太地区的经贸往来和交流

合作。二是构建"四位一体"投资促进体系。由政府部门、专业机构、商协会、企业分工协作，提供"一站式服务"。建立市场化的招商引资奖励机制，实行灵活的激励措施，充分调动第三方专业机构乃至社会全员参与招商的积极性。

（四）营造国际化营商环境，坚定外资企业投资信心

围绕外资企业在华经营的诉求，更加注重强调营商环境的稳定性、政策法规的透明度和产业服务的专业性。一是保障生产要素的优惠供给。稳定、适配、性价比高的产业空间是外资企业发展的基础保障。宝安正在加快供应高品质、低成本、定制化空间，与此同时也要避免因城市更新等问题给外资企业造成经营的不确定性。同时在租金、能源、资金支持、技术服务方面探索合作共赢机制，如从稳定经营角度与外企达成长期合作机制等。二是完善知识产权保护机制。加强商标、专利、版权、地理标志等知识产权保护，优化涉及外资企业知识产权案件中对证据形式要件的要求，提高知识产权司法救济的及时性和便利性，同时加大知识产权侵权违法行为的惩治力度。三是打造职业人才生态优势。在宝安中德（欧）产业园区等中德合作基础上，出台产教融合专项资金，支持"双元制"职业教育发展。以产业集群发展为导向，打造以专业技能为核心的劳动力市场，为未来吸引外资企业塑造新的优势。

参考文献

新华社：《工信部原部长苗圩：我国处于全球制造业第三梯队，实现制造强国至少还需30年》，观察者网，2021年3月7日，https：//www.guancha.cn/politics/2021_03_07_583301.shtml。

《中共中央国务院印发〈全面深化前海深港现代服务业合作区改革开放方案〉》，中国政府网，2022年11月25日，http：//www.gov.cn/gongbao/content/2021/content_5637944.htm。

B.29
深圳绿色产业园区"工业
上楼"路径分析

——以深圳市坪山区产业投资服务有限公司"工业上楼"项目为例

方海洲　赵军　王淼*

摘　要： "工业上楼"于深圳意义重大。产业链创新链服务链锚定深圳
　　　　工业需求，愿意选择"工业上楼"；同时深圳有为政府有效市
　　　　场主动创造供给引导"工业上楼"。供求相互作用推动了深圳
　　　　"工业上楼"步入良性循环、推动了深圳高质量发展，同时，
　　　　又为"工业上楼"营造了更好的发展环境。这其中，深圳市
　　　　坪山区产业投资服务有限公司"工业上楼"项目尤为典型：
　　　　摩天工厂规模大，定制设计有的放矢，优质空间使用弹性强，
　　　　入驻项目产业链如约而至，园区创新链服务链初露端倪。

关键词： "工业上楼"　产业链　创新链

党的二十大报告提出，推进新型工业化，加快建设制造强国，加快构
建新发展格局。工业特别是以先进制造业为主的战略性新兴产业，是深圳

* 方海洲，经济学博士，深圳市坪山区产业投资服务有限公司副总经理，主要研究方向为产
业组织理论与政策、区域产业结构与产业政策、产业经济转型升级等；赵军，深圳市坪山
区产业投资服务有限公司空间开发部部长，主要研究方向为产业规划、空间规划设计等；
王淼，深圳市坪山区产业投资服务有限公司职员，主要研究方向为区域产业结构、产业集
群分析等。

打造"竞争力、创新力、影响力卓著的全球标杆城市"的立市之本，也是深圳打造高质量发展高地的关键所在，更是支撑深圳高质量发展的"脊梁"。深圳是经济转型加速型、土地资源紧缩型城市，"工业上楼"可能是最有效的缓解转型升级加速和土地资源紧张双重压力的举措，它既有助于为制造业提供空间保障，构建产业生态链；又有助于导入高端产业和先进产能，打造科技创新链，还有助于提升土地利用效率从而持续增强工业发展后劲。

一 "工业上楼"对深圳经济发展的战略价值

（一）"工业上楼"概念演变

1."工业上楼"1.0版

20世纪50年代，由香港、新加坡等地开始探索，以堆叠式工厂形式出现，实质就是生产空间的堆砌，工艺流程由水平平铺调整为相对垂直。

2."工业上楼"1.5版

在近40年发展过程中，深圳、东莞等土地资源相对紧张的城市，开始新"工业上楼"模式探索：优化规划布局，"低重高轻"，工艺流程再优化、再布局，实质就是提升土地资源利用效率，精细化布局。

3."工业上楼"2.0版

深圳"双区"建设进入新阶段，"工业上楼"内涵与外延进一步拓展。一方面在空间布局上注重超前规划，物理空间更高、更宽敞、更承重，结构更科学、更灵活；另一方面，强调"三生协调"、产城融合等创新理念融会贯通。现今的"工业上楼"，不仅仅是提升物理空间，更重要的是产业生态营造：融产业链、创新链、服务链于一体的全周期的产业生态的重构与重塑，如果称其为"产业上楼"或许更贴切。为叙述方便，本文仍沿用"工业上楼"这一习惯性表述。

（二）"工业上楼"对深圳经济发展的极端重要性

1. 地均 GDP 逐年提高，"工业上楼"整体趋势逾发明显，但各区"工业上楼"呈分化局面

假定深圳在 2018~2022 年城镇村及工矿用地、交通运输用地、水域及水利设施用地等三类建设用地①保持基本稳定，通过分析各区的地均 GDP 增幅可知，一是深圳地均 GDP 大幅增长 33.93%，从 2018 年的 0.2161 亿元/公顷增长至 0.2894 亿元/公顷，土地资源利用效率快速提升，说明深圳近年大力推行"工业上楼"的政策已有明显成效。二是分区地均 GDP 增长幅度不一，已出现分化：高于平均增幅的依次是南山、光明、坪山和福田，盐田基本与全市保持一致，低于平均增幅的依次是龙岗、大鹏、罗湖、龙华和宝安。三是地均 GDP 增幅最多的南山区，"工业上楼"有基础，楼宇经济、总部经济活跃，"工业上楼"有大项目支撑。四是福田面积（79 平方公里）还不到南山（187 平方公里）的一半，仅有 79 平方公里，虽不如南山总量高，但福田地均 GDP（0.9007 亿元/公顷）远高于南山（0.6190 亿元/公顷），"工业上楼"是其重要支撑。五是光明和坪山近几年"工业上楼"项目多点布局，支撑生物医药、新能源汽车等战略性新兴产业蓬勃发展，地均 GDP 增幅仅次于南山（见表1）。

2. "工业上楼"可缓解土地供求矛盾，提供空间供给增量

深圳若要避免城市产业空心化，并为科技创新和其他服务业筑牢根基，其制造业占 GDP 的比重必须维持在 30% 左右。截至 2022 年底，深圳工业建筑面积约 2.54 亿平方公里，规划到 2035 年工业建筑面积达 3.96 亿平方米，但增量工业用地仅 9 平方公里。未来规划增量高达 1.42 亿平方米，显然无法通过增量用地实现。当前工业用地"毛容积率"仅 1.15，假定全市 20%

① 根据深圳规划和自然资源局与深圳市统计局 2019 年联合发布的土地资源家底数据（未包括深汕特别合作区），截至 2018 年底深圳总面积 1997.47 平方公里，其中建设用地包括城镇村及工矿用地、交通运输用地、水域及水利设施用地三类，分别为 86182 公顷、10462 公顷、15192 公顷。

表1 深圳分区建设用地产出效率增长对比一览表

序号	分区	建设用地（公顷）				2018年GDP（亿元）	2022年GDP（亿元）	地均GDP（亿元/公顷）		地均GDP增幅（%）	与平均数相比（±）
		城镇村及工矿用地	交通运输用地	水域及水利设施用地	合计			2018年	2022年		
1	福田	4948	387	787	6122	4018	5514	0.6563	0.9007	37.23	3.30
2	罗湖	3058	421	575	4054	2254	2630	0.5560	0.6487	16.68	-17.25
3	南山	9896	1256	1831	12983	5018	8036	0.3865	0.6190	60.14	26.21
4	盐田	1749	812	299	2860	613	821	0.2143	0.2871	33.93	0.00
5	宝安	20097	2912	5709	28718	3612	4768	0.1258	0.1660	32.00	-1.93
6	龙岗	20173	2090	1710	23973	4288	4759	0.1789	0.1985	10.98	-22.95
7	龙华	10457	882	716	12055	2401	2952	0.1992	0.2449	22.95	-10.98
8	坪山	6170	450	977	7597	702	1080	0.0924	0.1422	53.85	19.92
9	光明	6481	805	1016	8302	921	1427	0.1109	0.1719	54.94	21.01
10	大鹏	3153	447	1572	5172	342	383	0.0661	0.0741	11.99	-21.94
11	合计	86182	10462	15192	111836	24169	32370	0.2161	0.2894	33.93	0.00

工业用地实现容积率 4.0 的"工业上楼",理论上可新增产业用房 1.26 亿平方米,基本实现增量目标。

二 产业链创新链服务链锚定深圳工业需求愿意"上楼",倒逼深圳通过"工业上楼"为需求寻找出路

(一)集约式发展决定了深圳工业蕴含着"上楼"需求

工业迅猛扩张需求与土地资源供给之间的矛盾推动着"工业上楼"需求。GDP 规模与国土面积比例系数之高全国首屈一指,奠定了深圳"工业上楼"需求的物质基础。深圳作为全国经济中心城市之一,缺地情况人尽皆知。据统计,深圳市全市陆地总面积为 1952.8 平方公里,是全国人口密度最高、人地矛盾最突出的城市,没有之一:一是截至 2022 年底,深圳建成区面积达到 956 平方公里;二是已划入基本生态控制线的土地面积达 974.5 平方公里。

第一,深圳地均 GDP 产出全国领先,2021 年深圳每平方公里 GDP 产出为 15.35 亿元,而同期的上海、广州、北京的数据为 6.3 亿元、3.7 亿元和 2.41 亿元。第二,强大的制造业是支撑深圳经济快速稳健发展的核心。2021 年深圳 GDP 达到 3.07 万亿元,规模以上工业总产值连续 3 年居全国城市首位。第二产业增加值为 11338.59 亿元,占 GDP 的比重为 36.9%,远高于同期北京、上海、广州的 18.04%、24.8% 和 27.3%。第三,生态控制线进一步压缩了土地的可开发面积,推动"工业上楼"需求更加突出。因此,"工业上楼"对深圳意义重大,既能有效缓解产业土地供需矛盾,又为可持续发展提供产业空间。

(二)产业生态条件引导"工业上楼"需求聚集

1. 完善的产业链可以部分抵消"工业上楼"成本,让深圳企业愿意在本地扎堆等候上楼

以无人机产业发展为例。深圳的无人机产业配套全球最好。生产无人机

所需的电条、高密度的电池、螺旋桨、遥控器、供电模块等基本元配件，以及切割、加固材料所需的电烙铁、热缩管、胶水、胶枪等专业工具，全部都可以在华强北的"格子铺"购置。

2. 优越的创新链为深圳企业做大做强压缩综合成本，"工业上楼"为企业发展营造良好的生态空间

目前，需求多元化、个性化趋势明显，过去那种流水线、规模化、单一性产品越来越不能满足这种新的消费需求，无人机也不例外，"要满足这么多条件，我们只能DIY"。对于"创新之城"而言，深圳早已对这些DIY项目孵化流程"轻车熟路"。位于深圳市南山区的创客空间二楼办公室入驻好几家无人机创业公司，除定期的交流、培训，还会帮助创业者们对接风险投资，加速项目培育。

3. 高效的营商环境助力"工业上楼"从而降低企业制度成本

2013年12月，深圳发布《深圳市航空航天产业发展规划（2013—2020年）》，决定每年分批次对无人机设计测试、总装集成、人机交互等领域进行扶持。2016年9月，深圳市发改委启动深圳航空航天产业2016年第六批扶持计划，符合条件的项目可向政府申报资助，项目最高可获3000万元扶持。在现代产业模式下，深圳市政府选择的合理行为就是补足产业链和完善包括合约执行在内的市场规则体系。

（三）多重因素叠加推动"工业上楼"需求聚集，从而推动产品价格及质量持续提升

"工业上楼"需求数量从 Q_1 增加到 Q_2，从而推动"工业上楼"需求 D_1 平行移动到 D_2；"工业上楼"需求增加，推动价格（核心因子）从 P_1 上升到 P_2，价格上涨；在供给不变的情况下，由于"工业上楼"需求增加，原来的供求均衡点 E_1 向上移动至新的均衡点 E_2。"工业上楼"的门槛提升，成本上升；产业结构发生变化，可以接受"上楼"相对成本的企业留下来，反之则淘汰或外迁，产业品质进一步提升（优胜劣汰）（见图1）。

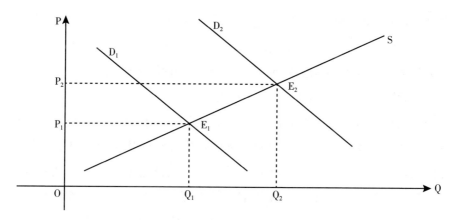

图1 供给不变需求增加的均衡示意

三 有为政府有效市场创造有效供给引导"工业上楼"，供求相互作用推动深圳"工业上楼"步入良性循环

（一）深圳"工业上楼"供给区域的选择

1.土地供应是"工业上楼"第一大约束性因素

深圳工业用地规模有限，"向上要空间"是深圳拓展产业发展空间的必由之路。深圳市委六届九次全会和 2018 年政府工作报告中正式提出推进"工业上楼"。2018 年 9 月出台的《深圳市工业区块线管理办法》中第 31 条提出：支持区块线内建设厂房和研发复合使用的高层工业楼宇模式，引导智能装备、机器人、集成电路、新能源、新材料、医疗器械等轻型先进制造向高层工业楼宇发展，并鼓励无特殊行业要求或安全消防特殊规定的用地项目，建造多层厂房和高层厂房，容积率应符合《深圳市城市规划标准与准则》要求。

2.城市更新是破解成熟片区"工业上楼"供给的限制性因素的关键所在

深圳作为国内建筑密度最高的城市，净地供应空间有限，唯有"向存量要增量"，即推进旧工业区连片改造升级，以城市更新为抓手，盘活土地存量，导入先进产业，发展新兴业态，推动城市用地节约集约、创新发展。虽然深圳地均工业增加值比北京、上海要高，但与发达国家和地区相比仍有不小差距，尤其是一些老旧工业园区，尚有潜力可以挖掘。

3.后发展区域"工业上楼"大有可为

后发展地区恰恰可以抓住"工业上楼"的有利时机。一是政府通过依法回收、承租改造、政府回购、股份合作、空间置换等方式，对旧工业园区进行连片改造，统一规划建设，为高端制造业、高成长性企业和重大产业项目提供"工业上楼"的空间保障；二是产业主管部门统一编制工业园区规划建设标准指引，引导建设高质量的"工业上楼"示范性产业园区；三是工业用地建筑形态应当与产业类型、业态相匹配，在工业用地上建设的建筑禁止采用住宅类建筑的套型平面、建筑布局和外观形态。

（二）深圳"工业上楼"供给主体的筛选

1.政府出台政策支持有效供给

实施"工业上楼"计划，是深圳加快建设全球领先的重要的先进制造业中心的重要举措。深圳市政府提出要建设强大的制造能力、创造能力、要素保障能力、资源整合能力和完善的生态系统，不断巩固提升深圳制造业在全国的优势地位，持续增强深圳制造业在全球的竞争力。2023年1月10日，深圳市集中举行"20+8"产业2000万平方米"工业上楼"厂房空间项目招商大会。目前全市各区共有72个"工业上楼"项目，用地面积达854.8万平方米，平均容积率为4.2，厂房面积达2306.5万平方米。72个项目中，共有50个项目在20个先进制造业园区范围内。

2.国企先行先试，摸着石头过河

坪山区正举全区之力打造以"创新药、智能车、中国芯"为代表的未来产业试验区，深圳市坪山区产业投资服务有限公司投资104亿元，建设生物医药产业加速器园区、新能源汽车产业园区，提供建筑面积120万平方米，致力于打造"摩天工厂"，真正实现"工业上楼"。该项目于2023年底投入运营，用最少的土地资源，最大化满足企业生产空间需求，全力构建高端产业发展生态，有效缓解生物医药、新能源汽车等战略性新兴产业高端载体空间需求痛点，为深圳高质量发展提供重要支撑。

（三）"工业上楼"有效供给的关键因素

1. 规划设计先行，提升"工业上楼"的针对性

所谓规划就是为目标产业而定制：一是"宜上则上"，并不是所有企业都适合"上楼"。"上楼"对象一般为轻型生产、绿色环保和低能耗型的高端制造业，如生物医药、智能制造、工业互联网、大数据等战略性新兴产业。二是空间弹性大，稍微调整就可以满足同类企业的空间需求。只有规划先行、量身定制，引领后续的开发建设与招商运营，才能契合企业一体化发展的需要。

2. 硬件建设要求高是"工业上楼"供给关键

"工业上楼"的难点是承重、运输、防震、层高和水循环等。为确保"工业上楼"厂房在特种设备特殊承重、超长流水线生产场景、"垂直交通"装卸货等方面的要求，可通过增加特殊承重立柱、建设连廊实现楼宇间楼面的长距离连通、在楼宇侧端增建高负载货运电梯等方法解决。

3. 软环境打造是"工业上楼"供给的基础性工作

"工业上楼"有助于实现空间集聚，强化产业链协作。要实现产业链建链、补链、强链，打造扎根深圳、链主强大、自主可控的高端制造产业集群，形成上下游企业集聚，增强产业吸附能力，实现"上下游就是上下楼"，节约运输费用，减少信息沟通成本，共享公共资源。

（四）有效供给不断增加推动产业聚集度不断提升

假定需求和供给弹性皆不变，由于"工业上楼"供给增加，推动着有效供给 S_1 平行移动到 S_2，D_1 与 S_1、S_2 分别相交于 $E1$ 和 E_2，供给价格从 P_1 向下回落，价格下降，在 E_2 达到暂时均衡。供给增加促使"工业上楼"价格回落。

在供给推动着有效供给 S_1 平行移动到 S_2 的同时，需求也在不断增加，从而推动着有效供给 D_1 平行移动到 D_2，S_1 与 D_1、D_2 分别相交于 E_1 和 E_3，由于"工业上楼"需求增加，价格上行，在 E_3 达到暂时均衡。需求增加促使"工业上楼"价格上涨。

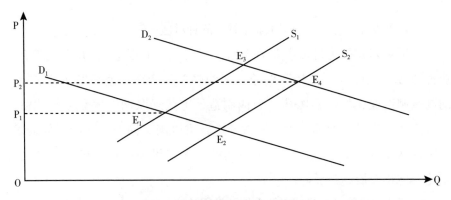

图 2　供给需求综合变化均衡示意

在需求和供给共同作用下的均衡价格，将取决于需求和供给各自增长幅度。如图 2 所示，需求增长幅度明显要大于供给幅度（即 $E_1E_2 < E_1E_3$），其均衡价格受两种因素的影响，其增长幅度是升中有降，达到目前 P_2 的水平，均衡点暂时维持在 E_4 位置。这也是当前深圳面临的实际情况，有效供给还不能满足于当前"工业上楼"的需要，供给压力大。

图 2 至少有三方面的含义：一是随着"工业上楼"供给持续增加，准入门槛有所降低，有利于更多的创新创业型企业入驻，刺激需求，"工业上楼"需求随之增长；二是需求增加又进一步刺激供给的增加，但是由于资源等限制性因素约束性大，供给增长幅度赶不上需求增长幅度，均衡价格下降幅度有限，一时难以抵消由于需求增加而导致的价格上升幅度，三是降低"工业上楼"企业的成本（直接或间接成本），有利于降低企业外流风险，同时又吸引外地的企业向深圳聚集，产业聚集度进一步提升，产业规模、效益持续增加。

四 深圳市坪山区产业投资服务有限公司产业项目实践

（一）打造"摩天工厂"实现"工业上楼"

项目用地不可转让为"工业上楼"连续性奠定基础。生物医药产业加速器园区和新能源汽车产业园区这两个项目通过招拍挂方式拿地，用地性质均为产业用地，其中生物医药产业加速器园区为非商品性土地性质，建成后物业不能转让；新能源汽车产业园区项目建成后物业限制整体转让，同时受区产业部门监管。物业不可转让或限制整体转让保证"工业上楼"入驻企业有稳定的发展空间，企业敢入、敢投，也不会因为物业转让干扰企业发展进程。

（二）立足当前，定制化设计"有的放矢"

1. 定制化厂房，高标准高规格交付

该项目不仅做到高层高、高承重以及大面积厂房定制，而且高标准高规格交付，企业仅需作简单装修后，例如安装照明设备，便可"拎机入驻，即时投产"，降低企业的入驻成本，大幅提升投产效率。2022年7月，1号厂房主体结构封顶后，还首创"预招商+定制化"模式，通过签约企业的提前介入，装修环节可及时调整，最大限度满足入驻企业要求，制造业厂房建设新模式在深圳先行先试。真正考虑到高端制造业企业的需求，有效帮助公司解决生产需求与产业空间不匹配的难题。

2. 不搞"一刀切"，满足发展实际需求

该项目多层产业大厦均达到11层，并设计不同的层高和荷载。除产业大厦外，配套用房也实现了满足企业多元化服务的需求，13层的配套用房在1、2层设有服务中心、产品展示中心、智能餐厅、咖啡厅、便利店、共享会议室等完善配套设施，3~13层为人才公寓，面积为70~98平方米不等，可以满足企业员工不同的住宿需求。

项目物理空间总体情况如表2所示。

表2 坪山区产业投资服务有限公司"工业上楼"项目总体情况一览

项目名称	总建筑面积（平方米）	计容面积（平方米）	建筑功能		计容面积构成（平方米）	功能分类占比（%）	容积率	建筑物最高高度（米）	楼栋数量（栋）
新能源一期	256250	186618	产业空间	厂房	99618	85.53	5.5	96.3	3
				研发	60000				
			园区配套	配套宿舍	12000	14.47			
				食堂	5000				
				商业	10000				
新能源二期	257481	184668	产业空间	厂房	111368	87.33	5	151.6	3
				研发	49900				
			园区配套	配套宿舍	8400	12.67			
				食堂	5000				
				商业	10000				
加速器项目	689542	488328	产业空间	厂房	283765	81.76	5	196.9	14
				研发	115503				
			园区配套	配套宿舍	57000	18.24			
				食堂	8000				
				商业	17000				
				其他配套	7060				

（三）着眼长远，优质空间保障未雨绸缪

坪山区产业投资服务有限公司不仅为当前已签约入园企业周全考虑，而且还在企业未来生产需求上下足功夫。在空间标准上，以更高、更宽、更大、更快、更全能为设计理念，提前规划布局，提高吸引企业入驻园区的"硬条件"。

1. 更高

根据不同产业生产需求设置层高，该项目最高层高可达 16 米，5.2~16 米的层高，可满足大型生产设备、大型机器手臂等自动化装置的空间需求，这也充分考虑到企业设备迭代升级的未来需求，未雨绸缪。

2. 更宽

"10 米+"超宽柱距，满足生产的大空间尺度，空间功能可更好规划利用，单层可设置 3~4 条 80~120 米超长产线，为企业成长扩张预留空间。

3. 更大

1500~5000㎡ 产权空间，单层建筑面积 5000㎡，满足企业全生命周期成长需求，50 年使用权也让企业更恒温发展，没有搬迁之忧。

4. 更快

利用场地高差设置三首层空间，重载卡车运输可直达 1 至 3 层；为解决大型器械的安装及进出，特别定制 8 台载重 1.6 吨智能高速客梯，4 台载重 3 吨和 2 台载重 5 吨的大型货梯，高速电梯直达各楼层，实现人货分流，预约出行，上楼不用等待。

5. 更全能

一是荷载重。超越常规的高标荷载，首三层 2.5T/㎡，4~6 层 0.8T/㎡，7~17 层 0.65T/㎡，满足企业大型生产、中试生产、轻生产、产研展贸一体的多元需求。二是结构优。为满足重量大型设备，根据工业生产的需求设计楼层承重、走廊宽度、柱距，在生产配置、企业服务等方面也勇于革新，做到为产业着想，为客户解忧。

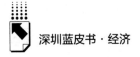

（四）精准招商，产业生态链如约而至

建立从孵化、研发、加速到产业化的完整生态链条，并提供技术转移，成果交易、互动、共享的资源高度集聚产业平台，可解决"创新药、智能车"产业链80%以上中小企业从研发到小规模生产的需求。

1. 新能源汽车产业园区"用户导向""建用一体"

新能源汽车产业园区是全国首个装配式摩天工厂，广东省首个装配式高层厂房项目，建用一体化，北京理工大学深圳汽车研究院参与设计，突出项目"用户导向""建用一体"。园区定位为新能源汽车、储能、绿色能源、智能制造等产业，截至2023年2月底，意向入驻企业（项目）32家（个），总计意向面积26.5万平方米，主要包括曼恩斯特、巴斯巴科技、华纳新材、电科电源、山木新能源等企业。以新能源汽车为核心的产业链基本形成，集研发办公、轻型生产、智能网联等多功能于一体的新能源汽车技术创新中心呼之欲出。

2. 生物医药产业加速器园区面向生物医药、医疗器械、生命科学等战略性新兴产业

截至2023年2月底，生物医药产业加速器园区的意向入驻企业（项目）59家（个），总计意向面积约43.08万平方米，企业定制需求高达厂房建筑面积的3.1倍，优质空间供不应求。代表企业项目有深圳医学科学院、国家医疗器械产业计量测试中心、豪威科技集团、深圳先进技术研究院动物资源和技术研发基地等，市区两级政府整合多种资源将园区打造成集科技创新、产业孵化、项目加速、中试实验、配套服务等于一体的国家级生物产业基地核心区。

3. 上下楼就是产业链的上下游

聚焦企业生产、生活要素及资源，致力于打造产城人融合、智慧生态的智造园区，形成"你的上下游，就在我的上下楼，最远不超过隔壁那栋楼"的产业生态链，吸引优秀企业纷纷入驻。据统计，截至2022年12月31日，新能源汽车产业园区已签约进驻企业39家。从行业分布来看，智能装备制

造行业占40%，大数据行业占15%，新材料行业占28%。例如，已签约该园区的巴斯巴科技表示，园区的集聚效应给入驻楼上楼下的"邻居"企业们提供发展新机遇。楼上楼下的企业"邻居"，也成为公司的合作伙伴。该企业的一位客户，在这家公司挑选完充电设备后，就被引荐到楼上的另一家公司考察配套软件服务。这样使得有着相同客户群体的企业，增加交流机会，减少互相磨合成本。在这栋楼里，既有客户，也有供应商，一栋楼就是一条生产链，有时候需要采购生产设备，直接上楼就行，而且不用提前买来占库存。

（五）智慧化管理，产业创新链服务链初露端倪

1. "智慧园区"创新理念贯穿始终

智慧化管理，意味着园区将从粗放管控向精细化服务发展，主要体现在园区生产、生活、交通等环节。例如，在招商方面，园区采用智能管理平台，整合招商管理、智慧招商等功能，数字化管理入驻企业信息，提升园区招商效率。园区实现智能化管理，不仅省成本，而且提效率。园区内入驻企业也能享受到更好的工作环境，从"制造"走向"智造"。

2. 创新需要人才和平台支撑

创新人才是关键，而创新平台载体的建设是基础，一是要大力引进重点实验室、工程实验室、公共研究平台等创新载体，形成政府扶持，企业捐助，大学、科研机构等多主体参与市场化运营的良好局面。二是生物医药产业加速器园区项目已引入深圳市动物资源和技术研发基地和国家医疗器械产业计量测试中心；新能源汽车产业园区已落户北京理工大学深圳汽车研究院。3个重量级技术服务平台陆续投入使用，可进一步完善产业服务体系、产业化支撑平台，提供融资、人才、商务、创新成果交易等一站式服务，推动自主创新能力实现新提升。

3. 整合资源打造创新生态链

一是围绕企业发展需求，构建企业生产、研发、中试、配套、办公等空间生态链。二是引进产业龙头企业，有效引导产业发展布局，推动高新产

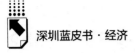

业、高端人才和先进技术聚集。三是通过提供会议、会展、人才培训、科技成果交易等增值服务,降低园区和周边企业综合成本,同时,园区也取得更多收益。

参考文献

王晓羚:《以"工业上楼"优化城市产业发展空间的思考和建议》,《产城》2022年第7期。

吴德群、罗雅丽:《深圳72个"工业上楼"项目加速建设》,《深圳特区报》2023年1月11日。

戴德梁行:《粤港澳大湾区"工业上楼"与特色产业园区研究》,《住房和房地产研究(系列之三)》2022年第9期。

邓盛华:《加快"工业上楼"厂房空间建设,为深圳制造业提供有力保障》,深圳市政府在线网站,2022年11月29日,http://www.sz.gov.cn/zl/gbm/content/post_10284085.html。

Abstract

The Shenzhen Economic Development Report (2023) is an annual report organized and compiled by the Shenzhen Academy of Social Sciences and is an important part of the Shenzhen Blue Book Series. This annual report consists of eight parts: general report, macro-economy, high-quality development, manufacturing development, industry development, dual zone construction, digital economy and special zone cases. It systematically reviews the remarkable results of Shenzhen's strong and effective response to the impact of unexpected factors and high-quality economic development in 2022. Suggestions are put forward for Shenzhen to start building a modern socialist country in 2023.

In 2022, facing the turbulent international environment and arduous and heavy tasks of reform, development, and stability, Shenzhen adhered to the guidance of Xi Jinping Thought on Socialism withChinese Characteristics for a New Era, comprehensively, systematically, and in-depth studied, publicized, and implemented the spirit of the 20th National Congress of the Communist Party of China, thoroughly implemented the spirit of General Secretary Xi Jinping's series of important speeches and instructions on Guangdong and Shenzhen, in accordance with the decision-making and deployment of the CPC Central Committee and the State Council, as well as the work requirements of the provincial party committee and the government, resolutely implemented the requirements of "preventing the epidemic, stabilizing the economy, and ensuring the safety of development", adhered to the principle of stability, and sought progress while maintaining stability. The efficient coordination of epidemic prevention and control and economic and social development has led to a steady recovery of economic and social development throughout the year, with simultaneous improvements in

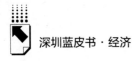

quality and efficiency.

In 2023, Shenzhen's economic development will still face a severe and complex internal and external environment. It is necessary to actively implement the relevant spirit of the report of the 20th CPC National Congress and the central economic work conference, strengthen confidence, forge ahead, overcome difficulties, adhere to promoting steady growth of investment, strengthen innovation as the first driving force of economic development, and anchor the main direction and policy focus of economic growth in 2023, Make full use of various economic and industrial policies, and make timely efforts to ensure that the economy will be stable and strong in 2023, and continue to be in the forefront of promoting high-quality economic development.

Keywords：Shenzhen；Construction of the "Two Areas"；Digital Economy

Contents

I General Report

Abstract: In 2022, In the face of the international environment with high winds and waves and the arduous task of reform, development and stability, Shenzhen will resolutely implement the important requirements of "epidemic prevention, economic stability, and development safety", effectively respond to the impact of unexpected factors, and achieve remarkable and solid results in high-quality economic development. In 2023, we should adhere to the general tone of seeking progress while maintaining stability, fully implement the new development concept, serve and integrate into the new development pattern, and strive for greater and better development results, guided by the construction of the Greater Bay area of Guangdong, Hong Kong and Macao and the leading demonstration area of socialism with Chinese characteristics, so as to make a good start for the comprehensive construction of a socialist modern countryMake new and greater contributions to the overall economic development of the whole province.

Keywords: Shenzhen Economy; High Quality Development; City Comparison

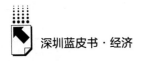

II Macro Economy

B.2 Analysis of Fixed Asset Investment Situation in Shenzhen

in 2022 and Regulation Thoughts in 2023

Peng Haicheng, Li Lu / 028

Abstract: In 2022, the situation of fixed asset investment in Shenzhen has reached a new level. This report systematically summarizes the investment operation in various fields of investment, analyzes the forms and existing problems of investment, and puts forward suggestions on investment regulation in 2023. On the basis of accelerating the investment in infrastructure and people's livelihood, we should further strengthen the growth momentum of industrial investment, focus on strengthening the project capital guarantee, improve the project approval coordination and scheduling mechanism, study and reserve some policies to stimulate the vitality of social investment as soon as possible, and continue to actively expand accurate and effective investment, So that to provide strong support for high-quality economic and social development.

Keywords: Fixed Assets Investment; Capital Guarantee; Shenzhen

B.3 Analysis of Shenzhen's Price Situation in 2022 and Prospect

of the Development Trend in 2023 *Yu Hongbing* / 036

Abstract: This report reviews and summarizes the basic situation and main characteristics of price operation in the consumption and production fields in Shenzhen in 2022, compares the prices in Shenzhen with those in the whole country, Guangdong province and other first tier cities, briefly analyzes the phenomenon of "scissors gap" between PPI and CPI in Shenzhen, and prospects the price situation in Shenzhen in 2023. According to the report, in 2023, the most important thing to deal with the current economic and price problems is to effectively enhance the consumption strength of residents, enhance the Consumption Willingness of residents, and release the consumption potential of residents.

Keywords: Price of Goods; CPI; PPI; Shenzhen

Abstract: In 2022, the consumer goods market in many parts of the country operated at a low level, and weak domestic demand became a prominent contradiction in the economic operation. In December, 2022, the central economic work conference will focus on expanding domestic demand as the key task of 2023, and put forward the priority of restoring and expanding consumption. This paper analyzes the operation of Shenzhen's consumer goods market in 2022, and compares it with nine key cities such as Beijing, Shanghai and Guangzhou in terms of total retail sales of social consumer goods, auto retail, online retail, etc., to find out the main factors affecting the development of consumer goods in Shenzhen, and puts forward relevant countermeasures and suggestions.

Keywords: Total Retail Sales of Consumer Goods; Online Retailing; Automotive Retail

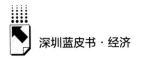

Ⅲ High-quality Development

B. 5 Investigation and Suggestions on Promoting the High
Quality Development of Shenzhen Biomedical
Industry Cluster *Fang Ru* / 057

Abstract: Recently, the "Measures for Promoting the High Quality
Development of Biomedical Industry Clusters in Shenzhen" was released,
indicating the direction for the development of the biomedical industry. In order to
further understand the key points in the industry, we conducted conference
inviting more than twenty entrepreneur representatives, and collected opinions on
the long-term development of the biomedical industry. Now we sort out and
propose policy recommendations.

Keywords: Biomedical Industry; Clinical Transformation; Shenzhen

B. 6 Research on the Strategy of Building a Leading Demonstration
area of Aerospace Technology Industry in Bao'an District
Liu Chun, Xu Minghui and Cui Lin / 065

Abstract: The 20th National Congress of the Communist Party of China put
forward the strategic deployment of building a "Aerospace Power". The aerospace
technology industry is not only a battleground for strategists at the forefront of the
world's science and technology, but also a strategic support for building a
"Aerospace Power". Bao'an District is a large industrial and innovative District in
Shenzhen. It has profound advantages in the electronic information and equipment
manufacturing industry. It has cultivated a number of key enterprises in the fields of
satellite communication, aviation equipment, aerospace materials, satellite antenna,
UAV and so on. The development foundation of aerospace technology industry is

good. Based on the analysis of the development status and problems of aerospace technology industry in Bao'an District, this paper puts forward eight suggestions, including strengthening the core industrial chain, enhancing the independent innovation ability of enterprises, building high-quality industrial space, creating application scenarios, building an innovation ecosystem, promoting the empowerment of science and technology and finance, gathering high-end talents, and improving the security mechanism, We will accelerate the creation of a pilot demonstration area for aerospace technology industry.

Keywords: Bao'an District; Space Technology Industry; Innovation Ecosystem; Technology Finance

B.7 Development Path and Policy Practice of Integration

of two Industries in Shenzhen *Niu Minyu / 074*

Abstract: The integration of the two industries is the main strategy of Shenzhen to promote industrial transformation and upgrading. Through the construction of the coupling coordination degree model and the empirical analysis, the results show that the development level of the integration of the two industries in the city during 2017 ~ 2021 showed an overall trend of first decline and then rise, which is consistent with the change trend of the development level of the industrial industryPromote the integration of the two industries to the mode of enabling the advanced manufacturing industry. From the perspective of policy practice, the integration of the two industries has been implemented from concept to planning and from planning to specific projects and platforms in Shenzhen, providing new momentum for the high-quality economic development of the city and its jurisdiction.

Keywords: Integration of two Industries; Coupling Coordination Model; Shenzhen

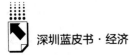

B.8 Suggestions on the Construction of the Whole Process Innovation Ecological Chain of "four Upgrades and four Linkages" in Guangzhou and Shenzhen　*Chen Wangyuan* / 088

Abstract: The 13th Party Congress of Guangdong Province proposed to further promote the construction of a strong province through scientific and technological innovation, speed up the construction of the whole process innovation ecological chain of " basic research + technological research + achievement transformation + scientific and technological Finance + talent support", and promote Guangdong's scientific and technological and industrial innovation advantages to stand up and become strong at a new height. Guangzhou and Shenzhen, as the main engines of scientific and technological innovation in the province, took the lead in building a whole process innovation ecological chain, Exertion " Promote the upgrading of the Guangzhou Shenzhen Science and technology innovation corridor to the Shenzhen Dongguan Guangzhou manufacturing corridor, and realize the linkage between the two cities of the innovation chain and the industrial chain; promote the three major science cities to upgrade from the single soldier to the coordinated operation of the Corps, and realize the linkage between the two cities of the comprehensive national science center; promote the upgrading of strategic science and technology forces and talents from the distribution to the same direction, and realize the linkage between the two cities of innovation resources; promote the linkage between the two cities of key areas. The scattered array is upgraded to a chain of beads, realizing the "four major upgrades and four major linkages" of the two cities' linkage as the main engine of innovation, and working together to build a technological and industrial innovation highland with global influence, contributing to the construction of Guangdong as a strong province in scientific and technological innovation and China as a world power in science and technology.

Keywords: Whole Process Innovation Ecosystem; Linkage Between Guangzhou and Shenzhen; High Ground for Technological and Industrial Innovation

342

IV Manufacturing Development

Abstract: This report Studies the strategic position, development trend and existing problems of Shenzhen's manufacturing industry, and Makes some suggestions for promoting Shenzhen's adherence to the leadership of manufacturing industry and the high-quality development of manufacturing industry. In order to ensure the scientific, forward-looking and practical nature of the research, the paper collects a large number of leaders' speeches, policy documents, theoretical articles, practical experience and other materials, which is characterized the combination of theory and practice, reference with practice. This repot suggests we shoubl promote the high-quality development of the manufacturing industry and build a leading and important advanced manufacturing center in the world by improving its strategic position, clarifying its development path, highlighting its industrial direction, and strengthening its industrial layout.

Keywords: Manufacturing; Modern Industrial System; Shenzhen

Abstract: In 2022, Shenzhen formulated and issued "30 articles on industrial economy" and other important policies, effectively responded to the impact of unexpected factors, ensured the smooth operation of industrial production, and achieved "two first" in the total industrial output value and all industrial added value above the scale, the scale of industrial investment and technological transformation investment ranks first in the province. In 2023, Shenzhen's industry economy will face the pressure of insufficient demand and space shortage, but at the same time, it will also usher in a historic opportunity for that our country, province and city will attach great importance to and strongly support the development of manufacturing industry. It is necessary to adhere to the principle of that the manufacturing industry is the main body of the economy, speed up the construction of a modern industrial system, strengthen the protection of various factors, and promote the construction of major projects and enterprise services, continue to enhance the competitiveness, appeal and influence of Shenzhen's manufacturing industry in the world.

Keywords: Industrial Economy; Industrial Investment; Shenzhen

B.11 Analysis on the Evolution Trend of Shenzhen's Industrial Space in the new Period of High‑Quality Development

Huang Jiqiao, Dai Qingwei / 117

Abstract: During the rapid development of more than 40 years, Shenzhen's industrial parks have undergone many iterations with the industrial transformation and upgrading, and continuously innovated the spatial form and development mode under the condition of limited resources. In the new era of high-quality development, the role of industries with high-tech manufacturing as the main body in Shenzhen's economic development is further highlighted. At the same time, the new economy breeds new industries and puts forward new requirements. There is a big gap between the existing industrial space and the needs of enterprise production, talent life and environmental ecology. Taking the high-quality, low-cost and customized "industry going upstairs" as the way to break the situation, Shenzhen once again emphasizes "building a city by industry and strengthening the city by manufacturing", anchors the "20 + 8" industrial cluster, arranges 20 advanced manufacturing parks, and proposes to implement 20 million square meters of high-quality industrial space every year for five consecutive years, so as to ensure production space and stabilize the chassis of economic development.

Keywords: Industrial Space; Industrial Upstairs; Shenzhen

B. 12　Analysis and Suggestionson the Development of
　　　　Semiconductor and Integrated Circuit Industry in
　　　　Shenzhen Under the New Situation

Deng Chuan, Chang Junfeng / 125

Abstract: In the second half of 2022, the global semiconductor industry gradually shifted from chip shortage to oversupply, and the industry as a whole entered a downward phase. Under the new situation of increasingly complex international situation, the development of Shenzhen's semiconductor and integrated circuit industry is facing severe challenges. It is suggested that Shenzhen should strengthen the strategic deployment according to the actual situation, optimize and improve the industrial ecology, and build a highly competitive semiconductor and integrated circuit industry cluster.

Keywords: Semiconductors; Integrated Circuits; Chip; Shenzhen

B. 13　Research on the Development Strategy
　　　　of Shenzhen Universe Industry　　　　*Wu Chuyou* / 132

Abstract: The rapid development of network technology, human-computer interaction, artificial intelligence and other technologies have rapidly given birth to the industrial metauniverse, which is a development track with great growth potential. Based on the relevant policies of the industrial metaverse, international development status, and industry chain analysis, this paper draws on the experience of the layout experience of industrial metaverse giants and advanced regions at home and abroad, analyzes. the development status of the industrial metaverse field in Shenzhen, proposes the development strategy of the industrial metaverse in Shenzhen. We found that some regional industrial metaverse promotion policies continued to increase, and the layout of industrial metaverse was accelerating. In order to promote the development of Shenzhen's industrial metaverse, and build a solid technical foundation in the future, we should focus on XR and digital twin technology at the present stage; create benchmarking enterprises and demonstration application scenarios; construct digital trust system under complex metaverse ecology; promote the construction of industrial metaverse experimental zones or clusters; actively participate in the formulation of international standards for industrial metaverse; promote open cooperation and talent training.

Keywords: Industrial Metaverse; High-quality Development; Shenzhen

V　Industry Development

B . 14　Analysis of the Development Situation of Shenzhen's
Financial Industry　　　　　　　　　　*Liu Guohong* / 145

Abstract: In 2022, the proportion of added value of Shenzhen's financial industry in GDP reached a new high, with the number of listed companies at home and abroad exceeding 500 for the first time, and a strategic oriented financial policy system was initially formed. In 2023, Shenzhen should base itself on the origin of financial services for the real economy, proceed from the financial needs of high-quality economic development, deeply grasp the important historical opportunity of the reform and innovation of the combination of industry and finance, deepen the implementation of the "financial +" strategy, practically carry out the construction of "four centers", and solidly implement the approved major financial policies and projects in combination with the layout and development of the "20 + 8" industrial cluster, Continue to explore replicable and replicable financial innovation experience.

Keywords: Financial Industry; Industrial Clusters; Shenzhen

B.15 Shenzhen Real Estate Market Situation Analysis

and Policy Guidance in 2022   *Wang Feng* / 153

Abstract: In 2022, the real estate market in Shenzhen was relatively sluggish, with insufficient market confidence and declining demand, and real estate risk resolution faced great pressure. At present, the situation of China's real estate market has undergone profound changes: first, the total housing volume is close to the "ceiling" due to excessive real estate investment; Second, the aging of the population and the lack of children have led to a decline in new demand; Third, the high housing price has brought heavy housing burden to residents; Fourth, the high leverage expansion of some real estate enterprises has caused industry crisis. The report of the 20th National Congress of the Communist Party of China and the central economic work conference pointed out that we should adhere to the positioning of "housing, housing and non speculation", and accelerate the establishment of a housing system with multi-body supply, multi-channel security, and simultaneous rent and purchase; We should further study and judge major trends and structural changes such as the relationship between supply and demand in the real estate market and the pattern of urbanization, and promote the smooth transition of the real estate industry to a new development model. Looking forward to 2023, under the circumstances of changes in policies and market environment, with the development of the real estate industry to increase confidence, prevent risks and promote transformation, it is expected that the housing demand in Shenzhen will be released in an orderly manner, and the establishment of a new real estate development model will be accelerated, so as to further play the positive role of the real estate industry in promoting stable and healthy economic and social development.

Keywords: Property Market; Shenzhen; Housing Enterprice

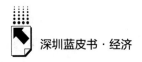
B.16 Comparative Research on the Development Status of
Artificial Intelligence Industry Between Shenzhen
and Beijing, Shanghai, Guangzhou

Zhou Guangwei / 166

Abstract: Horizontal comparison method is helpful in discovering the similarities or differences between multiple similar things. Currently, Shenzhen, Beijing, Shanghai and Guangzhou are among the first echelons of domestic AI cities and national level dual pilot cities, and should strive to further play a major role in domestic AI industry. The regulatory and policy system for AI in Shenzhen is relatively more complete, and policy support should be further optimized to standardize and promote high-quality development of AI. Enterprise group in Shenzhen is relatively large, and it is necessary to further accelerate development of enterprise cluster in AI professional parks. Shenzhen is rich in innovative resources of AI such as innovative carriers, innovative talents, innovative projects, and innovative funds , and should further strengthen construction of local professional talent system.

Keywords: Artificial Intelligence (AI); Shenzhen; Enterprise Cluster

Ⅵ Construction of the "Two Areas"

B.17 Monitoring and Analysis of the Chinese-style
Modernization Process in Shenzhen

Shi Jie, Li Hengying / 178

Abstract: This paper aims to carry out the monitoring and evaluation of urban modernization process, and strives to provide decision-making suggestions for promoting the Chinese-style modernization. This paper takes the important innovation theory of the Chinese-style modernization in the 20th report of the Party, and connects with the "five-in-one" evaluation index system of the construction process of the pilot demonstration area, and explores the construction of the monitoring and evaluation index system for the process of Chinese modernization in Shenzhen. By comparing with the realistic value of the modernization development level of advanced regions at home and abroad in 2021, the overall realization degree of the modernization process of Shenzhen is quantified, the shortcomings and weakness in the modernization process of Shenzhen are analyzed and refined, and the modernization promotion strategy of Shenzhen pilot demonstration area is put forward.

Keywords: the Chinese-style Modernization; Demonstration Pilot Zone; Shenzhen

B. 18   Research on the Path of Building Shenzhen into a
Global City   *Liao Mingzhong, Tao Zhuolin* / 189

Abstract: Building a global city is not only a national strategy, but also Shenzhen's mission. As a representative city with both the potential of youth growth, the basis of development and accumulation, and the soul of innovation, Shenzhen is in the golden rise in the life cycle. We should actively grasp the macro trend and enlarge our own advantages, so as to realize the long-term goal of building a global city. With the influence of external factors such as anti globalization, Reindustrialization and the new crown epidemic, the global urban pattern is facing great challenges. This paper aims to review and summarize the development context and path of classic global cities, and discuss the era background and its own advantages of building Shenzhen into a global city. Finally, it puts forward targeted development suggestions.

Keywords: Shenzhen; Global Urban; World City

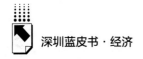
B.19　Research on the Strategic Thinking of Building Shenzhen

　　　into an International Consumption Center City

Zhu Dongshan / 204

　　Abstract：In recent years，Shenzhen has vigorously promoted the international consumption center city and achieved remarkable results. However，in July 2021，the Ministry of Commerce announced that it would take the lead in the cultivation and construction of international consumption centers in Shanghai，Beijing，Guangzhou，Tianjin and Chongqing. As a first tier city，Shenzhen failed to win the election unexpectedly，which triggered the thinking of how to speed up the cultivation and construction of Shenzhen as an international consumption center city. This paper briefly summarizes the basic situation of consumption in Shenzhen，analyzes the main factors restricting the consumption of residents in Shenzhen，and puts forward the strategic idea of building an international consumption center city.

　　Keywords：Shenzhen；Consumption Capacity；Tourism Consumption；Population Structure

B.20　Breakthrough of Shenzhen Hong Kong Financial

　　　Cooperation Innovation in the New Era　*Zhang Runze* / 209

　　Abstract：The financial cooperation between Shenzhen and Hong Kong has made positive progress，but there are still some problems，such as the level of financial market integration still needs to be improved，there is still more room for the implementation of the national strategy of RMB internationalization，direct competition leads to disputes in the cooperation between the two sides，and there is huge cooperation potential in some frontier financial fields. The appointment of the new chief executive，the central government's support for Hong Kong's integration into the overall national development situation，and the 30 financial policies of Qianhai finance have brought new opportunities for Shenzhen Hong Kong financial cooperation and innovation in the new era. It is suggested to base on the existing cooperation foundation and make big increments and breakthroughs in areas of common concern. First, realize the deep integration of financial markets through interconnection, and further interconnection of banking, securities, insurance and other markets, financial institutions and financial talents; Second, play a pivotal role in the internationalization of RMB and promote the interaction between Hong Kong's off-shore market and Shenzhen's on-shore market; Third, to form global influence in areas of common advantages such as green finance, financial technology and wealth management; Fourth, build a highland of virtual assets and seize the global voice; Fifth, jointly build a financial data hub to better play the function of data elements; Sixth, serve as a pioneer in the cross-border application of digital RMB and help improve the digital RMB ecosystem.

Keywords: Shenzhen-HongKong Cooperative; Financial Market; RMB Internationalization

B. 21   The Research on the Path of Longgang District Deepens
Shenzhen–Hong Kong Cooperation   *Lai Wenlong* / 221

Abstract: Shenzhen – HongKong cooperation is an important measure to implement the decision and deployment of the CPC Central Committee to promote the construction of the Guangdong – Hong Kong – Macao Greater Bay Area. This report introduces the significance of Longgang's deepening of Shenzhen – Hong Kong cooperation, recalling the recent situation of deepening Shenzhen–Hong Kong cooperation in Longgang District in recent years, including policy system support, major platform construction, innovation and entrepreneurship cooperation, social integration development and so on. And the challenges faced in terms of improving the location and transportation, improving the energy level of the platform, mining the resource endowment, and enriching the cooperation content. On this basis, Put forward countermeasures and suggestions such as planning to open up the fast port access channel in the east, exploring to build the Universiade Shenzhen-Hong Kong Science and Technology Industry Cooperation Zone, Shenzhen International Medical Cooperation Pilot Zone, Guangdong, Hong Kong and Macao International Education Demonstration Zone, and promoting the formation of the Gulf East Cultural Exchange Center, Expand the depth and hinterland of Shenzhen-Hong Kong cooperation, Provide strong support for the overall situation of Shenzhen-Hong Kong cooperation, Assist in the construction of the Greater Bay Area of Guangdong, Hong Kong and Macao.

Keywords: Guangdong-Hong Kong-Macao Greater Bay Area; Shenzhen-Hong Kong Cooperation; Longgang District of Shenzhen

Ⅶ   Digital Economy

B.22   Shenzhen Digital Economy Core Industry
　　　　　Development Report

Dong Xiaoyuan, Ou Guoliang / 233

Abstract: Digital economy is the main economic form after agricultural economy and industrial economy. With its rapid development speed, wide radiation range and unprecedented depth of influence, it is gradually becoming a key force in restructuring global factor resources, reshaping global economic structure and changing global competition pattern. According to the statistical classification of digital economy and its core industries (2021) standard issued by the National Bureau of statistics, this report systematically explores and analyzes the development status and trend of key indicators such as the number of enterprises, operating revenue, operating profit, tax revenue, R & D expenses of Shenzhen's digital economy core industries in the past five years. On this basis, the report puts forward strategic suggestions for optimizing and strengthening the core industries of Shenzhen's digital economy.

Keywords: Shenzhen; Core Industries of Digital Economy; Digital Economy

B.23 Research on High Quality Development of Digital

Economy in Shenzhen   *Li Lu* / 258

Abstract: Digital economy is an important part of the competition for the future competitiveness of cities. In recent years, the development scale of Shenzhen's digital economy has continued to expand, the development environment has been continuously optimized, and enterprises and industries have strong competitiveness; But there are also some obvious problems. This report systematically analyzes the current situation and problems of the development of Shenzhen's digital economy, and puts forward suggestions on continuously improving the quality of Shenzhen's digital economy development, improving the industrial development orientation, strengthening the basic innovation ability, accelerating the process of industrial digitization, and optimizing the industrial development environment.

Keywords: Digital Economy; Industrial Digitalization; Shenzhen

B.24 Exploring Orderly and Effective Rules of Digital Economy

—*From the Perspective of Cross Border Data Flow*

Wu Yanni, Li Xinyuan / 266

Abstract: The accelerated development of the digital economy has brought a broader phenomenon of cross-border data flow, as well as many risks and challenges. It is a global consensus toregulate information protection, data security and other issues involved in cross-border data flows, which has triggered cooperation to deepen digital governance worldwide. At present, major developed economies have stipulated special provisions on cross-border data flow in multilateral and bilateral international trade rules. China should learn from the advanced experience of data global governance to promote the continuous improvement of data governance capacity and cross-border flow level.

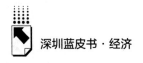
Keywords: Cross Border Data Flow; Global Governance; International Trade Rules

B.25 Report on High Quality Development of Digital Economy
in Futian District

Pang Qin, Liu Shen, Cheng Mingfeng and Wang La / 278

Abstract: Digital economy is the future direction of industry and innovation of Futian District's "three new engines", and it is also the core area of urban strategy. In the past two years, the value-added of the core industries of digital economy in Futian District has grown rapidly, with an average annual growth rate of more than 14%. The advantages of six major fields, including digital new infrastructure, digital new technology, digital new intelligent manufacturing, digital new finance, digital new culture and digital new commerce, have become prominent. However, there are still some problems, such as lack of leaders, lack of integration and penetration, and weak basic research on digital technology. In the future, Futian district should vigorously develop digital industrial clusters, increase digital investment, seize the opportunities of digital elements, and continue to promote the integration of digital economy and real economy.

Keywords: Futian District; Digital Economy; High Quality Development

Ⅷ   Special Zone Cases

B.26 Research on the Path of Creating a Highland of Innovation
and Development of Hydrogen Energy Industry in Shenzhen

—A Case Study of Yantian District   *He Ji* / 287

Abstract: The utilization of hydrogen energy is marked by itsgreen and environmentally-friendly nature, high energy density, convenient access to raw materials, and extensive scope of application. As such, it has emerged as one of the most auspicious clean energy options on a global scale. The adoption of green energy, particularly hydrogen energy, is a necessary step towards advancing low-carbon energy transformation and development. This has been widely acknowledged as a unanimous decision on a global scale. The hydrogen energy industry has acquired a significant position in China's developmental agenda, with both central and local governments prioritizing its progress. In light of the current scenario, the hydrogen energy industry has entered a crucial phase of strategic opportunities and pivotal growth.

In this piece, a comprehensive examination of the fundamental aspects, key technological phases, hydrogen origins, and auxiliary infrastructure of the hydrogen energy sector in Shenzhen and Yantian District is presented. Additionally, a roadmap for the progress of the hydrogen energy industry in Yantian District is outlined. Despite the potential benefits of hydrogen energy, the industry faces several challenges, including high costs, uncertain scale aggregation effects, regional industrial layout homogenization, and limited land resources. Drawing on best practices, this report proposes constructive measures and recommendations to guide Yantian District in expediting the establishment of a hydrogen energy innovation and development hub in the Greater Bay Area of Guangdong, Hong Kong, and Macao.

Keywords: Carbon Emission; Hydrogen Energy Industry; Yantion District

B.27 Development of Digital Transformation of Industrial Enterprises and Relevant Suggestions   *Li Jie, Zhang Meng* / 298

Abstract: The report of the 20th National Congress of the Communist Party of China pointed out that we should promote the deep integration of the digital economy and the real economy, and build a digital industrial cluster with international competitiveness. In recent years, all parts of the country have been strengthening the implementation of enterprise digital transformation policies. The development of China's digital industry has increased both in quantity and quality, and has achieved considerable transformation results. However, from the analysis of the current situation of China's industrial enterprises' digital transformation, there are also many problems that need to be improved. In order to further study the problems related to the digital transformation of industrial enterprises and promote the transformation of enterprises, combined with the relevant theories and research status of the digital transformation of industrial enterprises, this paper selects Huawei, TCL, Xinwangda, Changying precision and Qihong electronics for case analysis, summarizes the experience, and puts forward suggestions from the four aspects of enterprise strategic path, capital, management strategy and technology development.

Keywords: Industrial Enterprise; Digital Transformation; Digital Industrial

B.28 Research on the Problems and Countermeasures of the

Development of Foreign-funded Enterprises

—*Take Bao'an District of Shenzhen as an Example*

Jiang Yue, Ling Kunyu / 310

Abstract: As a typical epitome of the export-oriented economy, Bao'an in the past gave birth to the first batch of "three supplies and one supplement" enterprises in China, and now still ranks the top foreign-funded multinational headquarters enterprises and foreign-funded manufacturing output value. In recent years, facing severe and complex domestic and international situation, Bao'an is under increasing pressure of "stabilizing foreign investment". It is necessary to carry out the work of servicing foreign-funded enterprises with a broader vision, a more open mind and more innovative thinking and to help "expand the quantity, stabilize the stock and improve the quality" of foreign investment. Starting from the current situation and problems of the development of foreign-funded enterprises, this paper systematically analyzes the problems existing in Bao'an foreign-funded enterprises, such as the over-traditional industrial type, the "two ends of production and operation", the dependence on raw material import, and the lack of innovation power. In consideration of the new opportunities for the development of Bao'an in the new era, this paper proposes suggestions, including to maximize the advantage of the expansion of Qianhai Cooperation Zone; enhance the attractiveness of foreign investment policies; optimize the structure and and improve the quality of of foreign capital; improve the foreign investment promotion mechanism; optimize the business environment, etc.

Keywords: Foreign-Invested Enterprises; Shenzhen; Bao'an District

B.29 Analysis and Research on the Path of Industrial

Building in Shenzhen Green Industrial Park

—*Taking the Industrial Building Project of Shenzhen Pingshan*

Industrial Investment Service Co. , Ltd. as an Example

Fang Haizhou, Zhao Jun and Wang Miao / 319

Abstract: It is of great significance for industry to go upstairs in Shenzhen. The industrial chain, innovation chain and service chain anchor the industrial demand of Shenzhen, and are willing to choose industry to go upstairs; At the same time, Shenzhen has taken the initiative to create supply for the government's effective market and guide the industry to go upstairs. The interaction of supply and demand promotes Shenzhen's industry to enter a virtuous cycle, promotes Shenzhen's high-quality development and creates a better development environment for industry to go upstairs. The industrial building project of Shenzhen Pingshan Industrial Investment Service Co. , Ltd. is particularly typical: the skyscraper factory is large in scale, the customized design is targeted, the use of high-quality space is flexible, the settled project industrial chain arrives as scheduled, the innovation chain service chain of the park is beginning to take shape, and the Green Industrial Park of "going upstairs and downstairs is upstream and downstream" is constructed through industrial building.

Keywords: Industrial Building; Industrial Chain; Innovation Chain

皮 书

智库成果出版与传播平台

❖ 皮书定义 ❖

皮书是对中国与世界发展状况和热点问题进行年度监测，以专业的角度、专家的视野和实证研究方法，针对某一领域或区域现状与发展态势展开分析和预测，具备前沿性、原创性、实证性、连续性、时效性等特点的公开出版物，由一系列权威研究报告组成。

❖ 皮书作者 ❖

皮书系列报告作者以国内外一流研究机构、知名高校等重点智库的研究人员为主，多为相关领域一流专家学者，他们的观点代表了当下学界对中国与世界的现实和未来最高水平的解读与分析。截至2022年底，皮书研创机构逾千家，报告作者累计超过10万人。

❖ 皮书荣誉 ❖

皮书作为中国社会科学院基础理论研究与应用对策研究融合发展的代表性成果，不仅是哲学社会科学工作者服务中国特色社会主义现代化建设的重要成果，更是助力中国特色新型智库建设、构建中国特色哲学社会科学"三大体系"的重要平台。皮书系列先后被列入"十二五""十三五""十四五"时期国家重点出版物出版专项规划项目；2013~2023年，重点皮书列入中国社会科学院国家哲学社会科学创新工程项目。

皮书网

（网址：www.pishu.cn）

发布皮书研创资讯，传播皮书精彩内容
引领皮书出版潮流，打造皮书服务平台

栏目设置

◆ 关于皮书

何谓皮书、皮书分类、皮书大事记、
皮书荣誉、皮书出版第一人、皮书编辑部

◆ 最新资讯

通知公告、新闻动态、媒体聚焦、
网站专题、视频直播、下载专区

◆ 皮书研创

皮书规范、皮书选题、皮书出版、
皮书研究、研创团队

◆ 皮书评奖评价

指标体系、皮书评价、皮书评奖

◆ 皮书研究院理事会

理事会章程、理事单位、个人理事、高级
研究员、理事会秘书处、入会指南

所获荣誉

◆ 2008 年、2011 年、2014 年，皮书网均
在全国新闻出版业网站荣誉评选中获得
"最具商业价值网站"称号；

◆ 2012 年，获得"出版业网站百强"称号。

网库合一

2014年，皮书网与皮书数据库端口合
一，实现资源共享，搭建智库成果融合创
新平台。

皮书网

"皮书说"
微信公众号

皮书微博

权威报告·连续出版·独家资源

皮书数据库
ANNUAL REPORT(YEARBOOK)
DATABASE

分析解读当下中国发展变迁的高端智库平台

所获荣誉

- 2020年，入选全国新闻出版深度融合发展创新案例
- 2019年，入选国家新闻出版署数字出版精品遴选推荐计划
- 2016年，入选"十三五"国家重点电子出版物出版规划骨干工程
- 2013年，荣获"中国出版政府奖·网络出版物奖"提名奖
- 连续多年荣获中国数字出版博览会"数字出版·优秀品牌"奖

皮书数据库

"社科数托邦"
微信公众号

成为用户

　　登录网址www.pishu.com.cn访问皮书数据库网站或下载皮书数据库APP，通过手机号码验证或邮箱验证即可成为皮书数据库用户。

用户福利

- 已注册用户购书后可免费获赠100元皮书数据库充值卡。刮开充值卡涂层获取充值密码，登录并进入"会员中心"—"在线充值"—"充值卡充值"，充值成功即可购买和查看数据库内容。
- 用户福利最终解释权归社会科学文献出版社所有。

社会科学文献出版社 皮书系列
SOCIAL SCIENCES ACADEMIC PRESS (CHINA)

卡号：365816229171
密码：

数据库服务热线：400-008-6695
数据库服务QQ：2475522410
数据库服务邮箱：database@ssap.cn
图书销售热线：010-59367070/7028
图书服务QQ：1265056568
图书服务邮箱：duzhe@ssap.cn

法律声明

“皮书系列”（含蓝皮书、绿皮书、黄皮书）之品牌由社会科学文献出版社最早使用并持续至今，现已被中国图书行业所熟知。“皮书系列”的相关商标已在国家商标管理部门商标局注册，包括但不限于LOGO（🖎）、皮书、Pishu、经济蓝皮书、社会蓝皮书等。“皮书系列”图书的注册商标专用权及封面设计、版式设计的著作权均为社会科学文献出版社所有。未经社会科学文献出版社书面授权许可，任何使用与“皮书系列”图书注册商标、封面设计、版式设计相同或者近似的文字、图形或其组合的行为均系侵权行为。

经作者授权，本书的专有出版权及信息网络传播权等为社会科学文献出版社享有。未经社会科学文献出版社书面授权许可，任何就本书内容的复制、发行或以数字形式进行网络传播的行为均系侵权行为。

社会科学文献出版社将通过法律途径追究上述侵权行为的法律责任，维护自身合法权益。

欢迎社会各界人士对侵犯社会科学文献出版社上述权利的侵权行为进行举报。电话：010-59367121，电子邮箱：fawubu@ssap.cn。

社会科学文献出版社